W0262329

Ján Košturiak / Milan Gregor

Simulation von Produktionssystemen

Springer-Verlag Wien New York

Univ.-Doz. Dr. Ing. Ján Košturiak
Univ.-Doz. Dr. Ing. Milan Gregor
Institut für Industrie Engineering
Technische Universität, Žilina, Slowakei

Das Werk ist urheberrechtlich geschützt.
Die dadurch begründeten Rechte, insbesondere die der Übersetzung, des Nachdruckes, der Entnahme von Abbildungen, der Funksendung, der Wiedergabe auf photomechanischem oder ähnlichem Wege und der Speicherung in Datenverarbeitungsanlagen, bleiben, auch bei nur auszugsweiser Verwertung, vorbehalten.

© 1995 Springer-Verlag/Wien

Satz: Reproduktionsfertige Vorlage der Autoren

Gedruckt auf säurefreiem, chlorfrei gebleichtem Papier – TCF

Mit 110 Abbildungen

Die Deutsche Bibliothek – CIP-Einheitsaufnahme

Košturiak, Ján:
Simulation von Produktionssystemen / J. Košturiak und M. Gregor. – Wien ; New York : Springer, 1995
  ISBN-13:978-3-211-82701-7   e-ISBN-13:978-3-7091-9413-3
  DOI: 10.1007/978-3-7091-9413-3

NE: Gregor, Milan:

ISBN-13:978-3-211-82701-7

Das Leben ist ein permanenter Problemlösungsprozeß. Komplexe Strukturen können nur allmählich geschafft und geändert werden, durch einen Rückkopplungsprozeß, der von Kritik getragen ist und in dem laufende Anpassungen stattfinden. Die Vorstellung, daß sich solche Strukturen auf einen Schlag, wie nach Plan, schaffen und umbauen lassen, ist und bleibt eine Illusion. Diese evolutionäre Sicht führt zwangsläufig dazu, daß man die Entwicklungen im Zeitablauf verfolgt.
Oft lassen sich Fehler erst durch kritische Prüfung der praktischen Ergebnisse von Maßnahmen (nicht schon durch die Prüfung der Maßnahmen selbst !) aufdecken. Denn jede Maßnahme hat auch unbeabsichtigte Konsequenzen.

Karl Popper

Vorwort

Viele Probleme, mit denen industrielle Unternehmen täglich kämpfen, die breite Palette der Simulationswerkzeuge und leistungsfähige und preisgünstige Computer bilden die Bedingungen für eine breitere Anwendung der Simulationstechnik. Häufig hört man folgende falsch gestellte Frage:

"Können wir uns die Simulationstechnik leisten ?"

Die richtige Formulierung dieser Frage ist aber: "Wie lange können wir es uns leisten, auf die Simulation zu verzichten?"

Simulationstechnik ist ein Werkzeug, das im Unternehmen zu signifikanten Verbesserungen führen kann. Simulation zeigt, wo die Engpässe sind oder ob Investitionen in neue Technik die erwarteten Verbesserungen bringen. Der entscheidende Faktor für erfolgreiche Simulationsanwendung ist der Mensch, seine Erfahrungen und Kreativität. Der Anwender der Simulation muß die Methodik und das Instrument beherrschen und den Simulationsaufwand und -nutzen objektiv abschätzen.

Wir hoffen, daß dieses Buch zu breiteren Anwendungen der Simulationstechnik in der Industrie sowie auch zur Lehre der Grundlagen dieser Technik an den Universitäten und Hochschulen beiträgt.

Für die Unterstützung und Hilfe bei der Vorbereitung dieses Buches möchten wir uns bei den folgenden Personen und Organisationen bedanken:

- Dr. Harald Stadlbauer und Prof. Dr.-Ing. Gerfried Zeichen, INFA TU Wien
- Frau Silvia Schilgerius und Frau Petra Naschenweng, Springer-Verlag Wien
- Dr. Reinhard Becker und Dipl.-Ing. Peter Gangl, AESOP GmbH Stuttgart
- Prof. Bernd Lange und Dipl.-Ing. Walter Commerell, FH Ulm-Aussenstelle Geislingen
- Frau Doz. Dr.-Ing. Eva Slamková, Institut für Industrie Engineering, TH Žilina
- Frau Dr. Veronika Hrdliczka, Dr.-Ing. Peter Acél und Prof. Dr.-Ing. Fritz Huber, Betriebswissenschaftliches Institut der ETH Zürich
- Dr. Ing. MSc. Bernd Becker und Prof. Dr.-Ing. Hans-Jürgen Warnecke, Fraunhofer Institut IPA Stuttgart

Ján Košturiak, Milan Gregor
Institut für Industrie Engineering, TH Žilina, Slowakei

Inhalt

Einführung

Wir erleben heute einen Paradigmenwechsel in Unternehmen, den manche Fachleute als dritte industrielle Revolution bezeichnen. Professor Warnecke [148] definiert diese Revolution als "die Steigerung der Produktivität durch Vervielfachung und Beschleunigung der mentalen Leistungsfähigkeit des Menschen mit Hilfe von elektronischen Rechenanlagen und Speichern". Ulrich Klotz schreibt in Harvard Manager [60]: "Computer sind Simulationsinstrumente - nicht mehr, nicht weniger". Diese Meinung unterstützt auch der berühmte "Visionär der Informatik" Alan.C.Kay [54], der der Künstlichen Intelligenz, die die menschlichen Verhalten und Denkweisen nachzuahmen versucht, eine andere Alternative gegenüber stellt: "Statt menschlichen Verhaltens sollte ein Rechner gewöhnliche Werkzeuge simulieren". Dann ist der Benutzer selbst in der Lage, seine "Werkstatt" und die darin enthaltenen "Werkzeuge" an individuelle Bedürfnisse und Fähigkeiten sowie sich im Lauf der Zeit verändernden Bedingungen anzupassen.

Simulationstechnik gehört seit mehreren Jahren zu den unentbehrlichen Werkzeugen in der Planung von Produktionssystemen, Unternehmenslogistik und Produktionsplanung und -steuerung. Systeme, die mit dieser Technik analysiert und gesteuert werden, wurden in den letzten Jahren stark verändert. Automatisierte, komplexe Produktionssysteme, dezentrale Organisationsstrukturen, schlanke Produktion und "kontinuierlicher Verbesserungsprozeß" in der Produktion (KVP, KAIZEN) - das alles stellt auch neue Anforderungen an die Simulationstechnik und ihrer Benutzer.

Ein grundsätzliches Problem bei der Anwendung der Simulation ist das Fehlen von geeigneten Fachleuten und Fachwissen, um die entsprechenden Bearbeitungen durchführen zu können. Falsche Zielsetzungen, mangelhafte Kooperation, ungeeigneter Detaillierungsgrad, schlechte Kommunikation, Unterschätzung der Simulationsinstrumente und unlogische Ergebnisse sind oftmals die Folge.

1

Grundbegriffe und Definitionen

"Alles ist und auch nicht, denn alles fließt, ist in steter Veränderung, in stetem Werden und Vergehen begriffen." (Heraklit)

Unter einem **System** (systema, griech. - das Zusammengestellte) soll eine Gesamtheit von Elementen verstanden werden, die miteinander durch Beziehungen verbunden sind.

Prof.Patzak [106] definiert das System als "eine Menge von Komponenten, welche Eigenschaften besitzen und welche durch Beziehungen miteinander zur Verfolgung gesetzter Ziele verknüpft sind".

Nach DIN 25424 [35] wird das System als "die Zusammenfassung von technisch - organisatorischen Mitteln zur autonomen Erfüllung eines Aufgabenkomplexes" definiert.

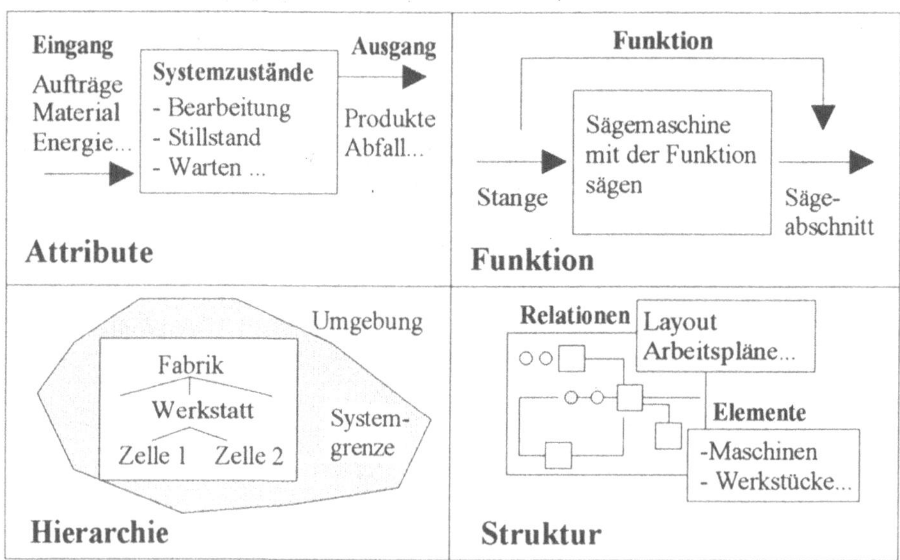

Abb. 1.: Vier Aspekte der Systembetrachtung

Jedes System kann mit Hilfe der vier folgenden Systemaspekten allgemein beschreiben werden (Abb. 1 [117]):

- **Attribute**, die Ein-, Ausgangsgrößen und Systemzustände beschreiben.
- **Funktionen**, die die Zuordnungen zwischen Ein- und Ausgangsgrößen eines Systems ausdrucken.
- **Hierarchie**, die die hierarchische Ordnung der Subsysteme eines Systems definiert.
- **Struktur**, die die Zahl und Art der Komponenten und der Subsysteme und deren Beziehungen definiert.

Systeme können auch mit weiteren Merkmalen wie in Abb. 2 dargestellt werden [48].

Merkmale	Merkmalausprägungen		
Seinsbereich	abstrakt	konkret	
Entstehungsart	natürlich	künstlich	
Verhältnis zur Umgebung	geschlossen	relativ isoliert	offen
Zeitabhängigkeit	statisch	dynamisch	
Zeitverteilung der Attributwerte	kontinuierlich	diskret	
Funktionstyp	linear	nicht linear	
Grad der Bestimmtheit	deterministisch	stochastisch	
Freiheitsgrad der Struktur	starr	flexibel	
Komplexität	einfach	komplex	äußerst komplex

Merkmalausprägungen der Produktionssysteme

Abb. 2.: Wichtigste Merkmale von Systemen [48]

4

Ein Prozeß ist die Gesamtheit von aufeinander einwirkenden Vorgängen in einem System, durch die Materie, Energie oder Informationen umgeformt, transportiert oder auch gespeichert wird [146].

Prinzipiell unterscheidet man zwischen **diskreten** und **stetigen Prozeßkategorien**, d.h. Prozessen in denen die Zustandsänderungen nur in bestimmten Zeitpunkten erfolgen (z.B. Materialfluß in einer Werkstattfertigung) und Prozessen, in denen Zustandsänderungen stetig erfolgen (z.B. chemische Verfahrensabläufe).

Wenn Beziehungen der inneren Komponenten eines Systems zu den Komponenten der Umwelt bestehen, handelt es sich um **offene Systeme**. Umwelt ist alles, was außerhalb der Systemgrenze liegt. Die Wahl der Systemgrenze hängt vom Zweck der Systemuntersuchung ab. Man kann also durch Erweiterung der Systemgrenzen ein offenes System in ein geschlossenes verwandeln. Eine Fabrik ist z.B. ein offenes System, da es als Eingang Rohstoffe, Aufträge und Energie und als Ausgang Produkte und Dienstleistungen hat. Vergrößert man die Systemgrenzen, sodaß die Ressourcen und der Markt in das System einbezogen werden, erhält man ein geschlossenes System.

Dynamische Systeme ändern sich mit der Zeit und **statische** Systeme sind von der Zeit unabhängig.

Deterministische Systeme lassen sich in ihrem Verhalten exakt vorhersagen, in den **stochastischen Systemen** können die Systemgrößen zufallsbedingt variieren (Störungen, Aufträge aus dem Markt, Leistungen der Arbeitskräfte usw.).

Produktionssysteme sind, gemäß dieser Merkmale, offene, dynamische und stochastische Systeme, die in drei Teilsysteme unterteilt werden können:

- Bearbeitungs- bzw. Montagesysteme,
- Materialflußsysteme,
- Informationssysteme (Abb. 3).

Zu den wichtigsten Aufgaben bei der Planung und beim Betrieb von Produktionssystemen gehören die Beherrschung ihrer Komplexität und Flexibilität.

REFA [114] definiert **komplexe Produktionssysteme** als "alle Arten von Produktionseinrichtungen, bei denen mehrere sich ergänzende Einzelfunktionen in der Bearbeitung und Montage sowie im Material- und Informationsfluß weitgehend ablaufen". Ein wesentliches Merkmal komplexer Produktionssysteme ist die informationstechnische Verknüpfung der einzelnen Komponenten der Systeme.

Flexibilität beschreibt die Fähigkeit eines Produktionssystems, innerhalb einer bestimmten Zeit, für verschiedene Aufgaben einsatzfähig zu sein.

Wegen der komplexen Zusammenhänge, stochastischen Einflüsse und immer steigenden Anforderungen an die Flexibilität in Produktionssystemen kann das Systemverhalten analytisch nicht exakt abgebildet werden. Hier bietet sich die Anwendung von Simulationsverfahren an, durch die eine genaue Analyse schnell und kostengünstig ausgeführt werden kann.

Der Begriff der **Simulation** leitet sich von dem lateinischen Wort "simulare" ab und bedeutet nachbilden oder nachahmen in bezug auf technische Vorgänge.

Simulation ist eine Methode, die zur Untersuchung von Systemen eingesetzt wird, die derart komplex sind, daß sie nicht durch mathematische Modelle, sondern nur verbal oder in Form von Ablaufplänen beschrieben werden können.

Richtlinie VDI 3633 [146] definiert Simulation als "die Nachbildung eines dynamischen Prozesses in einem Modell, um zu Erkenntnissen zu gelangen, die auf die Wirklichkeit übertragbar sind".

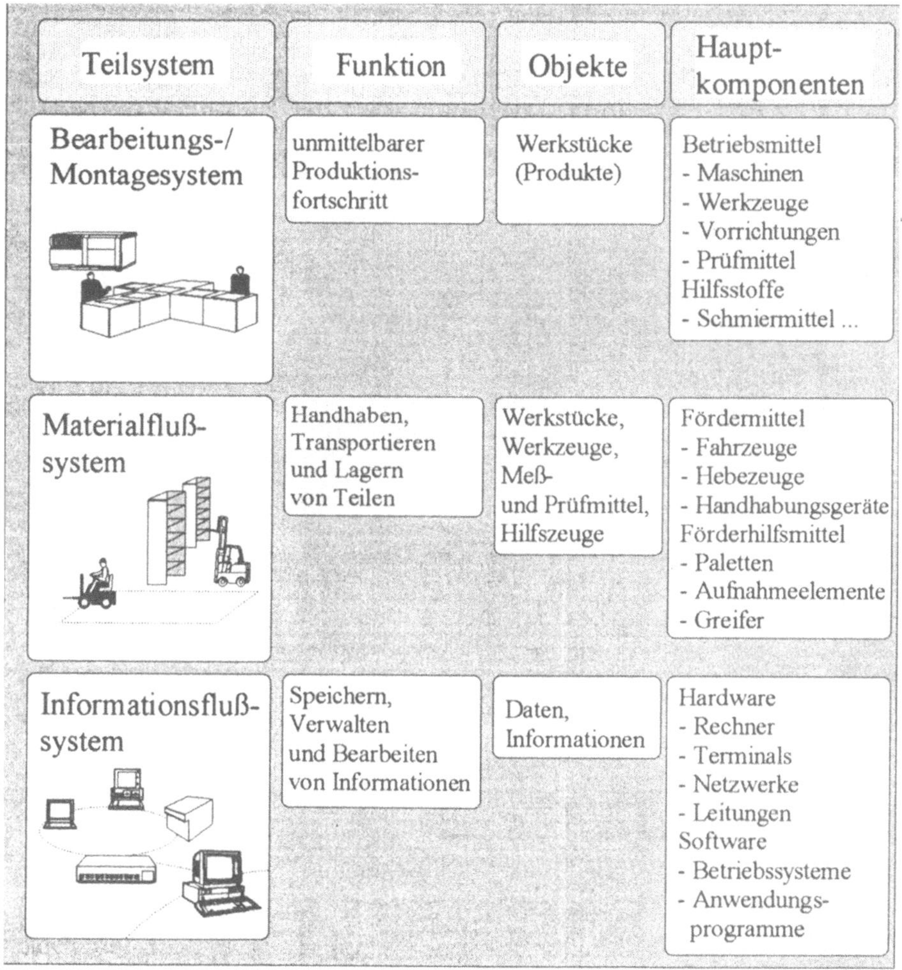

Teilsystem	Funktion	Objekte	Haupt-komponenten
Bearbeitungs-/ Montagesystem	unmittelbarer Produktions-fortschritt	Werkstücke (Produkte)	Betriebsmittel - Maschinen - Werkzeuge - Vorrichtungen - Prüfmittel Hilfsstoffe - Schmiermittel ...
Materialfluß-system	Handhaben, Transportieren und Lagern von Teilen	Werkstücke, Werkzeuge, Meß- und Prüfmittel, Hilfszeuge	Fördermittel - Fahrzeuge - Hebezeuge - Handhabungsgeräte Förderhilfsmittel - Paletten - Aufnahmeelemente - Greifer
Informationsfluß-system	Speichern, Verwalten und Bearbeiten von Informationen	Daten, Informationen	Hardware - Rechner - Terminals - Netzwerke - Leitungen Software - Betriebssysteme - Anwendungs-programme

Abb. 3.: Teilsysteme komplexer Produktionssysteme [48]

Nach R.E.Shannon [123] ist Simulation der Prozeß der Modellbeschreibung eines realen Systems und anschließendes Experimentieren mit diesem Modell mit der Absicht, entweder das Systemverhalten zu verstehen oder verschiedene Strategien für Systemoperationen zu entwickeln (siehe Abb. 4).

6

Ein **Modell** ist ein physikalisches oder formales System, das die problemrelevanten Merkmale eines zu untersuchenden Systems beschreibt.

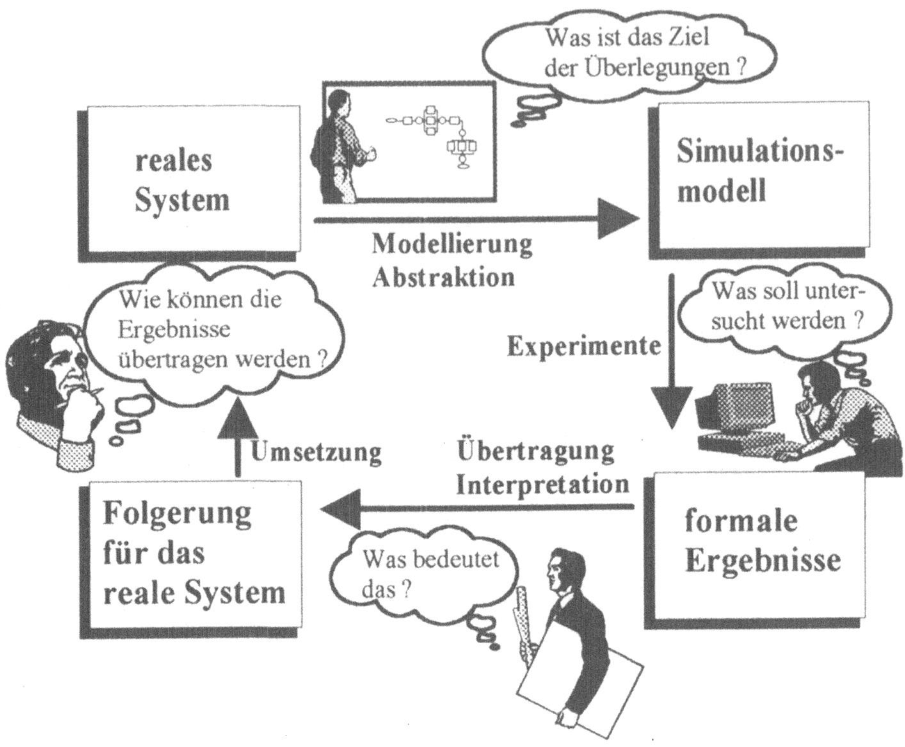

Abb. 4.: Simulation und Anwender

Modellierung besteht aus zwei Stufen [146]:

1. In der ersten Modellierungsstufe entsteht aus einem gedanklichen ein symbolisches Modell, das noch nicht experimentierbar ist.

2. Dieses Modell wird in der zweiten Modellierungsstufe in ein Softwaremodell umgesetzt, das eine ablauffähige Spezifikation auf einem Rechner darstellt.

Die Modelle bilden aber die Realität nicht im Sinne einer Gleichheit ab, sondern das originale System wird gedanklich abstrahiert.

Abstraktion bedeutet nach VDI 3633 [146] "Verallgemeinerung, Entnahme des Allgemeinen aus dem Besonderen, Außerachtlassen von Unerwünschtem, Loslösung vom Gegenständlichen, Ableitung des Wesentlichen vom Zufälligen".

Ein Experiment ist die gezielte empirische Untersuchung des Verhaltens eines Systems und der darauf ablaufenden Prozesse durch wiederholte Simulationsläufe mit systematischer Variation einer oder mehrerer System- und Prozeßparameter. [146].

Eine Klassifizierung von Modellen mit den wichtigsten Merkmalen von Simulationsmodellen ist in Abb. 5 dargestellt [146].

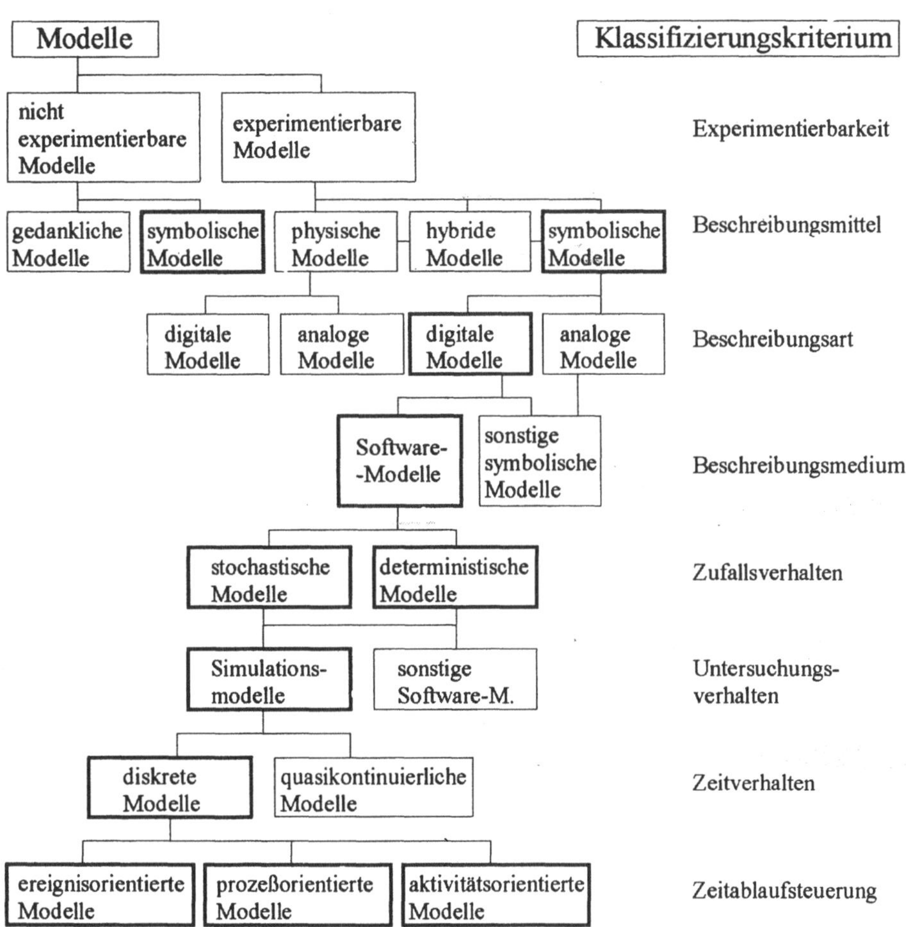

Abb. 5.: Klassifizierung von Modellen

Diskrete Simulation, die vor allem für die Produktionssysteme verwendbar ist, bedeutet, daß die Zustandsänderungen innerhalb des Simulationsmodells zu diskreten Zeitpunkten erfolgen, d.h. das System wird nur für bestimmte Zeitpunkte gelöst (z.B. Ankunft eines Auftrages, beladen eines Fahrzeuges, Beginn der Bearbeitung am Arbeitsplatz usw.).

Vergleich der Anwendbarkeit diskreter Simulation mit anderen Lösungsmöglichkeiten für unterschiedliche Systemtypen ist in Abb. 6 dargestellt.

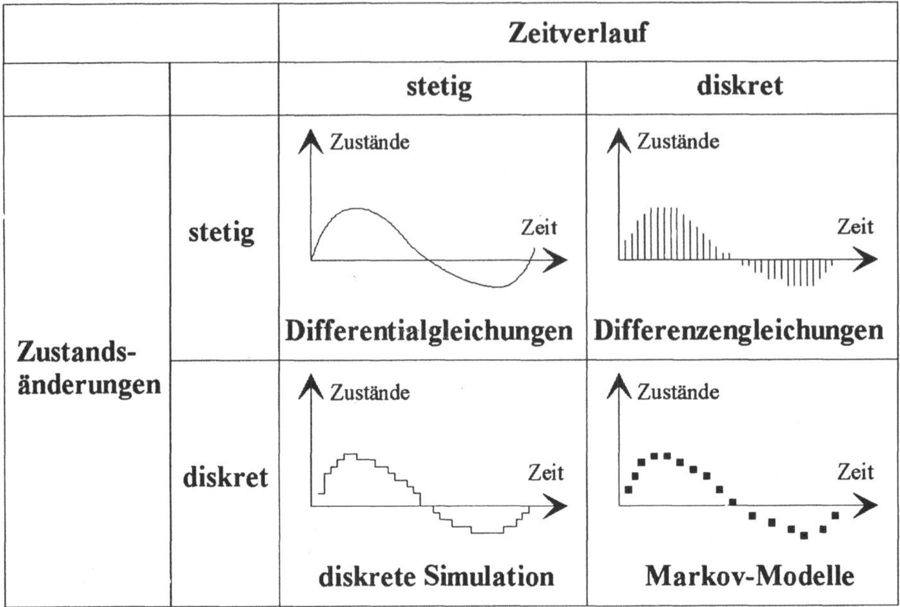

Abb. 6.: Systemtypen und Lösungsmöglichkeiten

2

Systems Engineering und Simulation

"Eine Diskussion darüber, ob es reale Systeme überhaupt gibt, ist unfruchtbar. Wesentlich ist, daß wir reale Gegebenheiten unter dem Systemgesichtspunkt betrachten können".

Professor Walter Daenzer, BWI ETH Zürich [30].

Für die Planung, die Gestaltung und den Betrieb von komplexen technischen Systemen bietet das **Systems Engineering (SE)** eine Menge von geeigneten Methoden und Modellen. Systems Engineering ist auch eine Denkweise und Problemlösungsmethodik zur Behandlung von Problemen mit hoher **Komplexität** und beschäftigt sich **mit sämtlichen Lebensphasen von Systemen**, von der Planung über die Realisierung bis zur Nutzung.

Systems Engineering ist eine Methodik, die hilft, den Prozeß der Lösung von komplexen Problemen effizienter zu gestalten. Systems Engineering ist dann notwendig, wenn viele Lösungen denkbar sind und es keinen vorgezeichneten Lösungsweg gibt. Die Anwendung von Systems Engineering gibt noch keine Gewähr für "optimale" Lösungen, schafft aber bessere Voraussetzungen dafür [106].

Die Hauptkomponenten des SE sind nach Prof.Daenzer [30] in Abb. 7 dargestellt.

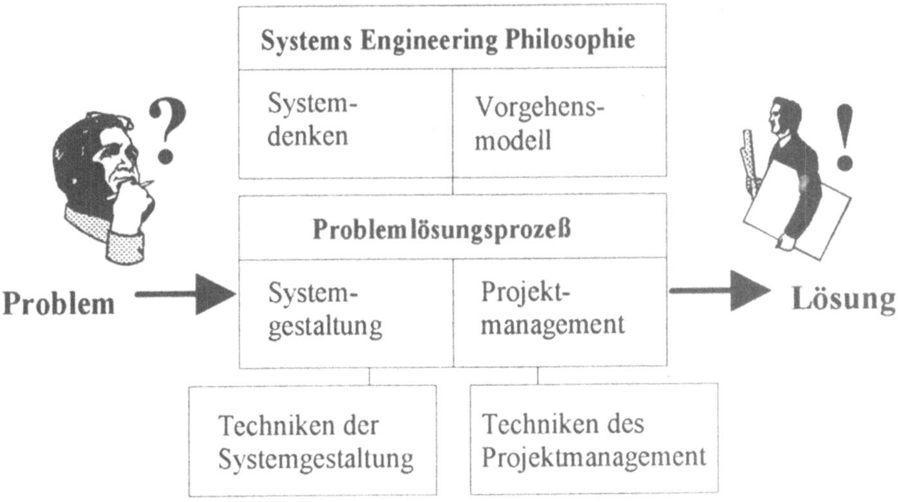

Abb. 7.: SE - Komponenten [30]

10

SE-Philosophie stellt einen geistigen Überbau zur Problemlösungsprozeß dar, der zwei Komponenten enthält:

- die **Systemgestaltung** als kreative Arbeit an der neuen Lösung (Zielsetzung, Problemanalyse, Lösungssuche, Auswahl)

- das **Projekt-Management**, d.h. die Fragen der Organisation und Koordination des Problemlösungsprozesses (Zuteilung von Aufgaben und Kompetenzen, Organisation und Durchsetzung der Entscheidungen) [30]. Projekt-Management faßt alle planenden, überwachenden, koordinierenden und steuernden Tätigkeiten zusammen, die bei der Um- oder Neugestaltung von Systemen erforderlich sind. Dabei stehen im Vordergrund die Teilschritte zur Erreichung der Lösung, die dazu erforderlichen Personen und Mittel, deren Einsatz und Koordination. Die Abgrenzung zwischen Systemgestaltung und Projekt-Management ist nach [30] in Abb. 8 abgebildet.

- Systemgestaltung und Projekt-Management werden durch bewährte Techniken und Verfahren unterstützt (siehe z.B. [5], [30], [106]).

Systemdenken ist eine Denkweise, die für unterschiedliche Problemklassen die Lösungen auf der Basis eines ganzheitlichen Denkansatzes sucht. Das Hauptproblem besteht in dem Versuch, das ganzheitliche Verhalten eines Systems durch die Eigenschaften seiner Teile und der Umwelteinflüsse zu erklären.

Im Systemdenken spielen Modelle eine wichtige Rolle. Es sind vor allem Modelle, die komplexe Systeme in ihrem Aufbau und in ihrem Zusammenwirken darstellen, um das System zu verstehen (Erklärungsmodelle) oder um zum Ausdruck zu bringen, wie die Realität zu verändern ist (Gestaltungsmodelle).

Nach [30] läßt sich das **Vorgehensmodell** durch Komponenten charakterisieren, nämlich, daß es zweckmäßig ist

- vom Groben zum Detail vorzugehen,

- den Prozeß der Systementwicklung und -realisierung nach zeitlichen Gesichtspunkten zu gliedern (Lebensphasen eines Systems - Abb. 9),

- bei der Lösung von Problemen, gleichgültig, welcher Art sie sind und in welcher Phase der Systementwicklung sie auftreten, einen formalen Vorgehensleitfaden anzuwenden (Problemlösungsprozeß - Abb. 9).

In der **Situationsanalyse** im Problemlösungszyklus stehen vier Betrachtungsweisen in enger Beziehung [30]:

- Die **systemorientierte** Betrachtung, die vom Systemdenken ausgeht und helfen soll das Problemfeld zu strukturieren (Teilsysteme, Untersysteme, Systemelemente, Beziehungen, Umwelteinflüsse, dynamische Prozeßabläufe).

- Die **ursachenorientierte** Betrachtung, die die Symptome und die Ursachen einer unbefriedigenden Situation diagnostiziert.

- Die **lösungsorientierte** Betrachtung, die Lösungsmöglichkeiten analysiert.

- Die **zielorientierte** Betrachtung, die an der zukünftigen Systementwicklung orientiert ist.

Die **Zielsetzung** soll den Blick darauf richten, was durch Umstellung oder Neugestaltung eines Systems erreicht oder vermieden werden kann (z.B. Auslastung der Systemkomponenten, Systemleistung, Kosten, usw.).

Systemgestaltung	Projekt -Management
Das Problem selbst, seine Abgrenzung, die Systemziele, die fachlichen und technischen Aspekte der Lösung stehen im Vordergrund - Problemlösung im eigentlichen Sinn	Die Vorgehensweise, die organisatorische Abwicklung des Prozesses der Lösungsfindung, der Einsatz und die Koordinierung der erforderlichen Personen und Mittel stehen im Vordergrund
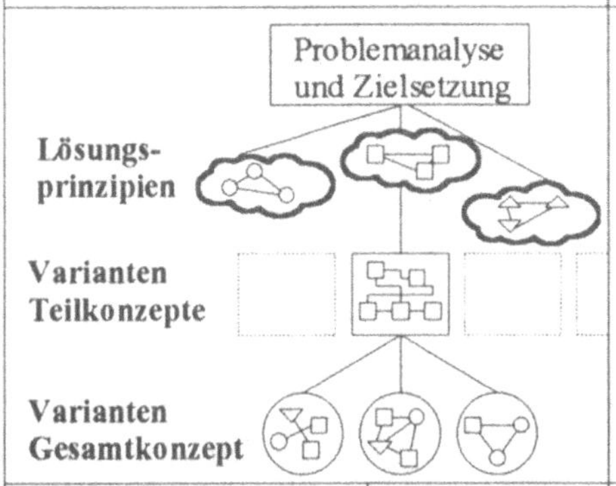 Problemanalyse und Zielsetzung Lösungsprinzipien Varianten Teilkonzepte Varianten Gesamtkonzept	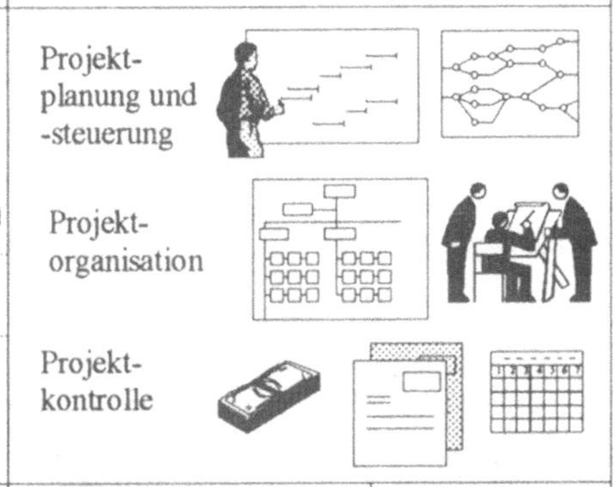 Projektplanung und -steuerung Projektorganisation Projektkontrolle

Methoden und Techniken	Anwendung	Methoden und Techniken	Anwendung
- Panel-Befragung - Wahrscheinlichkeitstheorie - Mathematische Statistik - Trend-Extrapolation - ABC-Analyse ...	Problemanalyse	- Balkendiagramme - Netzplantechnik - CPM - PERT - GERT - MPM - Zeit/Kosten/ Fortschrittsdiagramme...	Projektplanung und -steuerung
- Ziel/Mittel-Denken - Operationalisierung - Relevanzbaum ...	Zielsetzung		
- Analogiemethode - Brainstorming - Methode 635 - Morphologie - Synektik ...	Synthese	- Funktionendiagramme - Projekt-Organisationsmodelle ...	Projektorganisation
- Wertanalyse - Entscheidungstabellen - Sensibilitätsanalyse - Sicherheitsanalyse ...	Analyse		
- Investitionsrechnung - Kosten/Nutzen-Analyse - Nutzwertanalyse ...	Bewertung/ Entscheidung		
- Simulationstechnik - Monte Carlo-Methode - Warteschlangentheorie	dynamische Modellierung		

Abb. 8.: Abgrenzung zwischen Systemgestaltung und Projekt-Management

Bei der **Synthese** geht es darum, ein Systemkonzept zu erarbeiten und auf systematische Art einen möglichst umfassenden Überblick über prinzipiell mögliche Lösungen zu schaffen (Variantengenerierung), diese einander gegenüberzustellen und die geeignetste Lösungsvariante auszuwählen.

Die entstehenden Lösungskonzepte werden in einer **Analyse** kritisch auf Einhaltung vorgeschriebener Ziele, Ablauflogik, Sicherheit, Vollständigkeit und Vergleichbarkeit und schließlich hinsichtlich der Bedingungen, unter denen sie funktionieren können und gewollter oder ungewollter Konsequenzen, die sie hervorrufen, überprüft.

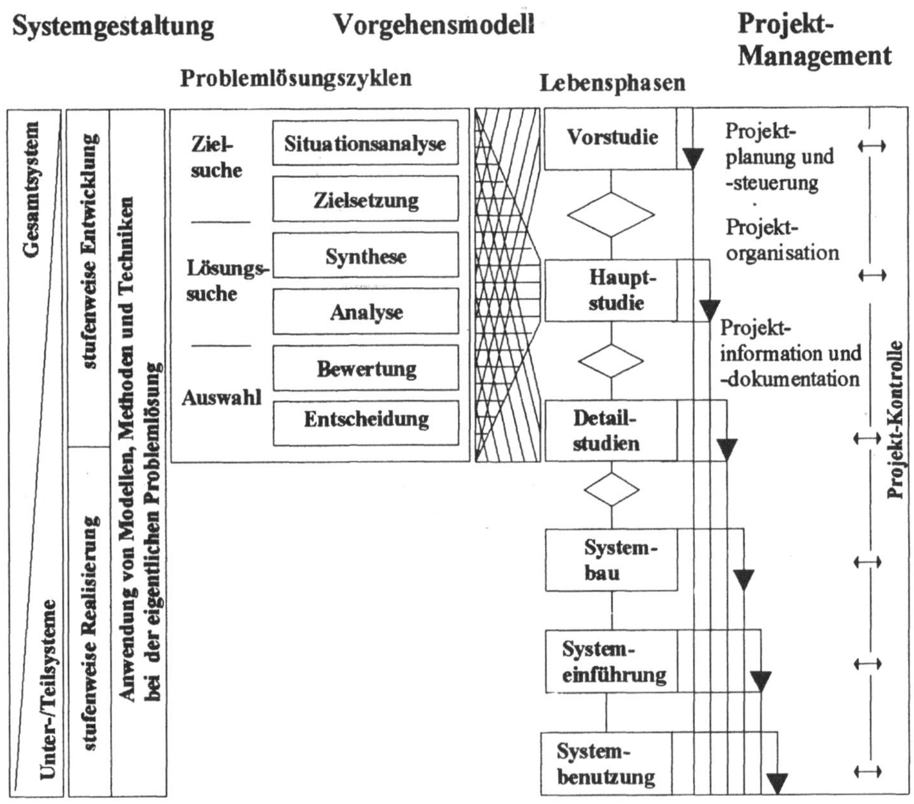

Abb. 9.: Systemgestaltung, Vorgehensmodell und Projekt-Management [30]

Zur **Bewertung** werden nur solche Varianten zugelassen, die alle Ziele erfüllen. Der Bewertungsschritt hat die Hauptaufgabe, die Entscheidung vorzubereiten (nicht zu ersetzen). Es gibt eine Menge von Methoden, die für die Bewertung von Varianten geeignet sind (z.B. Nutzwertanalyse, Kosten/Nutzen-Analyse, Kosten/Wirksamkeits-analyse).

Die **Entscheidung** folgt der Bewertung und ermöglicht die ausgewählte Lösungsvariante im Detail weiter zu planen oder zu realisieren.

Die Entscheidungsprozesse sind heute in allen Bereichen unseres technischen wie auch gesellschaftlichen Lebens komplexer und teurer geworden, und sie sind mit Unsicherheit und größerem Risiko verbunden. Anderseits spielt der Zeitfaktor, der schnellen Reaktion eine immer größere Rolle.

Auch bei der Planung und bei dem Betrieb von komplexen Produktionssystemen sind die Faktoren Zeit, Komplexität und Investitionsrisiko entscheidend. Durch Experimente an Modellen und durch systemtechnische Ansätze können Fehlentscheidungen vermieden und ausgewählte Lösungskonzepte optimiert werden. Experimente müssen an geeigneten Modellen und frühzeitig im Planungsstadium durchgeführt werden, um die Planungsalternativen rechtzeitig bewerten zu können [83].

H.Hartberger [48] analysiert drei wichtige Modellklassen für die Planung von Produktionssystemen:

- **Mathematische Modelle**, die für Rechenanlagen geeignet sind, aber oftmals geringe Anschaulichkeit und Verständlichkeit besitzen.

Die wichtigsten mathematischen Modelle sind die **analytischen Modelle**, die mit mathematischen Gleichungen arbeiten und die **numerischen Modelle**, die einen iterativen Problemlösungsprozeß verwenden.

- **Graphenmodelle**, die Sachverhalte von mathematischen Modellen abbilden können und ihre Anschaulichkeit steigern (Petri-Netze, Struktur-Diagramme, Ablaufpläne, Netzplantechnik u a.).

- **Wissensbasierte, objektorientierte Modelle**, die die Möglichkeit bieten, komplexe Problemstellungen wie Fakten und Beziehungen mit unterschiedlichen Strategien der Wissenrepräsentation zu modellieren.

Ein Überblick der Methoden für die Planung von Produktionssystemen ist in Abb. 10 dargestellt [48].

Diese Übersicht zeigt, daß für die Simulationstechnik bei der Planung von Produktionssystemen mehrere "konkurrierende" Lösungsmethoden existieren. Vor allem mathematische Methoden, wie z.B. die Markov-Theorie oder die Warteschlangentheorie können relativ schnell und effizient auch dynamische Zusammenhänge in der Produktion berücksichtigen. Das Problem dieser Methoden liegt darin, daß ihre Anwendbarkeit auf nur bestimmte Problemklassen beschränkt ist (z.B. exponentielle Verteilungsfunktion der Ankunftsrate) und sehr schnell an die Grenzen des Machbaren (Problemkomplexität) stoßen.

Mehrere Autoren [45], [126], [145] weisen darauf hin, daß diese analytischen Modelle nur für die Grobplanung von Produktionssystemen geeignet sind. Sie können als eine Vorstufe vor der Simulation angewandt werden (z.B. als Bestimmung der Leistungsgrenzen, Engpaßermittlung, grobe Pufferdimensionierung usw.).

Methode	Erläuterung	Anwendungen
Binäre Logik (Boole)	Berechnung von binären Zuständen, z.B. intakt und defekt, mit Wahrscheinlichkeitsrechnung	Zuverlässigkeitsrechnung von Geräten und Einzelmaschinen, Abschätzung der Gesamtverfügbarkeit von Produktionssystemen
Warteschlangentheorie	Berechnung von Wartezeiten, Länge von Warteschlangen aus Bedienanforderungen und Abfertigungsrate eines Engpasses	Lösung von Teilproblemen, bei denen Engpässe, Maschinen oder Wegstrecken mit Poisson-Verteilungen als Eingangsgrößen beschrieben werden können
Markov-Ketten	Berechnung von Zustandswahrscheinlichkeiten aus exponential verteilten Zustandsübertragungsraten	Verfügbarkeitsrechnung für einfache Produktionssysteme (z.B. zwei Maschinen, ein Lager)
Lineare Optimierung	Bestimmung von Maxima oder Minima einer linearen Zielfunktion, deren Nebenbedingungen linear beschreibbar sind	Zuweisungsprobleme Standortprobleme Transportprobleme
Dynamische Optimierung	Erweiterung der linearen Optimierung, wobei die Zielfunktionen und die Nebenbedingungen nicht mehr linear sind	Produktionsprogrammplanung, Splitten von Aufträgen
Heuristische Methoden	Bei hoher Komplexität mathematischer Optimierungsaufgaben liefern heuristische Methoden genügend genaue Ergebnisse	Layoutplanung, Standortplanung, Reihenfolgeprobleme
Entscheidungsbaum	Gezielte Absuche von Entscheidungsbäumen mit Ausschlüssen von Verzweigungen, die den Zielzustand nicht erhalten	Ziel-Wege-Probleme, Bearbeitungsfolgen, Betriebsmittelanordnung
Prognoserechnung	Extrapolation von Vergangenheitswerten für die Zukunft	Lagerhaltung Bedarfsermittlung
Simulation	Empirisches Verfahren durch Abbildung des realen Problems in ein Modell und durch Experimente am Modell, um gute Problemlösungen zu erhalten	Planung verketter Anlagen, Materialfluß, Informationsfluß, Montageprozesse, Bewegungsabläufe...
Wissensbasierte Methoden	Effiziente Möglichkeiten der Wissensrepräsentation und der Wissensverarbeitung für komplexe Problemzusammenhänge	Expertensysteme für Planung, Diagnose..., wissensbasierte Modellierung von Produktionssystemen

Abb. 10.: Methoden zur Planung von Produktionssystemen [48]

Eine ausführliche Übersicht der Prinzipien und Anwendungen der analytischen Modellierungsmethoden wurde z.B. in [25] und [145] veröffentlicht.

Simulationstechnik gehört zu den wichtigen Methoden des Systems Engineerings. Sie wird nicht nur als Planungsverfahren verstanden, sondern sie ist geeignet für Einsatz in allen Lebensphasen eines Systems. Simulation beinhaltet nicht nur methodische Instrumentarien für Modellierung, sondern auch organisatorische und methodische Hinweise zur Systemanalyse, der Zielformulierung, der Datenerfassung und -vorbereitung, der Planung von Experimenten usw. - es ist daher sinnvoll die Simulationstechnik als ein Projekt im Rahmen Systems Engineering zu betrachten (siehe auch Teil 6).

Simulationstechnik beinhaltet, im Gegensatz zu den analytischen Methoden, kein systematisches Verfahren, das über einen Algorithmus automatisch zu einer optimalen Lösung führt. Es ist vor allem ein Entscheidungshilfsmittel für die Fragen "Was passiert wenn ?" (in der Planung) oder "Was jetzt?" (im Betrieb). Simulation ist also vor allem "Denkverstärker", die erst durch Interaktion mit einem Benutzer die brauchbare oder die "beste" Lösungen finden kann. Bei den analytischen Verfahren, die mit mathematischen Gleichungen arbeiten, werden Systemänderungen Schritt für Schritt akkumuliert. Die Gleichungen sagen aber nicht, wie man direkt zu irgendwelchen zukünftigen Zuständen kommt. Bei der Simulation stehen alle Zeitpunkte, in denen die Änderungen der Systemzustände erfolgen, zur Verfügung. Andererseits bietet die Simulation, im Gegensatz zu den analytischen Methoden, keine allgemeinen Algorithmen zur Bestimmung bester Lösungen an. Eine "Optimierung" ist nur durch iterative Modellmodifikationen möglich.

Eine prinzipielle Abgrenzung zwischen Modellierung, Simulation und Optimierung ist in Abb. 11 abgebildet.

Die Simulation ist also für den Planer oder Manager das, was der Windkanal für den Konstrukteur von Flugzeugen ist. Man braucht eine Erprobung am Modell, weil entweder die theoretisch-exakte Durchrechnung nicht möglich ist oder die Modellstruktur so komplex ist und mit unsicheren Elementen arbeitet, daß nur durch systematisches Experimentieren eine Lösung gefunden werden kann. Der Konstrukteur von Flugzeugen prüft seine neu entwickelten Modelle auf ihre aerodynamischen Eigenschaften zunächst im Windkanal und baut danach erst das Flugzeug, das dann vom Testpiloten im echten Einsatz geprüft wird. Dadurch wird die Sicherheit für den Piloten erhöht und die Kosten für den Bau des Flugzeuges werden reduziert [53]. Genauso ermöglicht es die Simulation dem Planer eines Produktionssystems unterschiedliche Systemkonfigurationen (Maschinen, Puffer, Transportsystem, Layout, Steuerung usw.) zu testen, bevor sie installiert werden. Ein Produktionsmanager kann mit Hilfe der Simulation z.B. verschiedene Steuerungsstrategien bezüglich der aktuellen Situation in der Werkstatt "durchspielen" und damit Entscheidungen deutlich verbessern (z.B. Machbarkeit eines neu ankommenden Auftrages oder Änderungen des Produktionsplanes bei dem Ausfall einer Maschine).

Es gibt mehrere Ursachen für die erhöhte Aufmerksamkeit, die die Simulationstechnik im Unternehmen in neuerer Zeit findet:

1. Die bekannten analytischen mathematischen Verfahren (Warteschlangentheorie, lineare Programmierung u. a.) stoßen wegen ihrer Einschränkungen bei der Lösung der praktischen Probleme auf erhebliche Schwierigkeiten.

16

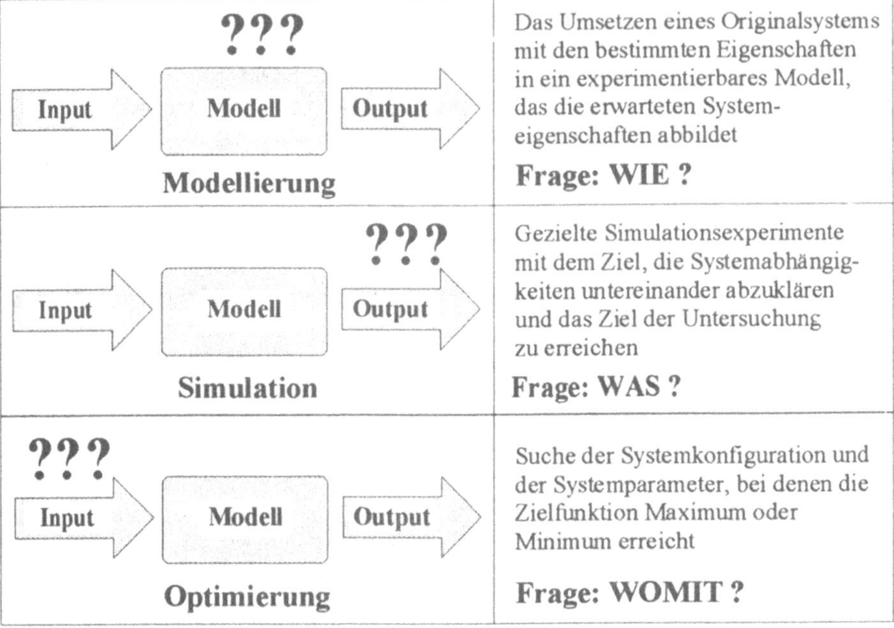

Abb. 11.: Modellierung, Simulation und Optimierung - prinzipielle Abgrenzung
(Quelle: Chen [2])

2. Ständig steigende Komplexität bei Problemlösungen, zunehmende Investitionen und steigende Gefahr von falschen Entscheidungen, die in den immer kürzeren Zeitintervallen zu erfolgen haben.

3. Explosion der Informationen und des Wissens, zunehmende Anzahl von möglichen Lösungsalternativen.

4. Neue Anforderungen an die Reaktionsfähigkeit hinsichtlich Markt, die durch neue Organisationsformen und Arbeitstechniken bewältigt werden (Teamarbeit, Simultaneous Engineering usw.)

5. Die fortschreitende Entwicklung der Computertechnik und der Softwaresysteme hat auch eine Voraussetzung für die sinnvolle und breitere Anwendung der Simulationstechnik geschaffen (siehe Teil 7).

Der Übergang von einem Experiment am realen System zu einem Modellexperiment kann aus folgenden Gründen erforderlich werden:

- **praktische Undurchführbarkeit** - Experimente am realen System sind nicht möglich (z.B. Auswirkung unterschiedlicher Ausschußraten in der Produktion an die Auslastung der Montage),

- **zeitliche Beschränkungen** (z.B. Untersuchung unterschiedlicher Alternativen des Produktionsplanes),

- **kostenmäßige Beschränkungen** (z.B. Experimentieren mit unterschiedlichen Konfigurationen eines Produktionssystems),

- **Fehlen eines realen Systems** (z.B. Analyse unterschiedlicher Lösungsalternativen in der Phase der Systementwicklung).

Wenn die berechnungstechnischen Aspekte von Simulationsmodellen betrachtet werden, unterscheidet man folgende Arten von Simulationsverfahren:

1. **Handsimulation**, bei der die überschaubaren Abläufe manuell und experimentell untersucht werden. Es werden physische oder mathematisch-logische Modelle angewandt.

2. **Computergestützte Simulation**, bei der die Modellerstellung und die Experimente interaktiv durch den Benutzer und des Computer durchgeführt werden.

3. **Analoge Simulation**, bei der physische Modelle oder Analogrechner eingesetzt werden.

4. **Monte-Carlo-Simulation**, bei der die Probleme mit Hilfe von Zufallsprozessen und wahrscheinlichkeitstheoretischen Gesetzen gelöst werden. Diese Methode ist nicht Simulation im eigentlichen Sinne, und man kann unter dieser Technik im Prinzip auch bestimmte Spezialfälle von Stichprobenverfahren verstehen, bei der die Zufallszahlen mit einem Computer generiert werden. Das Prinzip der Monte-Carlo-Methode beruht auf dem "Gesetz der großen Zahlen" [137] und auf den Erkenntnissen der Wahrscheinlichkeitstheorie und der mathematischen Statistik.

In diesem Buch wird unter dem Begriff "Simulation" immer nur die computerunterstützte Simulation verstanden.

Aufgrund interner Merkmale von Simulationsmethoden werden drei Klassen der Simulation definiert:

- **Diskrete Simulation** (siehe Teil 1).

- **Kontinuierliche Simulation**, bei der die Zustandsänderungen innerhalb des Systems stetig erfolgen, d.h. insbesondere die Zeit wird kontinuierlich nachgebildet.

- **Kombinierte Simulation**, bei der die zwei vorhergehenden Verfahren miteinander kombiniert werden.

Manche Autoren unterscheiden auch zwischen **stochastischer** und **deterministischer** Simulation. Es gibt aber in der Praxis nur selten Fälle, wo Werte von Modellvariablen rein zufällig oder deterministisch sind. Zufallsgrößen werden generell mit deterministischen Algorithmen abgebildet.

Aufgrund der Algorithmen, die die Simulation verwendet, werden die Simulationsmodelle in drei Gruppen gegliedert (analog werden oft auch die Simulationssysteme untergliedert - siehe Teil 7):

- **Ereignisorientierte Simulation** (event simulation - siehe Abb. 12).

Bei der ereignisorientierten Simulation besteht das Modell aus einer Anzahl von möglichen Ereignissen, bei denen Zustandsänderungen eintreten können (z.B. Ankünfte von Teilen, Arbeitsbeginn von Maschinen usw.). Der Modellersteller muß diese Ereignisse definieren, entwickeln und ihre gesamte Logik programmieren.

- **Prozeßorientierte Simulation** (process oriented simulation - siehe Abb. 13).

Bei der prozeßorientierten Simulation wird das Modell als eine Menge von Prozessen dargestellt. Ein Prozeß ist eine Zusammenfassung von mehreren Ereignissen im Zeitablauf (z.B. Bearbeitungsprozeß an einer Maschine).

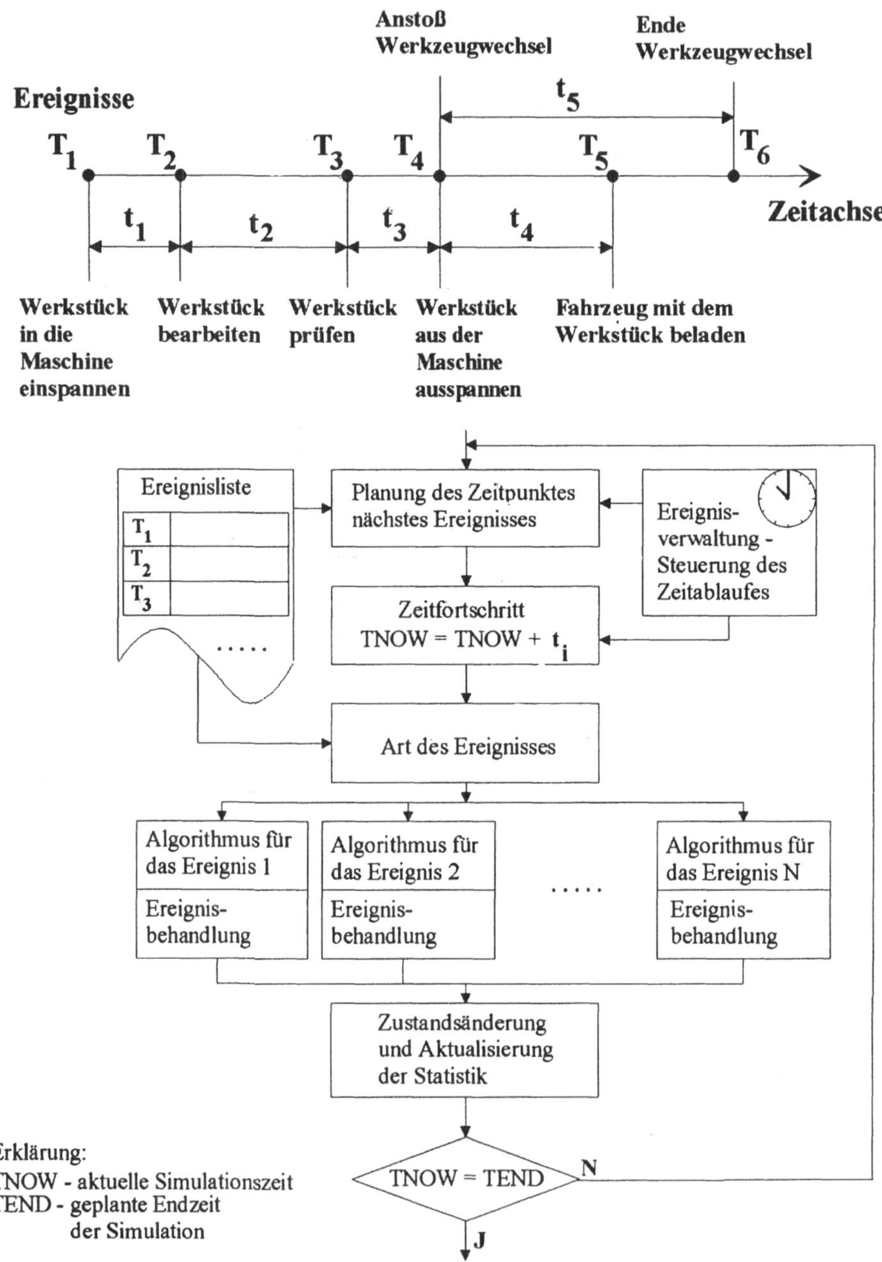

Abb. 12.: Ereignisorientierte Simulation

Der Modellersteller beschreibt den Fluß der beweglichen Komponenten (z.B. Werkstücke) durch Prozesse. Einzelne Prozesse werden entweder in der Form von vordefinierten, parametrisierbaren Blöcken bereitgestellt (z.B. GPSS, SIMAN) oder der Benutzer muß jeden Prozeß selbst entwickeln und programmieren.

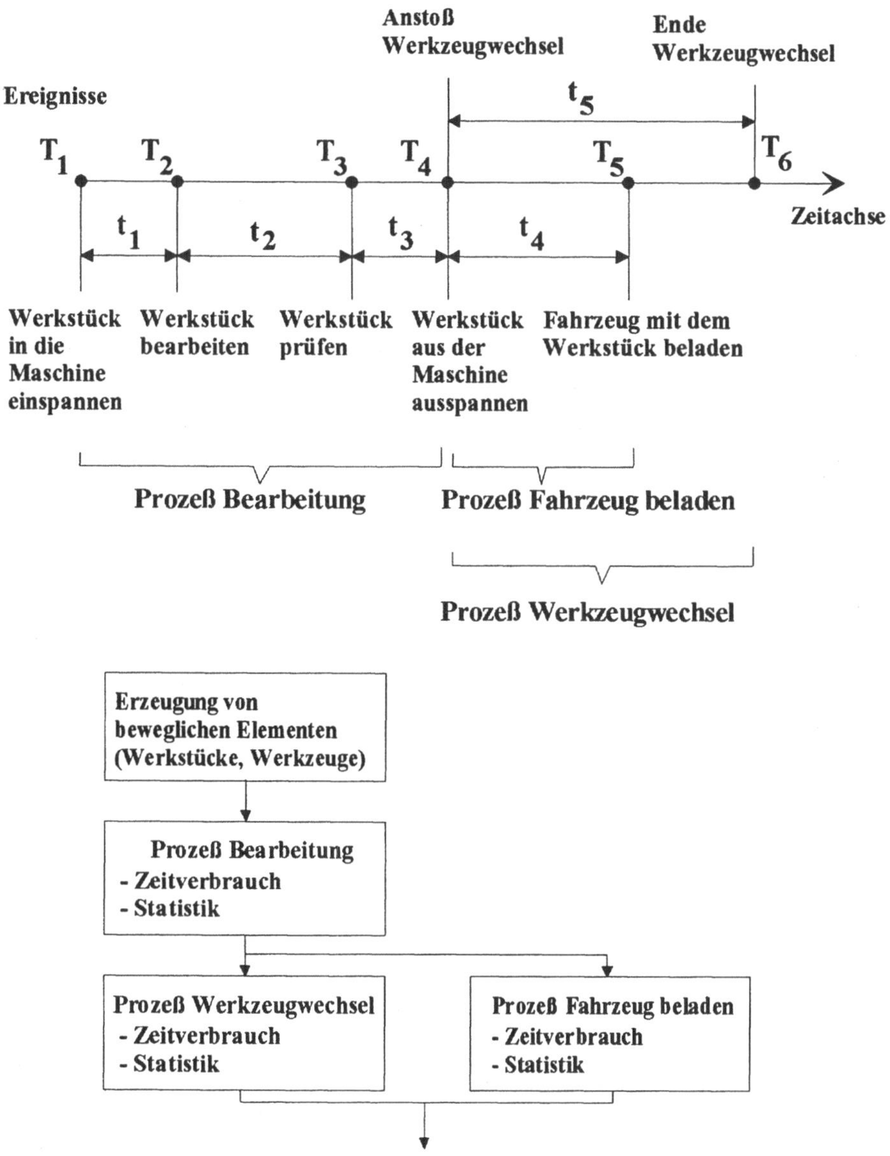

Abb. 13.: Prozeßorientierte Simulation

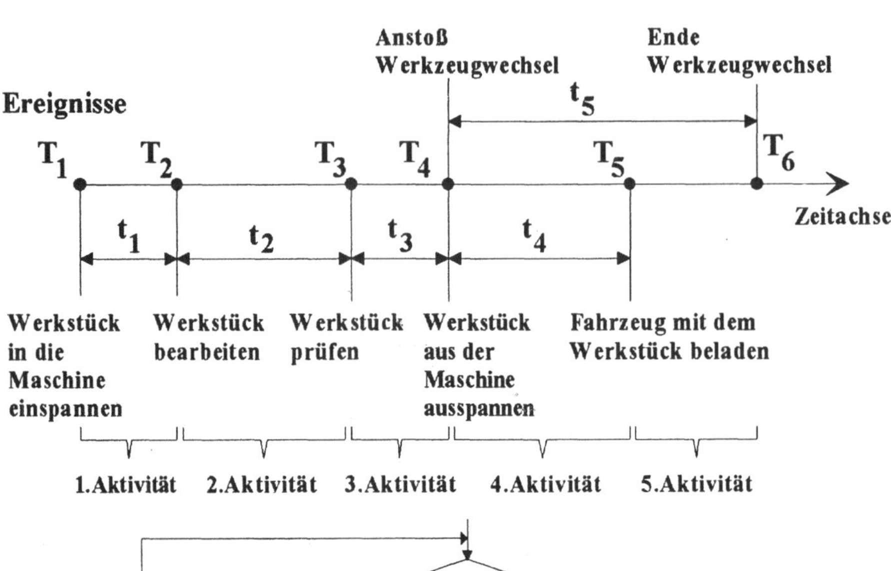

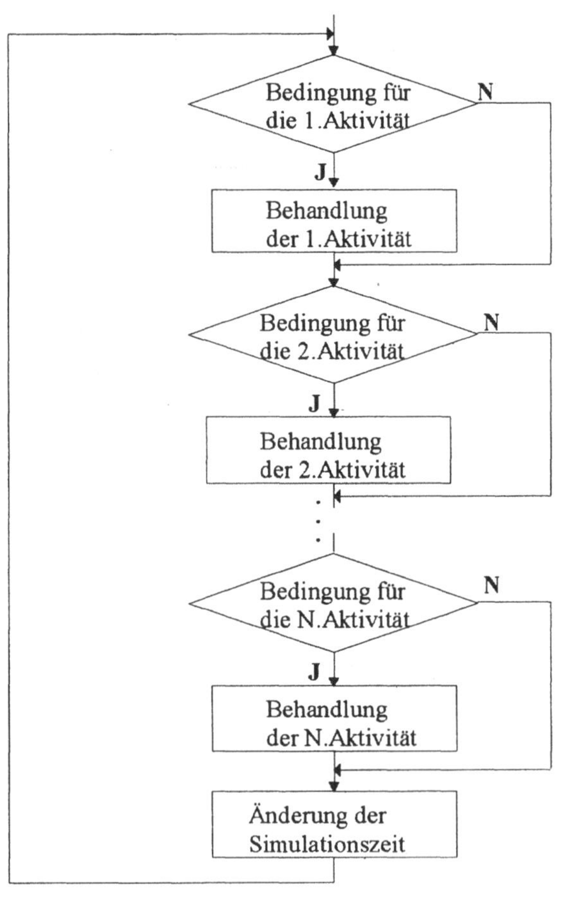

Abb. 14.: Aktivitätsorientierte Simulation

- **Aktivitätsorientierte Simulation** (activity based simulation - Abb. 14). Bei dieser Art der Simulation definiert der Modellersteller die Bedingungen, die zum Start oder zum Beenden einer Aktivität führen. Die Zeit wird in gleichen Intervallen weitergeschaltet und nach jedem Zeitschritt werden alle Bedingungen ausgewertet und eine Aktivität entsprechend gestartet oder unterbrochen.

Die drei Sichtweisen in der diskreten Simulation sind in den Abbildungen 12, 13 und 14 dargestellt.

Mehrere Simulationssoftwarepakete erlauben auch eine Kombination dieser Prinzipien - vor allem zwischen der ereignis- und prozeßorientierten Simulation (z.B. SIMAN, SIMSCRIPT II.5).

Betrachten wir die Art der Generierung und der Auswahl der Modellvarianten, so unterscheidet man zwischen den folgenden Arten der Simulation:

- **Kombinatorische Simulation**, bei der alle Kombinationen systematisch durchgerechnet werden.

- **Statistische Simulation**, die einzelne Modellvarianten zufällig generiert.

- **Heuristische Simulation**, bei der die Ableitung einzelner Modellvarianten durch den Experimentierenden selbst auf Grund seines Wissens und seiner Erfahrung vollzogen wird.

- **Wissensbasierte Simulation**, bei der die Modellvarianten mit Hilfe eines wissensbasierten Beratungssystems ausgewählt werden.

- **Simulation mit evolutionären Algorithmen**, die Mutationen und Kreuzung (Analogie mit Genetik) bei der Auswahl aus Modellvarianten benutzen.

Aufgrund der Abbildung des Zeitablaufes im Simulationsmodell werden zwei Hauptklassen der Simulation definiert (siehe Abb. 15):

- Simulation mit **variablen** Zeitschritten (ereignisorientierte Ablaufsteuerung) - der Modellzeit entsprechen die Zeitpunkte, an denen Ereignisse stattfinden (T_j). Die Zeitschritte t_j sind variabel. Es ist erforderlich für jedes Ereignis den Zeitpunkt seines Eintretens zu bestimmen. Alle Ereignisse werden in einer Liste geführt, in der sie nach dem Zeitpunkt ihres Stattfindens aufgeführt sind.

- Simulation mit **konstanten** Zeitschritten (zeitorientierte Ablaufsteuerung) - diese Ablaufsteuerung geht von konstanten Zeitschritten mit Länge t aus. Die Modellzeit schreitet unabhängig von Ereignissen fort. Bei geringen Zeitschritten t kann der Berechnungsaufwand erheblich zunehmen. Bei großen Werten des Zeitschrittes t ist es jedoch möglich, daß mehrere Ereignisse innerhalb dieses Intervalls liegen und das Simulationsmodell nicht signifikante Ergebnisse liefern kann.

In den Simulationsmodellen werden folgende Grundelemente definiert:

- **Modellkomponenten** - bilden die einzelnen Systemelemente und Teilsysteme ab und ihre Auswahl hängt vom Systemtyp und vom Ziel der Simulation ab. Man unterscheidet zwischen **beweglichen** Komponenten, die permanent oder temporär sind (z.B. Fahrzeuge, Fertigungsaufträge, Werkstücke), und **unbeweglichen** Komponenten (z.B. Maschinen, Puffer).

Zeitorientierte Ablaufsteuerung der Modellzeit

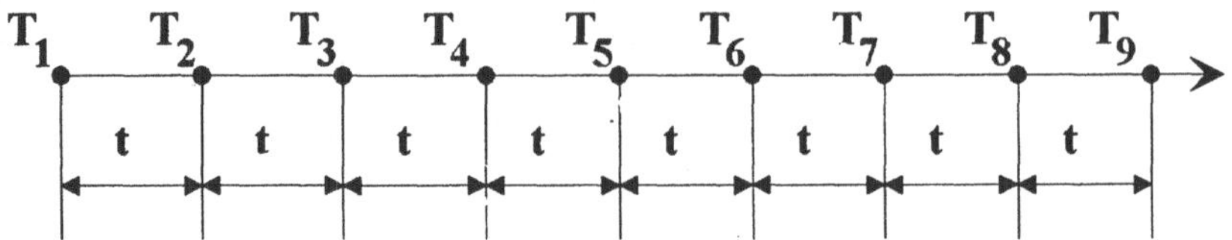

Ereignisse

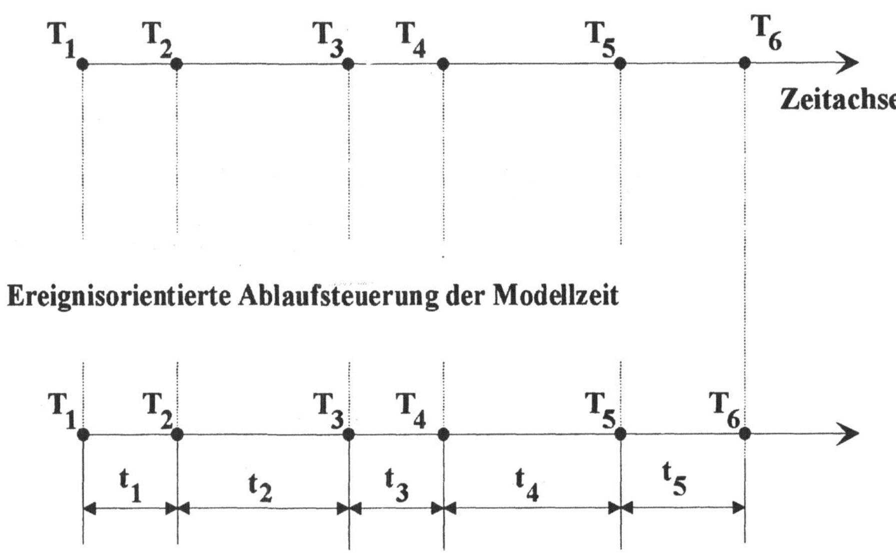

Ereignisorientierte Ablaufsteuerung der Modellzeit

Abb. 15.: Zwei Techniken für die Steuerung des Zeitablaufes in der Simulation

- **Modellvariablen** - stellen die Beziehungen zwischen den Modellkomponenten im Modell (endogene Variablen) und die Beziehungen zwischen dem System und seiner Umgebung (exogene Variablen) dar.

- **Modellparameter** - Variable, die fixe Werte haben und von exogenen und endogenen Variablen nicht beeinflußbar sind. Sie können sich aber von Modellvariante zu Modellvariante ändern mit dem Ziel, "optimale" Werte für die Modellparameter zu finden.

- **Funktionsbeziehungen** - bestimmen die Art der gegenseitigen Beeinflussung von Modellvariablen und ermöglichen die Erfassung des dynamischen Prozeßablaufes.

Modellelemente			Beispiel
Modell- komponenten	unbewegliche		Maschinen, Lager, Wege,Rollenbahnen usw. 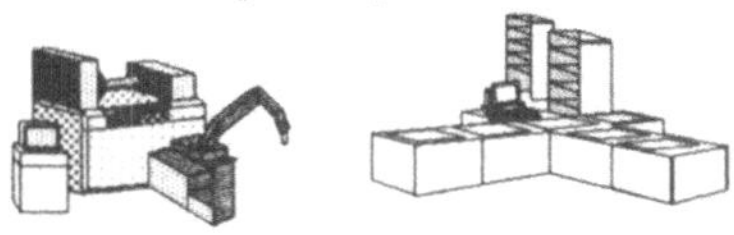
	bewegliche	temporäre (zeitweilige)	Produkte, Material, Werkzeuge, Kühlmittel, usw. 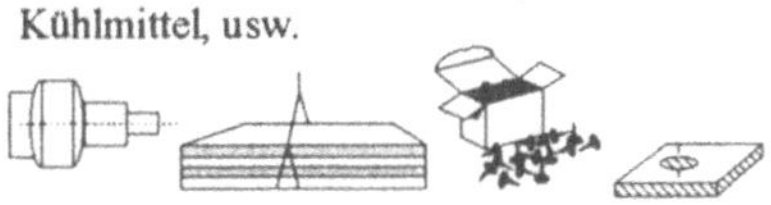
		permanente (ständige)	Fahrzeuge, Paletten, Arbeiter, usw. 
Modell- variablen	endogene Variable		Maschinenausstoß, Anzahl der benötigten Werkzeuge und Vorrichtungen usw.
	exogene Variable		Anzahl der Aufträge, Materialausfälle, usw.
	Parameter		Anzahl der Maschinen, Anzahl und Kapazität der Pufferplätze, Anzahl der Fahrzeuge usw.
Funktions- beziehungen	Systemauslastung = F (Bestände, Verfügbarkeit) Durchlaufzeit = F(Wartezeit, Kapazität) Produktionsleistung = F(Auslastung, Kapazität, Bestände) Kapazität = F(Periode, Arbeitsinhalt, Produktionsmenge) Kapazitätsverschwendungen = F(Rüstzeiten, Stillstände, Integration) usw. 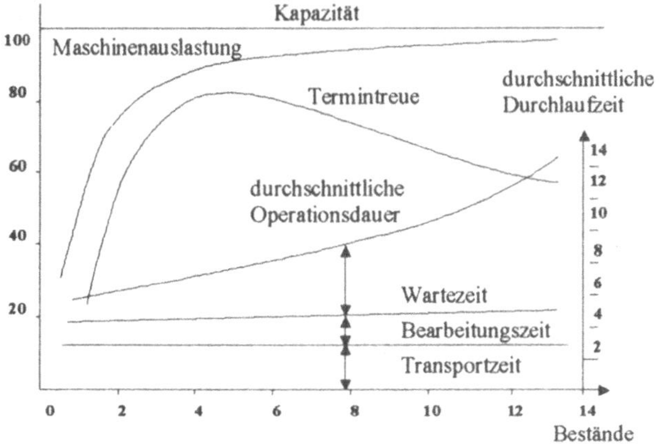		

Abb.16.: Hauptelemente von Simulationsmodellen von Produktionssystemen

3

Theoretische Grundlagen der Simulation

"Die Bedeutung der modernen Statistik in der Wissenschaft, Technik, Wirtschaft und Politik wächst ständig. Das hat zwei Hauptgründe: 1. Die Statistik leistet heute mehr als früher. 2. Die Lebens- und Produktionsgemeinschaften werden immer größer und komplizierter" (E.Kreyszig)

Für die Datenerhebung und -vorbereitung, Ergebnisinterpretation, sowie auch für die richtige Planung der Simulationsexperimente, sind die Erkenntnisse aus der mathematischen Statistik, der Wahrscheinlichkeitsrechnung und Warteschlangentheorie erforderlich.

Simulation arbeitet mit ähnlichen Prinzipien als die statistischen Verfahren. Während des Simulationslaufes werden statistische Daten erfaßt, die am Ende der Simulation statistisch verarbeitet werden. In der Statistik werden zufallsbedingte Prozesse untersucht, und Serien von Ereignissen, die aus den unterschiedlichsten Gründen nicht vollständig untersucht werden können (z.B. Lebensalter der Bürger in Europa, Störungshäufigkeit und Störungsdauer in der Produktion usw.).

3.1 Grundgesamtheit und Stichprobe

Zur statistischen Verarbeitung von Serien zufallsbedingter Ereignisse werden letzteren Zahlen zugeordnet, und eine solche Serie stellt sich danach als eine Menge bestimmter Zahlen (Merkmalzahlen) dar. Die Menge, aus der die Zahlen stammen, heißt der Merkmalbereich. Beim Spiel mit einem Würfel werden die Einzelereignisse z.B. mit den diskreten Zahlen zwischen 1 und 6 charakterisiert. Die Reihenfolge, in der die Einzelereignisse eintreten, spielt keine Rolle. Man bestimmt die **absolute Häufigkeit** mit der jedes Merkmalelement in der Serie vorkommt. Dividiert man die absolute Häufigkeit eines Merkmalelementes (Wurf der Zahlen 1, 2, 3, 4, 5 oder 6) durch die Gesamtzahl der Versuche, erhält man die relative Häufigkeit des Vorkommens des Merkmalelementes.

Beim Spielen mit einem "echten" Würfel in großen Wurfserien kommt meist jedes der Ergebnisse 1 bis 6 ungefähr gleich oft vor. Es gilt, daß bei unbegrenzt zunehmender Wiederholung von gleichartigen zufallsbedingten Einzelereignissen sich die relative Häufigkeit des Eintretens einer Merkmalzahl x_j einem bestimmten Wert $p(x_j) > 0$ nähert. Diesen Wert nennt man die **Wahrscheinlichkeit** des Eintretens des Merkmals x_j. Das ist die statistische Definition der Wahrscheinlichkeit zum Unterschied zu den axiomatischen oder klassischen Definitionen [137]. Die relative Häufigkeit, mit der man die Wahrscheinlichkeit des zufälligen Ereignisses berechnet, ist stabil, wenn die Anzahl der durchgeführten Versuche genügend groß ist (siehe auch das Gesetz der großen Zahlen - [137]).

Eine unbegrenzte Wiederholung zufallsbedingter Einzelereignisse ist aber praktisch nicht durchführbar. Mit Hilfe der mathematischen Statistik kann man aus bekannten Eigenschaften einer aus der Gesamtheit entnommenen Teilmenge von Einheiten Schlüsse auf die unbekannten Eigenschaften der übrigen, der Gesamtheit angehörenden Einheiten ziehen. In der Statistik nennt man eine solche Gesamtheit gleichartiger Einheiten, die hinsichtlich eines bestimmten Merkmals untersucht werden, **Grundgesamtheit.**

Unendlich große Grundgesamtheiten lassen sich empirisch nicht erfassen, und eine vollständige empirische Erfassung von endlichen Grundgesamtheiten ist oftmals aus technischen oder wirtschaftlichen Gründen auch nicht möglich. In beiden Fällen bilden die **Stichproben** eine einzige Möglichkeit für die Beurteilung der Gesamtheiten (siehe Abb. 17). Eine Stichprobe ist dann eine zufällige und repräsentative Auswahl endlich vieler Zahlen aus der Grundgesamtheit.

Simulation ist im Prinzip auch eine Art der Stichprobe, bei der ein Ausschnitt aus der Grundgesamtheit (z.B. zweimonatlicher Betrieb eines Produktionssystems mit einem repräsentativen Produktionsplan) betrachtet wird und wo die statistischen Ergebnisse (z.B. durchschnittliche Maschinenauslastung, durchschnittliche Durchlaufzeiten usw.) auf die Grundgesamtheit bezogen werden.

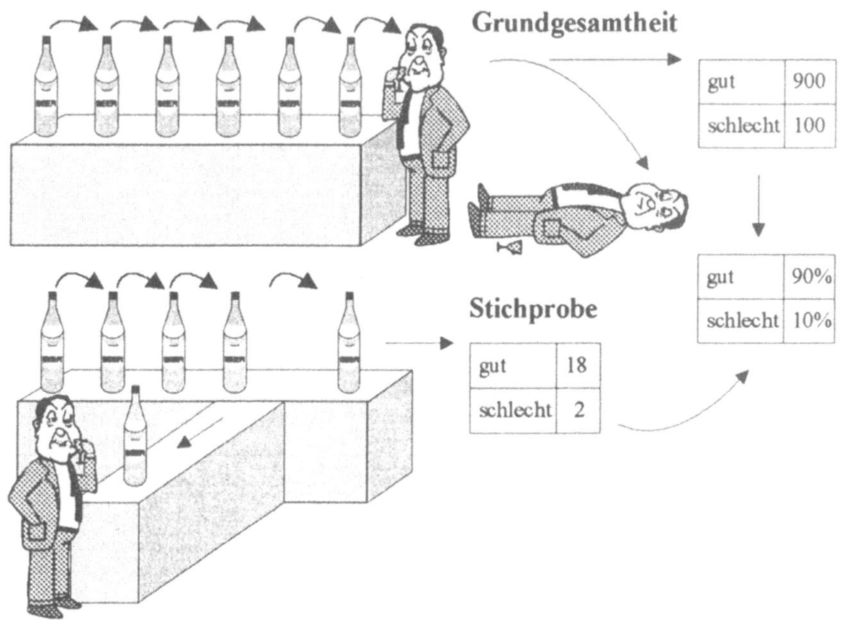

Abb. 17.: Grundgesamtheit und Stichprobe

Zur übersichtlichen Darstellung und Charakterisierung einer Stichprobe werden oftmals folgende Methoden verwendet:

1. Tabellarische Darstellungsmöglichkeiten (Strichliste, Protokoll, angeordnete Urliste, Häufigkeitstabelle) .

Die Häufigkeitstabelle besteht aus den Teilintervallen (Klassen), in denen einzelne Stichprobenwerte liegen. Alle Stichprobenwerte in einem solchen Intervall bilden eine Klasse von Werten und deren Anzahl bestimmt die absolute Klassenhäufigkeit. Durch Division durch den Stichprobenumfang ergibt sich daraus die relative Klassenhäufigkeit (Abb. 18). Mit Hilfe der Häufigkeitstabelle werden die Häufigkeitsfunktion und Summenhäufigkeitsfunktion definiert.

Klasse	Klassenintervall	Absolute Häufigkeit	Relative Häufigkeit
1	50 - 60	1	0,011
2	60 - 70	4	0,045
3	70 - 80	7	0,079
4	80 - 90	10	0,113
5	90 - 100	19	0,216
6	100 - 110	16	0,182
7	110 - 120	14	0,159
8	120 - 130	9	0,102
9	130 - 140	4	0,045
10	140 - 150	3	0,034
11	150 - 160	1	0,011
Summe		88	

Abb. 18.: Häufigkeitstabelle

Die **Häufigkeitsfunktion f(x)** einer Stichprobe gibt die relativen Häufigkeiten an, mit der die einzelnen Zahlenwerte in der Stichprobe vorkommen. Wenn die einzelnen Klassen in der Häufigkeitstabelle in Abbildung 18 z.B. die Durchlaufzeiten eines Auftrages enthalten, dann haben die Durchlaufzeiten zwischen 70-80 Stunden die relative Häufigkeit 7,9 %. Fragen wir nach der relativen Häufigkeit der Durchlaufzeiten unter 80 Stunden, so müssen wir die relativen Häufigkeiten für die Klassen zwischen 1 und 3 summieren (13,5%). Die Summe der relativen Klassenhäufigkeiten aller Klassen, deren Mitten kleiner als x oder gleich x sind, heißt die **Summenhäufigkeits-** oder **Verteilungsfunktion - F(x) -** (siehe Abb. 19).

2. Graphische Darstellungsmöglichkeiten (Punktdiagramm, Stabdiagramm, Histogramm, Häufigkeitspolygon, Summenhäufigkeitsfunktion - Abb. 19).

3. Maßzahlen, die die Stichprobe als Ganzes kennzeichnen (Verteilungsfunktion, arithmetische Mittel, Streuung, Median, Modalwert).

Das **arithmetische Mittel** oder der **Mittelwert** einer Stichprobe vom Umfang n mit den Werten $x_1, x_2, ..., x_n$ ist gegeben durch

$$\bar{x} = \frac{1}{n}(x_1 + x_2 + ... + x_n) = \frac{1}{n}\sum_{i=1}^{n} x_i \tag{1}$$

Geht man bei Berechnung von $\overline{x}$ von der Häufigkeitstabelle aus, verwendet man die Formel

$$\overline{x} = \frac{1}{n} \sum_{m=1}^{k} h_m u_m \qquad (2)$$

Hierin bedeuten:

h_m die absolute Häufigkeit der m-ten Klasse,

u_m die entsprechende Klassenmitte,

k die Anzahl der Klassen und

n den Umfang der Stichprobe

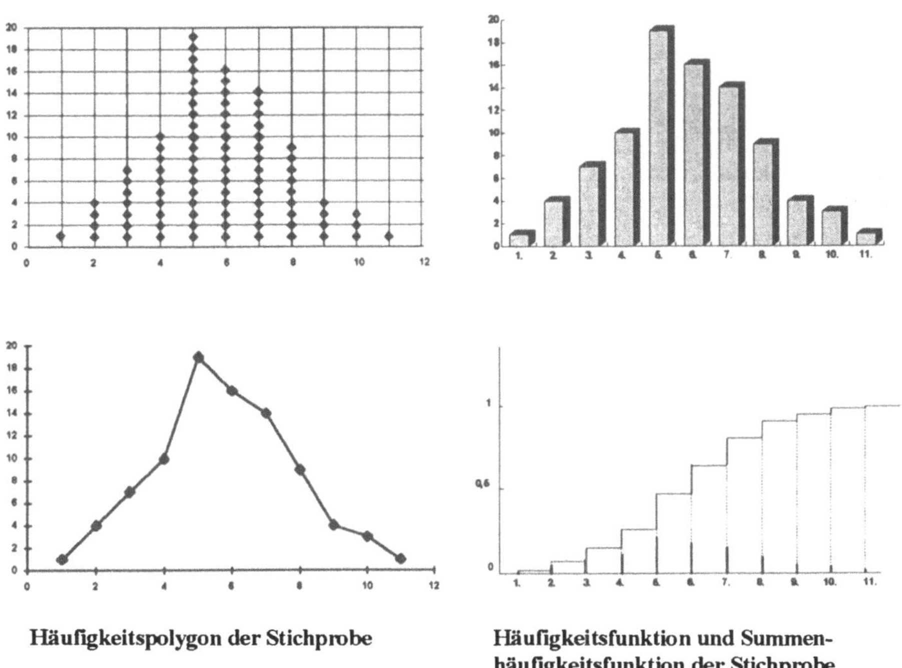

Häufigkeitspolygon der Stichprobe

**Häufigkeitsfunktion und Summen-
häufigkeitsfunktion der Stichprobe**

Abb. 19.: Unterschiedliche graphische Darstellungsformen der Stichprobe (Abb. 18)

Der **Median** oder Zentralwert M ist eine weitere wichtige Kenngröße einer Stichprobe vom Umfang n. Ist n eine ungerade Zahl, so ist der Median der mittlere Zahlenwert der geordneten Reihe. Im Falle eines geraden n wird M gleich dem arithmetischen Mittel aus den beiden in der Mitte liegenden Werten der geordneten Reihe gesetzt.

28

Der **Modalwert** D (Modus), ist derjenige Wert einer Stichprobe, der in ihr am häufigsten vorkommt.

Der Mittelwert reicht im allgemeinen zur Beschreibung von Stichproben nicht aus, denn zwei Stichproben mit demselben Mittelwert können ein ganz verschiedenes Aussehen haben. Um die Ausbreitung oder Streuung einer Stichprobe zum Ausdruck zu bringen, werden die Variationsbreite (R) und die mittlere quadratische Abweichung oder Standardabweichung (s) bzw. ihr Quadrat, die Streuung oder Varianz (s^2) definiert.

Die **Variationsbreite** R ist gleich der Differenz zwischen größtem und kleinstem Merkmalswert einer Stichprobe:

$$R = x_{max} - x_{min} \tag{3}$$

Streuung s^2 oder Quadrat der Standardabweichung s, manchmal auch Varianz genannt, wird definiert durch

$$s^2 = \frac{1}{n-1} \sum_{i=1}^{n} (x_i - \bar{x})^2 \tag{4}$$

Für die **Standardabweichung** oder mittlere quadratische Abweichung gilt

$$s = \sqrt{\frac{1}{n-1} \sum_{i=1}^{n} (x_i - \bar{x})^2} \tag{5}$$

Variationskoeffizient v einer Stichprobe mit dem arithmetischen Mittel $\bar{x}$ und der Standardabweichung s ist definiert durch

$$v = \frac{s}{\bar{x}} 100\% \tag{6}$$

3.2 Zufallsvariable und Verteilungsfunktion

Es ist in der Wahrscheinlichkeitsrechnung und der mathematischen Statistik oft zweckmäßig, die verschiedenen zufälligen Ereignisse auf die Menge der reellen Zahlen abzubilden und mit diesen zu rechnen. Diese abgebildete Größe nennt man **Zufallsvariable** oder **Zufallsgröße**.

Eine **diskrete Zufallsvariable** X kann endlich oder abzählbar - unendlich viele verschiedene Werte x_1, x_2, ..., x_n annehmen (z.B. sechs bei der Spiel mit einem Würfel).

Eine **stetige Zufallsvariable** X hat die Eigenschaft, daß sie jeden beliebigen Wert innerhalb eines Intervalls der Zahlengeraden annehmen kann (z.B. Durchmesser einer Welle, der theoretisch alle Werte innerhalb eines Toleranzintervalls aufweisen könnte).

Um die Vorstellung von einer Zufallsgröße zu erhalten, ist es erforderlich, die Werte zu kennen, die sie annehmen kann. Man muß auch wissen, wie oft X diese Werte in einer langen Versuchsserie annimmt. Man muß z.B. im Falle einer diskreten Zufallsgröße die Wahrscheinlichkeiten für alle Werte kennen, die X annehmen kann.

Für eine solche vollständige Charakterisierung einer Zufallsgröße X verwendet man die **Verteilungsfunktion** (cumulative distribution function) einer Zufallsgröße (siehe auch oben - die Summenhäufigkeitsfunktion).

Die Verteilungsfunktion einer Zufallsgröße X ist gegeben durch

$$F(x) = P(X < x) \tag{7}$$

x durchläuft dabei alle Werte der reellen Zahlengeraden.

Die Verteilungsfunktion der Zufallsgröße X ist gleich der Wahrscheinlichkeit dafür, daß X einen Wert unterhalb der Schranke x annimmt.

Für beliebige diskrete Zufallsgröße X, die die Werte x_1, x_2, ... x_n mit den Wahrscheinlichkeiten $P(X = x_i) = p_i$ (i = 1,2,...,n) annehmen kann wird die Verteilungsfunktion als die Summe dieser Wahrscheinlichkeiten definiert:

$$F(x) = \sum_{x_i < x} P(X = x_i) = \sum_{x_i < x} p_i \tag{8}$$

Die Verteilungsfunktion einer stetigen Zufallsgröße, läßt sich darstellen durch die Beziehung

$$F(x) = P(X < x) = \int_{-\infty}^{x} f(x)\, dx \tag{9}$$

f(x) ist die Wahrscheinlichkeitsfunktion, die Wahrscheinlichkeitsdichte, oder die Dichtefunktion (probablity density function) von X, wobei stets $f(x) \geq 0$ gilt.

Bei praktischen Problemen ist in vielen Fällen die Verteilungsfunktion einer Zufallsgröße X nicht oder sehr schwer bestimmbar. Man suchte deshalb nach Möglichkeiten, die Verteilung grob durch einige charakteristische Größen, **Parameter** genannt, anzugeben.

Die wichtigsten Parameter sind:

1. Der Mittelwert oder **Erwartungswert** (μ oder EX)

2. Die Streuung oder Dispersion (σ^2 oder D^2X)

3. Die Schiefe λ

Der Erwartungswert einer diskreten Zufallsgröße X, die die Werte x_i mit den dazugehörigen Wahrscheinlichkeiten p_i (i = 1,2,...) annehmen kann, ist gegeben durch

$$\mu = EX \sum_{i=1}^{\infty} x_i p_i \tag{10}$$

30

Der Erwartungswert EX einer stetigen Zufallsgröße X wird definiert durch die Gleichung

$$\mu = EX = \int\limits_{-\infty}^{+\infty} x\, f(x)\, dx \tag{11}$$

Die Streuung einer diskreten Zufallsgröße X wird definiert durch die Beziehung

$$\sigma^2 = D^2 X = E(X - EX)^2 = \sum_{i=1}^{\infty} (x_i - \mu)^2 p_i \tag{12}$$

Die Dispersion einer stetigen Zufallsgröße X ist gegeben durch

$$\sigma^2 = D^2 X = \int\limits_{-\infty}^{+\infty} (x - \mu)^2 f(x)\, dx = \int\limits_{-\infty}^{+\infty} x^2 f(x)\, dx - \mu^2 \tag{13}$$

Die Schiefe verwendet man als Maß für die Asymmetrie einer Verteilung und ist gegeben durch

$$\gamma = \frac{1}{\sigma^2} E\left[(X - \mu)^3 \right] \tag{14}$$

3.3 Wichtige Wahrscheinlichkeitsverteilungen

In diesem Abschnitt werden die wichtigsten Wahrscheinlichkeitsverteilungen und ihre wesentlichen Eigenschaften und Anwendungsgebiete erläutert. Weitere Informationen wurden in mehreren Literaturquellen veröffentlicht - z.B [16], [51], [67], [74], [112], [119], [137].

Die Gleichmäßige Verteilung

Nimmt die Zufallsgröße X die n verschiedenen Werte $x_1, x_2, \dots x_n$ mit den entsprechenden Wahrscheinlichkeiten $p_1, p_2, \dots p_n$ an und ist $p_i = 1/n$ für alle $i = 1, 2, \dots n$, so heißt X gleichmäßig verteilt (z.B. Wurf mit einem idealen Würfel).

Die Wahrscheinlichkeitsfunktion f(x) der gleichmäßigen Verteilung (Abb. 20) einer stetigen Zufallsgröße X, die alle Werte in dem Intervall [a,b] (a < b) annehmen kann, ist gegeben durch

$$f(x) = \begin{cases} \dfrac{1}{b-a} & \text{für } a \leq x \leq b \\[2ex] 0 & \text{für } x > a \text{ und } x > b \end{cases} \tag{15}$$

Die Parameter einer gleichmäßig verteilten, diskreten Zufallsgröße berechnet man nach

$$\mu = \sum_{i=1}^{n} x_i \frac{1}{n} = \frac{1}{n} \sum_{i=1}^{n} x_i \qquad (16)$$

$$\sigma^2 = \sum_{i=1}^{n} x_i^2 \frac{1}{n} - \mu^2 = \frac{1}{n} \sum_{i=1}^{n} x_i^2 - \left[\frac{1}{n} \sum_{i=1}^{n} x_i \right]^2 \qquad (17)$$

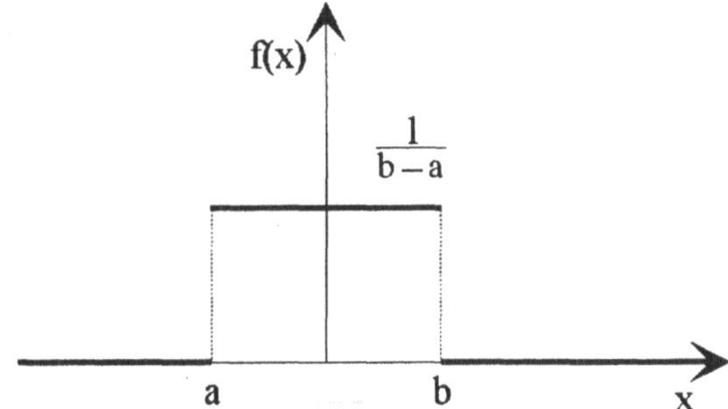

Abb. 20.: Wahrscheinlichkeitsfunktion f(x) der gleichmäßigen stetigen Verteilung

Die gleichmäßige Verteilung verwendet man z.B. als die erste Näherung einer unbekannten Zufallsvariable, die zwischen den Werten a und b schwankt. Die gleichmäßige Verteilung mit dem Intervall [0,1] hat eine Anwendung bei der Generierung von Zufallszahlen aus unterschiedlichen Verteilungen.

Die Dreiecksverteilung

Die Dreiecksverteilung erfordert den Wert mit der größten Wahrscheinlichkeit m, dem minimalen Wert a und dem maximalen Wert b des Intervalls in dem die Zufallszahlen liegen (Abb. 21). Die Dreiecksverteilung verwendet man oftmals bei groben Simulationsberechnungen, wenn die genaue Vorstellung über die Verteilung der Zufallsgröße fehlt.

Die Wahrscheinlichkeitsfunktion der Dreieckverteilung ist gegeben durch

$$f(x) = \begin{cases} \dfrac{2(x-a)}{(m-a)(b-a)} & \text{für } a \leq x \leq m \\[3ex] \dfrac{2(b-x)}{(b-m)(b-a)} & \text{für } m \leq x \leq b \end{cases} \qquad (18)$$

Der Mittelwert der Dreieckverteilung ist

$$\mu = \frac{a+b+m}{3} \qquad (19)$$

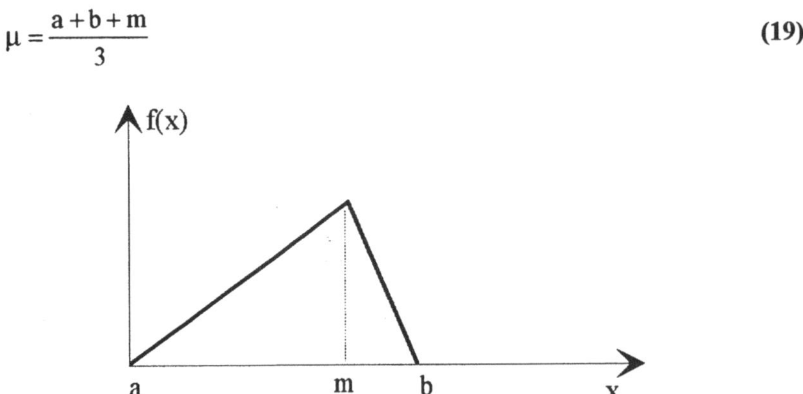

Abb. 21.: Wahrscheinlichkeitsfunktion f(x) der Dreiecksverteilung

Die Binomialverteilung

Die Binomialverteilung gehört zu den wichtigsten diskreten Verteilungen. Die Binomialverteilung beschreibt z.B. die Verteilung von Fehleranteilen in Stichproben bei gegebenem Fehleranteil in der Grundgesamtheit.

Die Wahrscheinlichkeit, daß eine unabhängige Stichprobe (mit Zurücklegen) vom Umfang **n** aus einer Grundgesamtheit mit einem Anteil von **q** guten und **p** schlechten Teilen, **x** schlechte Teile enthält, wird definiert durch

$$P(X = x) = f(x) = \binom{n}{x} q^x p^{n-x} \qquad (20)$$

Dies ist also die Wahrscheinlichkeit, daß ein Ereignis A bei n unabhängigen Ausführungen eines Experimentes genau x-mal eintrifft, wenn A bei der Einzeleinführung die Wahrscheinlichkeit p besitzt und q = 1 - p ist.

Der Mittelwert und die Streuung der Binomialverteilung sind definiert durch

$$\mu = np \qquad (21)$$

$$\sigma^2 = npq \qquad (22)$$

Die Binomialverteilung spielt beim Ziehen und Zurücklegen eine wichtige Rolle und wird z.B. in der Qualitätskontrolle verwendet. Wird das Experiment sehr oft ausgeführt und p klein ist, so läßt sich eine Binomialverteilung durch die einfachere Poisson-Verteilung annähern. Das Ziehen ohne Zurücklegen (z.B. Endkontrolle, Abnahmeprüfung) läßt sich mit einer etwas komplizierteren hypergeometrischen Verteilung (siehe Seite 34) darstellen.

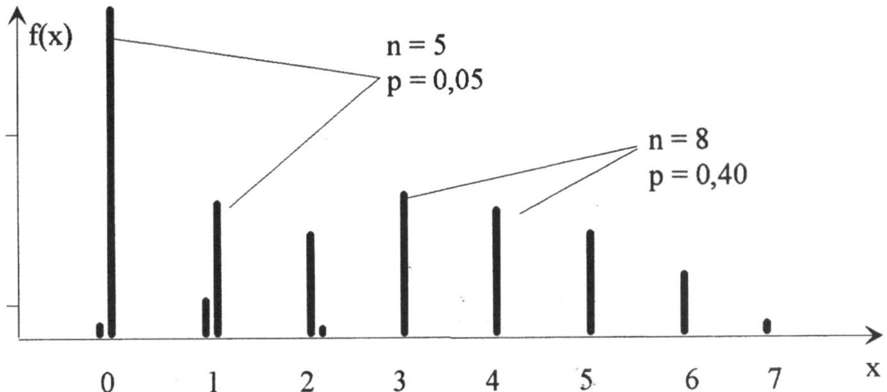

Abb. 22.: Wahrscheinlichkeitsfunktion der Binomialverteilung

Die negative Binomialverteilung

Für eine diskrete Zufallsvariable mit negativer Binomialverteilung mit den Parameter k und p gilt die Wahrscheinlichkeitsfunktion

$$P(X = x) = f(x) = \frac{\Gamma(k+x)}{x!\,\Gamma(k)} p^k (1-p)^x \qquad (23)$$

$$x = 1, 2 \ldots, \quad k > 0, \quad 0 < p < 1$$

$\Gamma(k)$ ist die Gamma-Funktion (siehe Gamma-Verteilung)

Der Mittelwert und die Streuung der negativen Binomialverteilung sind gegeben durch

$$\mu = \frac{k(1-p)}{p} \qquad (24)$$

$$\sigma^2 = \frac{k(1-p)}{p^2} \qquad (25)$$

Die hypergeometrische Verteilung

Eine Kiste enthalte N Werkstücke, darunter M defekte und n Teile werden nacheinander zufällig gezogen. Nach der Kontrolle werden die gezogenen Werkstücke nicht zurückgelegt. Die Wahrscheinlichkeit, daß in der Stichprobe genau x defekte Werkstücke sind, ist

$$P(X = x) = f(x) = \frac{\binom{M}{x}\binom{N-M}{n-x}}{\binom{N}{n}} \tag{26}$$

Diese Formel definiert die Wahrscheinlichkeitsfunktion der hypergeometrischen Verteilung (Abb. 23).

Die hypergeometrische Verteilung hat den Mittelwert

$$\mu = n\frac{M}{N} \tag{27}$$

und die Streuung

$$\sigma^2 = \frac{nM(N-M)(N-n)}{N^2(N-1)} \tag{28}$$

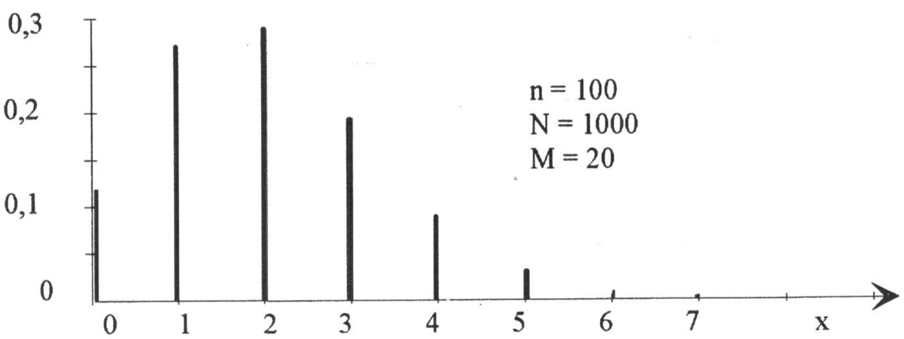

Abb. 23.: Wahrscheinlichkeitsfunktion der hypergeometrischen Verteilung

Die geometrische Verteilung

Wenn p die Wahrscheinlichkeit des Eintretens des Ereignisses A ist und q die Wahrscheinlichkeit des komplementären Ereignisses $\overline{A}$ ist (d.h. $\overline{A}$ tritt genau dann ein, wenn A nicht eintritt). Die diskrete Zufallsvariable X aus der geometrischen Verteilung bezeichne die Anzahl der Versuche, die dem ersten Vorkommen von A vorausgehen.

Die geometrische Verteilung besitzt eine Wahrscheinlichkeitsfunktion

$$P(X = x) = f(x) = pq^x \qquad x = 0,1,\ldots, \quad 0 < p < 1 \tag{29}$$

eine Verteilungsfunktion

$$F(x) = \sum_{i \leq x} pq^i = p(1+q+...+q^x) = 1 - q^{x+1} \tag{30}$$

und die Parameter

$$\mu = \frac{q}{p} \tag{31}$$

$$\sigma^2 = \frac{q}{p^2} \tag{32}$$

Die Poisson - Verteilung

Bei vielen Bernoulli-Experimenten mit Zurücklegen (siehe Binomialverteilung) ist die Erfolgswahrscheinlichkeit p beim einzelnen Experiment klein und die Anzahl der Experimente n sehr groß. Es handelt sich also um die seltenen Ereignisse, bei denen die Binomialverteilung, die mit den unbequemen Binomialkoeffizienten arbeitet, durch die Poisson-Verteilung aproximiert werden kann.

Die diskrete Poisson-Verteilung ist durch die Verteilungsfunktion F(x) bzw. durch die Wahrscheinlichkeitsfunktion f(x) gegeben (siehe Abb. 24).

Die Konstante $\lambda > 1$ ist ihr Parameter.

$$F(x) = \sum_{x < x} P(X = x_i) = \begin{cases} 0 & \text{für } x \leq 0 \\ \sum_{x_i < x} \frac{\lambda^x}{x!} \exp(-\lambda) & \text{für } x > 0 \end{cases} \tag{33}$$

$$P(X = x) = f(x) = \left(\frac{\lambda^x}{x!} \right) \exp(-\lambda) \tag{34}$$

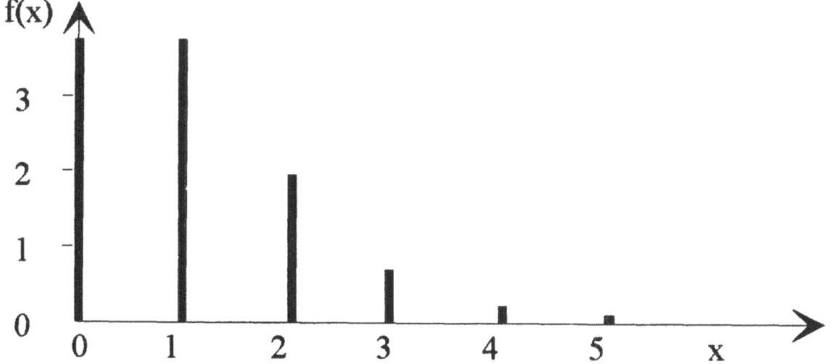

Abb. 24.: Wahrscheinlichkeitsfunktion der Poisson - Verteilung für $\lambda = 1$

Bei der Poisson-Verteilung sind Mittelwert und Streuung gleich dem Parameter λ.

$$\mu = \sigma^2 = \lambda \tag{35}$$

Die Poisson-Verteilung verwendet man im Zusammenhang mit verschiedenartigen praktischen Problemen (z.B. Anzahl der registrierte Gespräche in einer Telefonzentrale innerhalb einer bestimmter Zeitspanne, Anzahl der ankommenden Pkws an einer Tankstelle in einer Zeiteinheit, Anzahl der bedienten Kunden bei einer Kasse in einem Zeitintervall usw.).

Die Normalverteilung

Die Normalverteilung (Gauss - Verteilung) gehört zu den bekanntesten stetigen Verteilungen mit vielen Anwendungsgebieten.

Die stetige Zufallsgröße X, die alle Werte der reellen Zahlengerade zwischen $-\infty$ und $+\infty$ annehmen kann, gehört zu einer Normalverteilung, wenn ihre Wahrscheinlichkeitsfunktion f(x) durch folgende Beziehung definiert ist

$$f(x) = \frac{1}{\sqrt{2\pi\sigma^2}}\exp\left[-\frac{1}{2}\left(\frac{x-\mu}{\sigma}\right)^2\right] \quad (-\infty < x < \infty, \sigma > 0) \tag{36}$$

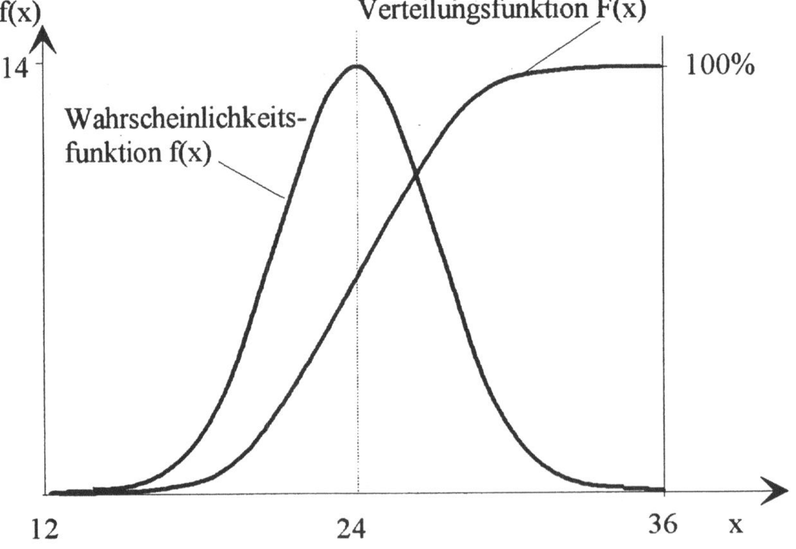

Abb. 25.: Wahrscheinlichkeitsfunktion und Verteilungsfunktion der Normalverteilung für $\mu = 24, \sigma = 3$

Die Verteilungsfunktion der Normalverteilung ist gegeben durch

$$F(x) = \frac{1}{\sqrt{2\pi\sigma^2}} \int_{-\infty}^{x} \exp\left[-\frac{1}{2}\left(\frac{t-\mu}{\sigma}\right)^2\right] dt \tag{37}$$

μ und σ^2 sind die Parameter der Normalverteilung (Mittelwert und Streuung).

Viele Zufallsvariable, die bei Experimenten in der Praxis auftreten, sind normalverteilt. Auch gewisse nicht normalverteilte Variable lassen sich durch die Normalverteilung annähern. Bei statistischen Prüfverfahren (siehe Teil 3.4) und deren Begründung kommen oft Größen vor, deren Verteilungen normal sind oder bei gewissen Grenzübergängen einer Normalverteilung zustreben.

Die Normalverteilung verwendet man bei wiederholten Messungen (zufällige Fehler) in der statistischen Qualitätskontrolle und in vielen anderen Gebieten.

Exponentialverteilung

Die stetige Zufallsvariable X genügt einer Exponentialverteilung mit dem Parameter α, wenn sie eine Wahrscheinlichkeitsfunktion und eine Verteilungsfunktion wie in den Formeln 38 und 39 besitzt (siehe Abb. 26).

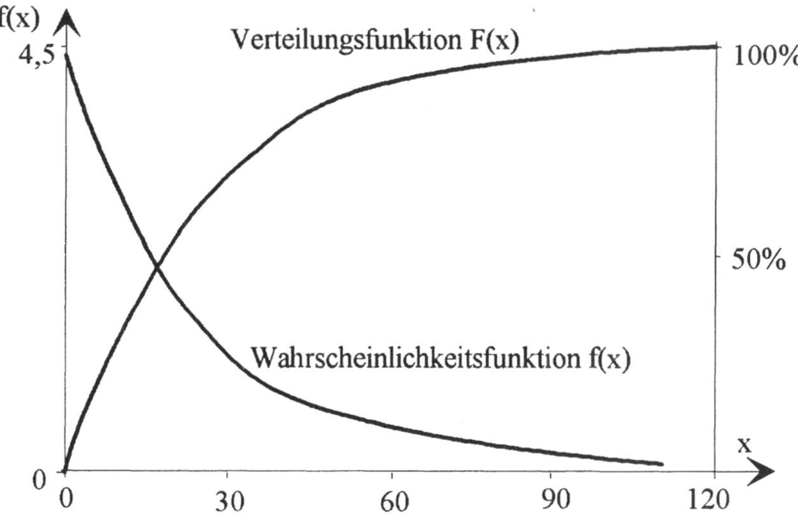

Abb. 26.: Wahrscheinlichkeitsfunktion und Verteilungsfunktion der Exponentialverteilung für $\alpha = 24$

38

Die Wahrscheinlichkeitsfunktion der Dreieckverteilung ist gegeben durch

$$f(x) = \begin{cases} 0 & \text{für } x < 0 \\ \alpha\,\exp(-\alpha x) & \text{für } x \geq 0 \end{cases} \tag{38}$$

$$F(x) = \int_{-\infty}^{x} f(x)\,dx = \begin{cases} 0 & \text{für } x < 0 \\ 1 - \exp(-\alpha x) & \text{für } x \geq 0 \end{cases} \tag{39}$$

Mittelwert und Streuung der Exponentialverteilung sind definiert durch

$$\mu = -\frac{1}{\alpha} \tag{40}$$

$$\sigma^2 = \frac{1}{\alpha^2} \tag{41}$$

Es gibt sehr viele praktische Anwendungen der Exponentialverteilung. Im allgemeinen sind z.B. Zeitmessungen in guter Näherung exponentiell verteilt (Zeitintervalle zwischen unabhängigen Ereignissen - z.B. Zwischenankunftszeit von Fertigungsaufträgen, Dauer von Telephongesprächen in einer Telephonzentrale, die Zeit zwischen zwei Stillständen einer Maschine u.a.). Die Exponentialverteilung spielt eine wichtige Rolle bei verschiedenen Arten von Bedienungsproblemen (siehe Teil 3.5).

In den vorhergehenden Abschnitten wurden die wichtigsten Verteilungen kurz beschieben. Machen wir noch einen kurzen Überblick über die restlichen Wahrscheinlichkeitsverteilungen.

Logarithmische Normalverteilung

Die Wahrscheinlichkeitsfunktion einer stetigen Zufallsvariable X, die einer logarithmischen Normalverteilung folgt ist gegeben durch

$$f(x) = \begin{cases} \dfrac{1}{\sigma x \sqrt{2\pi}} \exp\left[\dfrac{(\ln x - \mu)^2}{2\sigma^2}\right] & \text{für } x > 0 \\ 0 & \text{für } x \leq 0 \end{cases} \tag{42}$$

$\mu \, (-\infty < \mu < \infty)$ und $\sigma \, (\sigma > 0)$ sind die Parameter der logarithmischen Normalverteilung.

Gamma - Verteilung

Gamma-Verteilung ist eine stetige Verteilung mit der Wahrscheinlichkeitsfunktion

$$f(x) = \begin{cases} \dfrac{1}{\Gamma(\alpha)\beta^{\alpha}} x^{\alpha-1} \exp\left[-\left(\dfrac{x}{\beta}\right)^{\alpha}\right] & \text{für } x > 0 \\[4mm] 0 & \text{für } x \leq 0 \end{cases} \qquad (43)$$

Für die Parameter der Gamma-Verteilung α und β gilt: $\alpha > 0, \beta > 0$.

Γ bezeichnet die Gamma-Funktion:

$$\Gamma(g) = \int\limits_{0}^{\infty} \exp(-t) t^{g-1} \, dt \qquad (44)$$

$$\Gamma(g) = (g-1)\Gamma(g-1)$$

Wenn g aus der Menge der ganzen Zahlen ist, dann die Gamma-Funktion folgende Form hat

$$\Gamma(g) = (g-1)! \qquad (45)$$

Mittelwert und Streuung der Gamma-Verteilung sind definiert durch

$$\mu = \alpha\beta \qquad (46)$$

$$\sigma^2 = \alpha\beta^2 \qquad (47)$$

Wenn α aus der Menge der natürlichen Zahlen ist ($\alpha \in N$), kann man einen Spezialfall der Gamma-Verteilung ableiten, die **Erlang-Verteilung**. Ein Spezialfall der Gamma-Verteilung für $\alpha = 1$ ist die Exponentialverteilung.

Die Gamma-Verteilung verwendet man z.B. für die Abbildung der Störung oder der Reparaturzeit an einer Maschine.

Erlang-Verteilung

Die Erlang-Verteilung hat die Wahrscheinlichkeitsfunktion f(x)

$$f(x) = \begin{cases} \dfrac{1}{(k-1)!}\beta^{\alpha}x^{\alpha-1}\exp\left[-\left(\dfrac{x}{\beta}\right)\right] & \text{für } x > 0 \\ \\ 0 & \text{für } x \leq 0 \end{cases} \qquad (48)$$

Beta-Verteilung

Die Wahrscheinlichkeitsfunktion der Beta-Verteilung ist gegeben durch

$$f(x) = \begin{cases} \dfrac{1}{B(\alpha,\beta)}x^{\alpha-1}(1-x)^{(\beta-1)} & \text{für } 0 < x < 1 \\ \\ 0 & \text{sonst} \end{cases} \qquad (49)$$

α und β sind die Parameter der Beta-Verteilung und B ist die Beta-Funktion:

$$B(\alpha,\beta) = \frac{\Gamma(\alpha).\Gamma(\beta)}{\Gamma(\alpha+\beta)} \qquad (50)$$

Für den Mittelwert und die Streuung der Beta-Verteilung gilt

$$\mu = \frac{\alpha}{\alpha+\beta} \qquad (51)$$

$$\sigma^2 = \frac{\alpha\beta}{(\alpha+\beta)^2(\alpha+\beta+1)} \qquad (52)$$

Die Beta-Verteilung verwendet man z.B. bei stochastischen Netzplänen (PERT) für die Zeitschätzung einzelner Vorgänge. Eine weitere Anwendung der Beta-Verteilung ist bei groben Modellen, wo die genaue Vorstellungen über Verteilung und ihrer Parameter fehlen (Bearbeitungszeit, Anzahl der defekten Teile in der Lieferung usw.).

Weibull-Verteilung

Die Wahrscheinlichkeitsfunktion der Weibull-Verteilung ist gegeben durch

$$f(x) = \begin{cases} \dfrac{\alpha x^{\alpha-1}}{\beta^{\alpha}} \exp\left[-\left(\dfrac{x}{\beta}\right)^{\alpha}\right] & \text{für } x > 0 \\[2em] 0 & \text{für } x \leq 0 \end{cases} \tag{53}$$

α und β sind die Parameter der Verteilung, wobei $\alpha > 0$ und $\beta > 0$.

Die Verteilungsfunktion der Weibull-Verteilung ist

$$F(x) = \begin{cases} 1 - \exp\left[-\left(\dfrac{x}{\beta}\right)^{\alpha}\right] & \text{für } x > 0 \\[2em] 0 & \text{für } x \leq 0 \end{cases} \tag{54}$$

Für den Mittelwert und die Streuung der Weibull-Verteilung gilt

$$\mu = \Gamma\left(1 + \frac{1}{\alpha}\right)\beta \tag{55}$$

$$\sigma^2 = \left[\Gamma\left(\frac{2}{\alpha} + 1\right) - \Gamma^2\left(1 + \frac{1}{\alpha}\right)\right]\beta^2 \tag{56}$$

Die Weibull-Verteilung verwendet man sehr oft in den Zuverlässigkeitsmodellen der Lebensdauer von Anlagen sowie auch für die Zeitschätzung von zufälligen Bedienungsprozessen. Die Exponentialverteilung ist ein Spezialfall der Weibull-Verteilung für $\alpha = 1$.

Rayleigh-Verteilung

Die Rayleigh-Verteilung wird durch folgende Wahrscheinlichkeitsfunktion definiert

42

$$f(x) = \begin{cases} \dfrac{x}{\alpha^2}\exp\left(-\dfrac{x^2}{2\alpha^2}\right) & \text{für } x > 0 \\[3mm] 0 & \text{für } x \leq 0 \end{cases} \qquad (57)$$

Für den Mittelwert und die Streuung der Rayleigh-Verteilung gilt

$$\mu = \alpha\sqrt{\frac{\pi}{2}} \qquad (58)$$

$$\sigma^2 = \frac{4-\pi}{2}\alpha^2 \qquad (59)$$

Die Rayleigh-Verteilung ist ein Spezialfall der Weibull-Verteilung und man verwendet sie z.B. zur Abbildung der Bearbeitungszeit oder der Rüstzeit einer Maschine, der Störung einer Transportanlage usw.

Cauchy-Verteilung

Die Cauchy-Verteilung ist durch folgende Wahrscheinlichkeitsfunktion $f(x)$ und Verteilungsfunktion $F(x)$ definiert

$$f(x) = \frac{\beta}{\pi\left[\beta^2 + (x-\alpha)^2\right]} \qquad -\infty < x < \infty \qquad (60)$$

$$F(x) = \frac{1}{2} + \frac{1}{\pi}\operatorname{arctg}\left(\frac{x-\alpha}{\beta}\right) \qquad -\infty < x < \infty \qquad (61)$$

Der Mittelwert der Cauchy-Verteilung ist nicht definiert und die Streuung $\sigma^2 = \infty$.

Die Cauchy-Verteilung enthält sehr viele Extremwerte und ist für das Testen von Simulationsmodellen geeignet.

Chi-Quadrat-Verteilung

X_1, X_2,..., X_n seien unabhängige Zufallsvariable, deren jede eine Normalverteilung mit dem Mittelwert 0 und der Streuung 1 besitzt (normierte Normalverteilung). Die Summe der Quadrate dieser Variablen wird allgemein mit χ^2 bezeichnet

$$\chi^2 = X_1^2 + X_2^2 + ... X_n^2 \qquad (62)$$

Die zugehörige Verteilung heißt die Chi-Quadrat-Verteilung und hat die Wahrscheinlichkeitsfunktion

$$f(x) = \begin{cases} K_n x^{\left(\frac{n-2}{2}\right)} \exp\left(-\frac{x}{2}\right) & \text{für } x > 0 \\[2em] 0 & \text{für } x \leq 0 \end{cases} \qquad (63)$$

Hierbei ist n eine positive ganze Zahl, die Anzahl der Freiheitsgrade der Verteilung. K_n ist eine Konstante

$$K_n = \frac{1}{2^{\frac{n}{2}} \Gamma\left(\frac{n}{2}\right)} \qquad (64)$$

Die Verteilungsfunktion der Chi-Quadrat-Verteilung ist gegeben durch

$$F(x) = \begin{cases} K_n \int_0^x u^{\frac{n-2}{2}} \exp\left(-\frac{u}{2}\right) du & \text{für } x > 0 \\[2em] 0 & \text{für } x \leq 0 \end{cases} \qquad (65)$$

Für den Mittelwert und die Streuung der Chi-Quadrat-Verteilung gilt

$$\mu = n, \qquad \sigma^2 = 2n \qquad (66)$$

Die Chi-Quadrat-Verteilung spielt eine wichtige Rolle bei der Prüfung statistischer Hypothesen (Chi-Quadrat-Test).

t-Verteilung

Auch die sogenannte Student- oder t-Verteilung findet weite Verwendung bei statistischen Prüf- und Schätzmethoden.

Die t-Verteilung ist die Verteilung der Zufallsvariablen

$$t = \frac{X}{\sqrt{\frac{Y}{n}}} \qquad (67)$$

44

wobei n eine positive ganze Zahl ist, die Anzahl der Freiheitsgrade der t-Verteilung. X und Y sind unabhängige Zufallsvariable. X ist normalverteilt mit dem Mittelwert 0 und der Streuung 1, und Y besitzt eine Chi-Quadrat-Verteilung mit n Freiheitsgraden.

Die t-Verteilung hat die Wahrscheinlichkeitsfunktion

$$f(x) = \frac{\Gamma\left(\frac{n+1}{2}\right)}{\sqrt{n\pi}\,\Gamma\left(\frac{n}{2}\right)} \cdot \frac{1}{\left(1+\frac{x^2}{n}\right)^{\left(\frac{n+1}{2}\right)}} \tag{68}$$

und die Verteilungsfunktion

$$F(x) = \frac{\Gamma\left(\frac{n+1}{2}\right)}{\sqrt{n\pi}\,\Gamma\left(\frac{n}{2}\right)} \cdot \int_{-\infty}^{x} \frac{du}{\left(1+\frac{u^2}{n}\right)^{\left(\frac{n+1}{2}\right)}} \tag{69}$$

Für den Mittelwert und die Streuung der t-Verteilung gilt

$$\mu = 0, \qquad \sigma^2 = \frac{n}{n-2} \quad n > 2 \tag{70}$$

F-Verteilung

Die F-Verteilung (Fischer-Verteilung) ist die Verteilung einer stetigen Zufallsvariable mit der Wahrscheinlichkeitsfunktion

$$f(x) = \begin{cases} \dfrac{\Gamma\left(\frac{n+m}{2}\right)\left(\frac{n}{m}\right)^{\frac{n}{2}} x^{\frac{(n-2)}{2}}}{\Gamma\left(\frac{n}{2}\right)\Gamma\left(\frac{m}{2}\right)\left[1+\left(\frac{n}{m}\right)x\right]^{\frac{n+m}{2}}} & \text{für } x > 0 \\[20pt] 0 & \text{für } x \leq 0 \end{cases} \tag{71}$$

wobei n und m die positiven ganzen Zahlen (Freiheitsgrade) sind.

Für den Mittelwert und die Streuung der F-Verteilung gilt

$$\mu = \frac{m}{m-2}, \qquad \sigma^2 = \frac{2m^2(n+m-2)}{n(m-2)^2(m-4)} \qquad m > 4 \tag{72}$$

3.4 Statistische Prüf- und Schätzmethoden

In den vorhergehenden Kapiteln handelte es sich darum, statistische Daten übersichtlich anzuordnen und ihre Gesetzmäßigkeiten zu beschreiben. In diesem Teil interessiert uns die Frage: "Welche Schlüsse kann man von einer Stichprobe auf die zugehörige Grundgesamtheit zielen" und "Welche Zuverlässigkeit besitzen derartige Schlüsse ?" Dieser Abschnitt enthält nur eine kurze Zusammenfassung der wichtigsten statistischen Prüf- und Schätzmethoden. Eine ausführliche Beschreibung der statistischen Prüfverfahren findet man z.B. in [67] oder [119].

Mit Hilfe statistischer **Prüfverfahren** oder Tests zur Prüfung von Hypothesen wird festgestellt, ob die aus einer Stichprobe entnommenen Daten mit der aufgestellten Hypothese verträglich sind oder nicht, d.h., ob die Hypothese angenommen oder abgelehnt werden muß.

Es gibt zwei Klassen von statistischen Prüfverfahren:

1. Parameterhypothesen - die Wahrscheinlichkeitsverteilung der Grundgesamtheit, zu der die Stichprobe gehört, wird als unbekannt angenommen. Es wir geprüft, ob die Stichprobe zu einer bestimmten Größe eines ihrer Parameter (z.B. μ, σ) gehört oder nicht (z.B. t-Test, F-Test, u a.)

2. Nichtparametrische Hypothesen - die Wahrscheinlichkeitsverteilung selbst ist unbekannt, und es wird geprüft, ob die relative Häufigkeitsverteilung einer Stichprobe einer bestimmten Wahrscheinlichkeitsverteilung zugeordnet werden kann oder nicht (z.B. Chi-Quadrat-Test, Kolmogoroff-Smirnov-Test).

Neben den statistischen Prüfverfahren bieten die statistischen **Schätzmethoden** die Möglichkeit, von statistischen Maßzahlen einer Stichprobe auf die unbekannten Parameter der Verteilungsfunktion F(x) in der Grundgesamtheit zu schließen. Sie gehen nicht wie die Prüfverfahren von einer bestimmten Annahme oder Hypothese über den unbekannten Parameter aus, die an Hand der Stichprobenergebnisse auf die Richtigkeit geprüft wird, sondern sie entwickeln Methoden zur Berechnung geeigneter Schätzungen für diese unbekannten Parameter aus den statistischen Maßzahlen der Stichprobe. Dabei können zwei Möglichkeiten eingeschlagen werden:

1. Bei der **Punktschätzung** kann man einen einzigen aus den Werten der Stichprobe berechneten Schätzwert verwenden (Schätzung des Durchschnitts und der Varianz der unbekannten Grundgesamtheit)

2. Bei der **Konfidenzschätzung** will man dagegen Auskunft über die Genauigkeit und Sicherheit einer bestimmten Schätzung erhalten (Konfidenzintervall für den Durchschnitt bei bekannter Varianz, Konfidenzintervall für die Varianz bei unbekanntem Durchschnitt).

Ein weiteres wichtiges Teilgebiet der beurteilenden Statistik (d.h. der Statistik, die sich mit der Auswahl von Verteilungen und mit der Prüfung von Hypothesen beschäftigt) stellen die **Regressions-** und die **Korrelationsanalyse** dar. Sie befassen sich mit der Aufdeckung und der Beschreibung der Zusammenhänge von 2 und mehreren Zufallsvariablen. Bei der Regressionsanalyse wird die Art des Zusammenhanges bestimmt und die Korrelationsanalyse ermöglicht die Aussagen über Grad oder Stärke dieses Zusammenhanges.

Alle diese Methoden spielen eine wichtige Rolle bei der Aufbereitung der stochastischen Daten für ein Simulationsmodell, sowie auch bei den Aussagen über die Genauigkeit der Simulationsergebnisse oder Länge des Simulationslaufes. Eine ausführliche Beschreibung dieser Methoden und viele Beispiele findet man z.B. in [67]. Ein Beispiel der Anwendung des Chi-Quadrat-Testes wird im Teil 6 beschrieben.

Kreyszig [67] unterscheidet folgende Schritte in bezug auf die Arbeitsweise in der mathematischen Statistik:

1. Formulierung des Problems,

2. Planung des Experimentes,

3. Ausführung des Experimentes,

4. Tabellierung und Beschreibung des experimentellen Ergebnisses, Berechnung von Maßzahlen,

5. Schluß von der Stichprobe auf die Grundgesamtheit.

Im Teil 6 werden wir sehen, daß diese Arbeitsweise sehr ähnlich mit der Arbeitsmethode der Simulation ist, wobei viele Verfahren der mathematischen Statistik sehr hilfreich in den einzelnen Phasen einer Simulationsstudie (Abb. 27) sind.

Teilaufgabe in der Simulation	Statistik
Datenerhebung und -aufbereitung	Stichprobe, Häufigkeitstabelle, Histogramm, statistische Maßzahlen einer Stichprobe,
Generierung von Zufallszahlen bei stochastischen Zeitangaben	Prüfen und Schätzen einer Verteilung und ihrer Parameter, Zufallszahlgenerierung
Planung der Simulationsexperimente	Bestimmung der Länge eines Simulationslaufes mit Hilfe des Konfidenzintervalles
Simulationsexperimente	Erfassung und Aufbereitung der statistischen Ergebnisse
Simulationsergebnisse und ihre Interpretation	Analyse der statistischen Ergebnisse und Übertragung der Stichprobenergebnisse (Simulationslauf) auf die Grundgesamtheit (Produktionssystem)

Abb. 27.: Die Hauptaufgaben der statistischen Methoden in der Simulation

3.5 Warteschlangensysteme

Eine Warteschlange entsteht an jeder Stelle, an der Personen oder Gegenstände auf Bedienung warten.

Die allgemeine Struktur eines Warteschlangensystems ist in Abb. 28 dargestellt. Die Struktur des Warteschlangensystems kann aus den folgenden Elementen bestehen :
- **bewegliche Objekte** - bewegliche Elemente, die in eine Warteschlange eintreten und nach der Bedienung die Bedienungsstelle verlassen

Systemstruktur

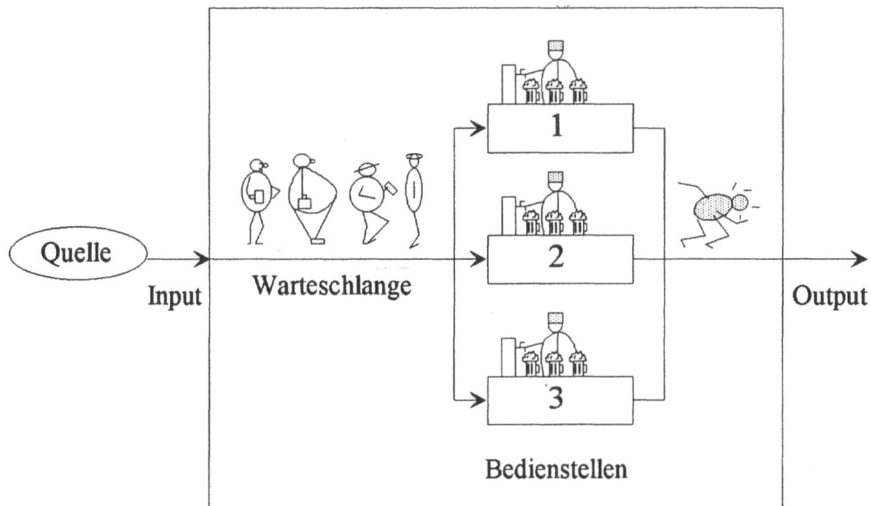

charakteristische Systemgrößen

Ankunftsprozeß	Verweilprozeß	Bedienungsprozeß
mittlere Zwischenankunftszeit $1/\lambda$	mittlere Wartezeit	mittlere Bedienungszeit $1/\mu$
Ankunftsrate λ	Warteschlange	Bedienungsrate μ

Abb. 28.: Struktur und charakteristische Größen eines Warteschlangensystems

- **Quelle**, die die beweglichen Elemente generiert
- **Warteschlangen** in denen die ankommenden Objekte auf die Bedienung warten
- **Bedienstellen**, die die wartenden Objekte bedienen.

Die beweglichen Objekte treten in eine Warteschlange mit einem Ankunftsabstand ein. Sind alle parallelen Bedienstellen besetzt, warten die ankommenden Objekte auf die Bedienung. Beim Freiwerden einer Bedienstelle wird ein nächstes zu bedienendes Objekt aus der Warteschlange ausgewählt und bedient. Nach der Bedienung verläßt das Objekt die Bedienstelle.

Die wichtigsten Charakteristiken eines Warteschlangensystems sind:

- **Ankunftsprozeß,**

- **Verweilprozeß,**

- **Bedienungsprozeß.**

Der Ankunftsprozeß wird mit Hilfe der **Ankunftsrate** λ charakterisiert, die die durchschnittliche Anzahl der je Zeiteinheit eintreffenden Objekten definiert (z.B. Anzahl der Pkws pro Stunde an einer Tankstelle).

Eine Charakteristik des Bedienungsprozesses ist die **Bedienungsrate** μ, die die durchschnittliche Anzahl der je Zeiteinheit abgefertigten Objekte bei kontinuierlicher Arbeit der Bedienstelle beschreibt.

Aus der Ankunftsrate und der Bedienungsrate werden zwei weitere wichtige Größen abgeleitet:

1. Mittlere Zwischenankunftszeit - $\dfrac{1}{\lambda}$ ist die durchschnittliche Zeit vom Eintreffen eines Kunden zum Eintreffen des nächsten

2. Mittlere Bedienungszeit - $\dfrac{1}{\mu}$ ist die durchschnittliche Bedienungszeit eines Kunden.

Die Ankunftsrate und die Bedienungsrate sind die wichtigsten Charakteristiken für die Berechnung der Parameter eines Warteschlangensystems. Der Verweilprozeß wird vor allem mit der Wartedisziplin (z.B. FIFO - first in first out), der Länge der Warteschlange (begrenzt/unbegrenzt) und dem Verhalten der Objekte in der Warteschlange (geduldig/ungeduldig) charakterisiert.

Eine Zusammenfassung der Elemente und der Charakteristiken von Warteschlangensystemen nach [45] ist in Abb. 29 zu sehen.

Wenn das bediente Objekt aus der Bedienstelle wieder in die Quelle zurückkehrt und nach einer zufälligen Zeitdauer erneut auf die Bedienung wartet, spricht man von einem **geschlossenen** System, andernfalls von einem **offenem** System. Die Produktionssysteme können als offene Warteschlangensysteme gelöst werden.

Zur Kurzbezeichnung der Warteschlangensysteme benutzt man eine Notation in folgender Form [58]:

$$\mathbf{A\ /\ B\ /s/\ N\ /\ m\ /\ x} \tag{73}$$

Hierbei bedeuten :
A - Symbol für die Zwischenankunftszeitverteilung,
B - Symbol für die Bedienungszeitverteilung (Abfertigungs-, Servicezeitverteilung),

s - Anzahl der parallelen Bedienstellen,
N - maximal zulässige Warteschlangenlänge,
m - Anzahl zu unterscheidender Objekte,
x - Auswahlprinzip für das nächste zu bedienende Objekt aus der Warteschlange (Wartedisziplin).

Teilprozeß	Merkmal	Charakteristik
Ankunftsprozeß	Gesamtanzahl der Objekte	unendlich / endlich
	Arten der Objekte	gleich / verschieden
	Arten der Forderungen bei einem Objekt	gleich / verschieden
	Auftreten der Forderungen	einzeln / gruppenweise
	Ankunftsabstand	deterministisch / stochastisch
	Ankunftsintensität	von der Schlangenlänge abhängig / unabhängig
Verweilprozeß	Länge der Warteschlange	begrenzt / unbegrenzt
	Verhalten der Objekte	geduldig / ungeduldig
	Reihenfolge der Bedienung (Wartedisziplin)	- FIFO -Reihenfolge der Ankunft - LIFO - entgegensetzte Reihenfolge der Ankunft - SIRO - zufällig - PRI-R - relative Priorität - PRI-A - absolute Priorität
Bedienungsprozeß	Anzahl der Bedienstellen	eine / mehrere
	Art der Bedienung	einphasig / mehrphasig
	Arten der Bedienstellen	gleich / verschieden
	Bedienungszeit	deterministisch / stochastisch
	Bedienungsrate	konstant / variabel von der Schlangenlänge abhängig / unabhängig
	Zugänglichkeit der Bedienstellen	universell - spezialisiert
	Zuverlässigkeit der Bedienstellen	absolut / Möglichkeit von Störungen
	Auswahlregeln für die Bedienstellen	- längste Stillstandszeit - höchste Priorität - zufällig - nach Leistungsfähigkeit usw.

Abb. 29.: Eigenschaften der Elemente von Warteschlangensystemen nach [45]

Sind N = m = ∞ und x nicht weiter interessant, schreibt man auch einfacher A/B/s oder A/B/s/// .

Für die Verteilungen des Ankunfts- bzw. Bedienungsprozesses werden folgende Kurzbezeichnungen verwendet:

M - (Markov-Prozeß) - Exponentialverteilung der Zwischenankunfts- und Bedienungszeiten

D - Konstante (Deterministische) Verteilung

E - Erlang-Verteilung

G - allgemeine Verteilung in beliebiger Form

Sind die Zwischenankunftszeiten bzw. die Bedienungszeiten exponentiell verteilt, so sind die Anzahl der Ankünfte bzw. Bedienungen in einem fest vorgegebenen Zeitintervall poissonverteilt und umgekehrt.

Bei bekannter Verteilungsfunktion für die Zwischenankunftszeit und die Bedienungszeit kann man die

- mittlere Zwischenankunftszeit mit $1/\lambda$ und

- mittlere Bedienungszeit mit $1/\mu$

als Erwartungswerte der zugehörigen Zufallsgrößen berechnen oder näherungsweise aus Stichproben ermitteln.

Aus der Ankunftsrate λ und Bedienungsrate μ berechnet man die Verkehrsdichte ρ

$$\rho = \frac{\lambda}{\mu} \tag{74}$$

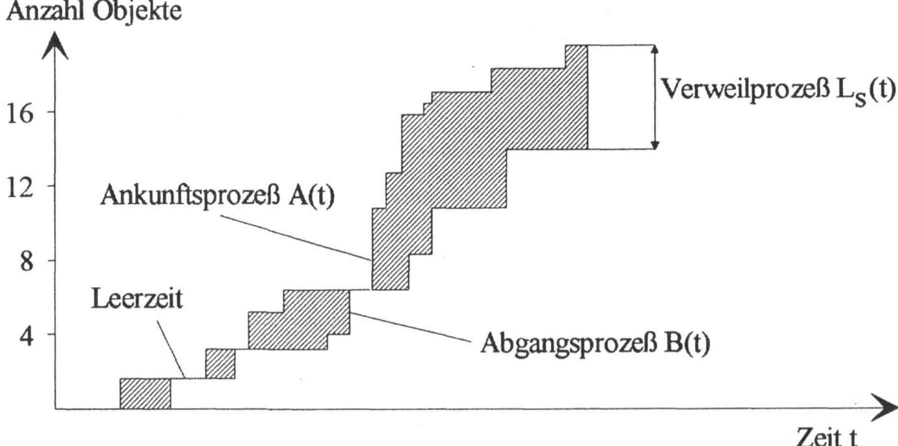

Abb. 30.: Ankunfts-, Abgangs- und Verweilprozesse in einem Warteschlangensystem [58]

Die Verkehrsdichte eines Warteschlangensystems mit s parallelen Bedienstellen muß stets die Bedingung des Gleichgewichtes erfüllen (siehe auch Abb. 30)

$$\rho < s \tag{75}$$

Bei der Bedingung $\rho \geq s$ kann die Warteschlange unendlich wachsen. Dann heißt ein Warteschlangensystem **kritisch** und ist analytisch nicht lösbar. Der erste Schritt der Warteschlangenanalyse besteht also darin zu prüfen, ob das System kritisch ist.

A(t) bezeichnet in Abb. 30 die Anzahl der im Intervall [0,t] ankommenden Objekte. B(t) bezeichnet die Anzahl der bereits bedienten Objekte und $L_s(t)$ ist die Anzahl der im System vorhandenen Objekte zum Zeitpunkt t.

Dann gilt: $\qquad L_s(t) = A(t) - B(t) \tag{76}$

Anhand der Beziehung (76) wurde von Little folgende Gleichung abgeleitet

$$\overline{L}_s = \lambda\, t_s \tag{77}$$

Warteschlangensystem	M/M/1/∞/∞/FIFO	M/M/s/∞/∞/FIFO
Wahrscheinlichkeit, daß 0 Objekte im System sind	$p_0 = 1 - \dfrac{\lambda}{\mu} = 1 - \rho$	$p_0 = \dfrac{1}{\dfrac{\rho^2}{s!\left(1 - \dfrac{\rho}{s}\right)} + \displaystyle\sum_{n=1}^{s-1}\dfrac{\rho^n}{n!}}$
Wahrscheinlichkeit, daß n Objekte im System sind	$p_n = \left(\dfrac{\lambda}{\mu}\right)^n p = \rho^n(1-\rho)$	$p_n = \dfrac{\rho^n}{n!}\,p_0, \quad 0 \leq n \leq s$ $p_n = \dfrac{\rho^n}{s!\,s^{n-s}}\,p_0, \quad n \geq s$
Wartewahrscheinlichkeit	$pw = \rho$	$pw = \dfrac{\rho^s\,p_0}{(s-1)!\,(s-\rho)}$
Mittlere Anzahl Objekte im System	$N = \dfrac{\lambda}{\mu - \lambda} = \dfrac{\rho}{1-\rho}$	$N = Lq + \rho$
Mittlere Anzahl Objekte in der Warteschlange	$L_q = \dfrac{\lambda^2}{\mu(\mu - \lambda)} = \dfrac{\rho^2}{1-\rho}$	$L_q = \dfrac{\rho^s\,\dfrac{\rho}{s}}{s!\left(1 - \dfrac{\rho}{s}\right)^2}\,p_0$
Mittlere Wartezeit im System	$V = \dfrac{N}{\lambda} = \dfrac{1}{\mu - \lambda} = \dfrac{1}{\mu(1-\rho)}$	$V = Wq + \dfrac{1}{\mu}$
Mittlere Wartezeit in der Warteschlange	$Wq = \dfrac{L_q}{\lambda} = \dfrac{\lambda}{\mu(\mu-\lambda)} = \dfrac{\rho}{\mu(1-\rho)}$	$Wq = \dfrac{L_q}{\lambda}$

Tabelle 1.: Kenngrößen für offene Warteschlangensysteme M/M/1 und M/M/s

Die Gleichung 77 zeigt, daß die mittlere Anzahl der Objekte im System stets gleich ist der mittleren Ankunftsrate mal der mittleren Verweilzeit. Ähnliche Beziehungen gelten auch für die mittlere Anzahl der Objekte in der Warteschlange und die mittlere Anzahl gleichzeitig bedienter Objekte. Bei bekannter Ankunftsrate genügt dann zur Berechnung der mittleren Verweil-, Warte- oder Bedienungszeit die Berechnung der mittleren Anzahl von Objekten im System, in der Warteschlange oder in den Bedienstellen.

Die wichtigste Formel und Kenngrößen für M/M/1 und M/M/s Warteschlangensysteme sind in Tabelle 1 zusammengefaßt. Weitere Formeln sind in [45] angeführt.

Eine Zusammenfassung der Analyse und der Optimierung von Warteschlangensystemen ist in Abb. 31 dargestellt.

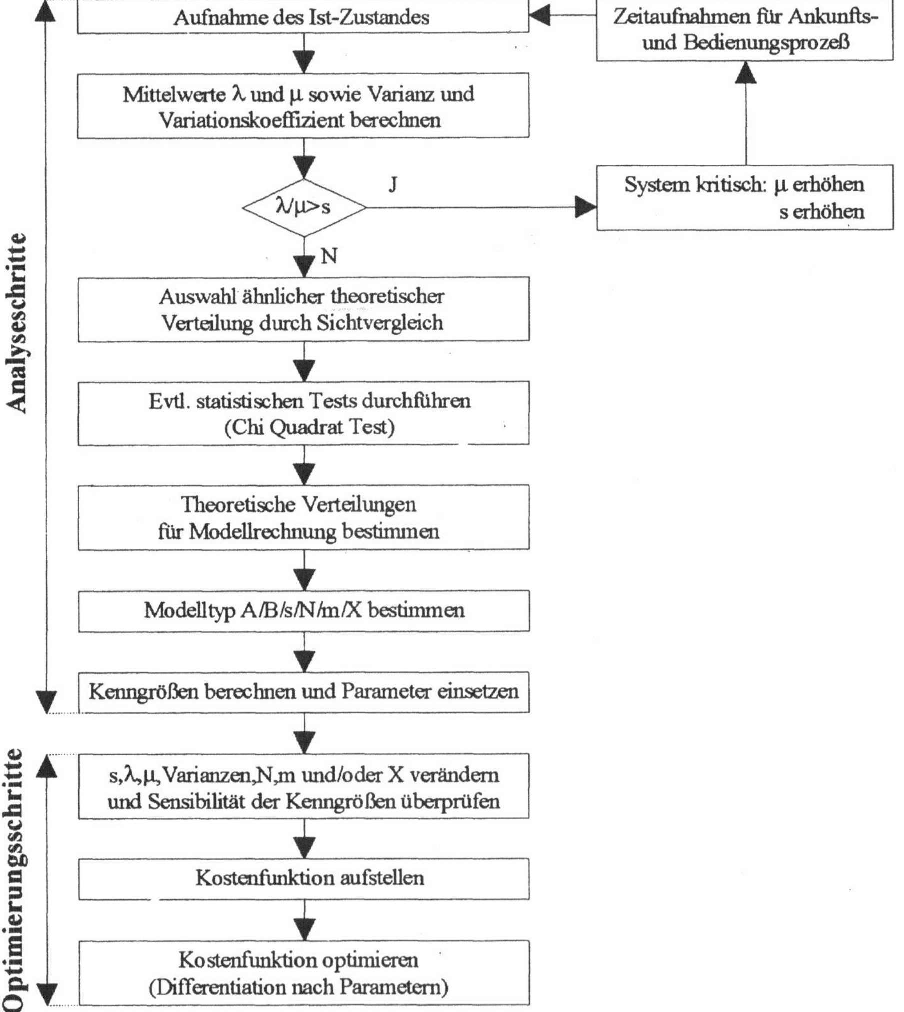

Abb. 31.: Prinzipieller Ablauf von Analyse und Optimierung eines Warteschlangensystems nach Großeschallau [45]

Mehrere aufeinanderfolgende Warteschlangensysteme können ganze **Bedienungs-netzwerke** bilden. Bei einer seriellen Verknüpfung von zwei Bedienstellen ist die Zwischenankunftszeit für die zweite Station gleich der Bedienungszeit in der ersten Station bei ununterbrochener Arbeit. Eine Leerzeit der ersten Bedienstelle wirkt sich als entsprechend größere Zwischenankunftszeit für die zweite Station aus. Wenn eine Station mehrere nachgeordnete oder vorgeordnete Bedienstellen hat, dann müssen die einzelne Intensitäten der Output- und Inputströme berechnet werden (Abb. 32).
Ein weiteres Problem bei den Bedienungsnetzwerken stellen die gegenseitigen Blockierungen der Bedienstellen dar. Als Folge der Blockierungen ergibt sich, daß die einzelne Stationen und Warteschlangen andere Charakteristiken als im entkoppelten Zustand aufweisen.
Eine ausführliche Beschreibung der Lösungsprinzipien von unterschiedlichen Typen der Bedienungsnetzwerke und ihrer Anwendungen bei der Planung von Produktionssystemen werden in [25] und [145] angeführt.

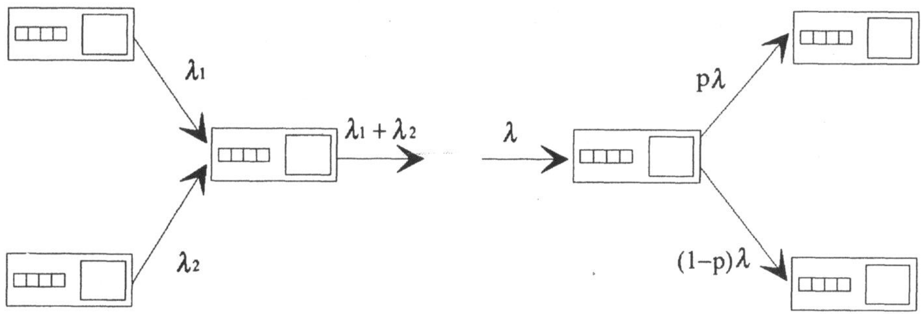

Abb. 32.: Poissonsche Input- und Outputströme bei den Bedienungsnetzwerken

3.6 Praxisbeispiel

Diesen Teil schließen wir mit einem einfachen Praxisbeispiel ab, auf dem die Möglichkeiten der Warteschlangentheorie und die Einflüsse unterschiedlicher statistischer Verteilungen auf die charakteristische Größen eines Warteschlangen-systems demonstriert werden.

Problemspezifikation

Am Ende einer Montagehalle befindet sich eine Qualitätskontrolle (Abb. 33). Sie besteht aus einem Warteplatz für die Paletten mit den Fertigteilen und einem Prüfplatz. Im Mittel kommen 80 Paletten während der Arbeitszeit von 8 Stunden an, ihre Zwischenankunftszeiten sind exponentiell verteilt. Die Kontrolle einer Palette an der Prüfstation dauert durchschnittlich 5 Minuten und ist exponentiell verteilt.

54

Aufgaben

1. Wieviele Paletten befinden sich durchschnittlich gleichzeitig im Puffer ?
2. Wie lange muß eine gerade ankommende Palette durchschnittlich warten ?
3. Wie verändern sich die Verhältnisse, wenn eine zweite Prüfstation mit getrennter Warteschlange eingerichtet wird ?
4. Wie verändern sich die Verhältnisse mit einer gemeinsamen Warteschlange für beide Prüfstationen ?
5. Welche Variante hat die besten Wirschaftlichkeitsparameter ?
6. Wie verändern sich die Verhältnisse des Warteschlangensystems bei einer durchschnittlichen Prüfzeit von 6 Minuten mit unterschiedlichen Verteilungen ?

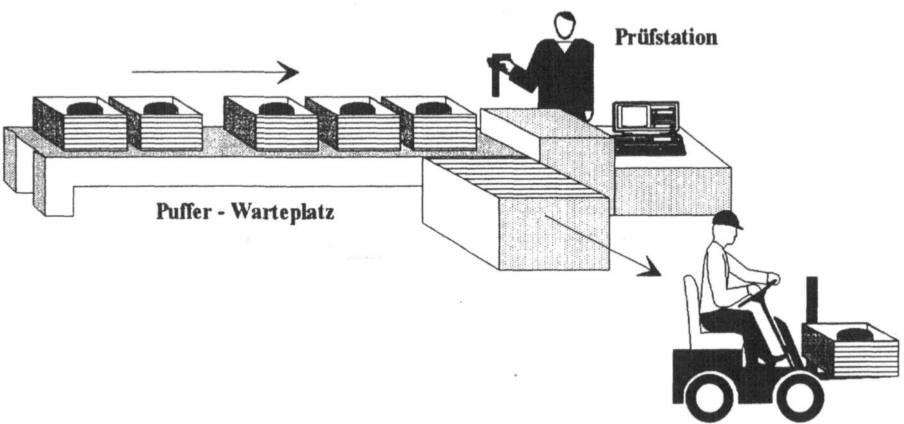

Abb. 33.: Qualitätskontrolle als Warteschlangensystem

Analyse

Die wichtigsten Eingabedaten sind:

1. Mittlere Ankunftsrate λ = 80 Paletten / Schicht = 10 Paletten / Std.

2. Mittlere Bedienungsrate μ = 12 Paletten / Std. (durchsch. 5 Min. für eine Palette)

3. 1 Prüfstation 50 DM/Tag

4. 1 Prüfarbeiter 60 DM/Std.

5. 1 Puffer für eine Palette 20 DM/Tag

Es wird jeweils mit 250 Arbeitstagen pro Jahr gerechnet.

1.-2. Aufgabe - Ein M/M/1 System

Verkehrsdichte $\rho = \dfrac{\lambda}{\mu} = \dfrac{10}{12} = 0,833$

Mittlere Anzahl der Paletten im Puffer: $L_q = \dfrac{\rho^2}{1-\rho} = 4,166$

Mittlere Wartezeit einer Palette im Puffer:

$$W_q = \frac{L_q}{\lambda} = \frac{\rho}{\mu(1-\rho)} = 0,413 \ \text{Std.} \cong 25 \ \text{Min.}$$

3. Aufgabe - Zwei parallele M/M/1 Systeme

$\lambda = 5 \ \text{Paletten} / \text{Stunde}$

Verkehrsdichte $\rho = \dfrac{\lambda}{\mu} = \dfrac{5}{12} = 0,416$

Mittlere Anzahl der Paletten im Puffer:

$$L_q = \frac{\rho^2}{1-\rho} = 0,297$$

Mittlere Wartezeit einer Palette im Puffer:

$$W_q = \frac{L_q}{\lambda} = \frac{\rho}{\mu(1-\rho)} = 0,059 \ \text{Std.} \cong 3,6 \ \text{Min.}$$

4. Aufgabe - Ein M/M/2 System

Verkehrsdichte $\rho = \dfrac{\lambda}{\mu} = \dfrac{10}{12} = 0,833$

Wahrscheinlichkeit, daß 0 Paletten im Puffer warten

$$p_0 = \frac{1}{s!\dfrac{\rho^2}{\left(1-\dfrac{\rho}{2}\right)}} + \sum_{n=1}^{s-1} \frac{\rho^n}{n!} = 0,417$$

Mittlere Anzahl der Paletten im Puffer:

$$L_q = \frac{\rho^2\dfrac{\rho}{s}}{s!\left(1-\dfrac{\rho}{s}\right)^2} \, p_0 = 0,175$$

Mittlere Wartezeit einer Palette im Puffer:

$$W_q = \frac{L_q}{\lambda} = 0,0175 \ \text{Std.} \cong 0,1 \ \text{Min.}$$

5. Wirtschaftlichkeitsberechnung

Eine vereinfachte Wirtschaftlichkeitsberechnung für die Varianten aus den Aufgaben 1-3 ist:

	Puffer-anzahl	Kosten/ Jahr	Anzahl der Prüfstationen	Kosten/ Jahr	Anzahl der Prüfarbeiter	Kosten/ Jahr	Summe
Variante 1	5	50000	1	12500	1	15000	77500
Variante 2	2	20000	2	25000	2	30000	75000
Variante 3	1	10000	2	25000	2	30000	65000

Tabelle 2.: Wirtschaftlichkeitsbeurteilung der Varianten

6. Einfluß der unterschiedlichen Verteilungen der Prüfzeit auf das System-verhalten

Bei der ersten Variante (eine Warteschlange und eine Bedienstation) ist die durchschnittliche Warteschlangenlänge 5 (5 Pufferplätze). Die zweite Variante (zwei Bedienstationen und zwei getrennte Warteplätze) reduziert die Warteschlangen-länge. In diesem Fall können aber die Paletten nicht zwischen den Warteschlangen übergehen und die durchschnittliche Wartezeit und die Systemauslastung sind schlechter als bei der 3.Variante. Die dritte Variante (eine Warteschlange und zwei Bedienstationen) stellt die beste Lösung dar.

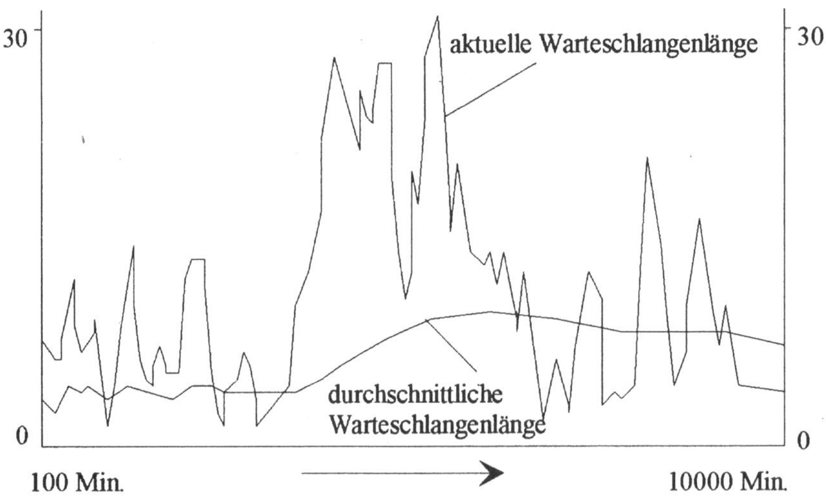

Abb. 34.: Verlauf der Warteschlange im Puffer [Ankunftsrate - EXP(6), Bedienungsrate - EXP(6)]

Im nächsten Teil werden die Einflüsse der unterschiedlichen statistischen Verteilungen auf die Systemparameter analysiert. Es wird mit der durchschnittlichen Prüfzeit 6 berechnet, das System ist analytisch nicht lösbar (Verkehrsdichte = 1) und muß man die Simulation einsetzen. Im Gegensatz zu den analytischen Verfahren liefern die Simulationsergebnisse auch die Extremwerte (Minimum, Maximum) die z.B. für die Dimensionierung eines Pufferplatzes sehr wichtig sein können. Die Simulation ermöglicht auch die Abbildung der Systemgrößen (z.B. Puffer- oder Prüfstationauslastung) in dem ganzen Systemablauf und nicht nur die durchschnittlichen Werte dieser Systemgrößen (siehe Abb. 34).

Eine Zusammenfassung der wichtigsten Systemgrößen für unterschiedliche Verteilungen der Bedienungszeit ist in der Tabelle 3 dargestellt.

* Bei der Variante "Gamma-Stör" wurden die zufälligen Unterbrechungen (Störungen) in der Arbeit der Prüfstation simuliert. Die Zeit zwischen zwei Unterbrechungen wurde mit der Exponential-Verteilung mit dem Mittelwert 60 Minuten abgebildet. Die Zeit für die Beseitigung der Unterbrechung (Reparaturzeit) wurde mit der Gamma-Verteilung mit dem Mittelwert 2 Minuten und der Streuung 6 Minuten dargestellt.
Bei der vorletzten Variante ist die Prüfzeit konstant und die Ankunftsrate ist exponentiell verteilt. Die letzte Variante arbeitet mit konstanter Prüfzeit und konstanter Zwischenankunftszeit.

Variante (μ=6)	Systemgröße											
Verteilungstyp	1	2	3	4	5	6	7	8	9	10	11	12
Exponential	56,6	0	187,4	8	0	31	50,7	0	181,7	157	5,8	-----
Gamma	157,5	3,17	311,6	25	0	55	151,5	0	302,8	164	6,1	+178
Normal	107,9	0	384,1	17	0	63	102,0	0	377,4	158	6,1	+91
Weibull	217,7	2,2	513,0	35	0	82	211,8	0	507,5	145	6,1	+285
Dreieck	105,5	2,1	261,7	16	0	44	99,4	0	254,9	145	6,0	+86
Gleichmäßig	86,8	1,3	211,4	13	0	36	80,8	0	201,6	147	5,9	+54
Log.-Normal	185,8	27,1	261,7	16	0	85	179,9	21,7	468,9	146	6,2	+228
Gamma-Stör.*	499,8	1,3	211,4	13	0	100	494,6	0	721,9	149	-----	+783
μ-Kon/λ-Exp	129,4	6	275,6	20	0	45	123,4	0	269,6	164	6,0	+129
μ-Kon/λ-Kon	6	6	6	0	0	1	0	0	0	166	6,0	- 89

Tabelle 3.: Einfluß der verschiedenen Verteilungen der Bedienungszeit auf die wichtigste Systemgrößen

Erklärung der einzelnen Systemgrößen
1 - Durchschnittliche Durchlaufzeit (Min.)
2 - Minimale Durchlaufzeit (Min.)
3 - Maximale Durchlaufzeit (Min.)
4 - Durchschnittliche Warteschlange

58

5 - Minimale Warteschlange
6 - Maximale Warteschlange
7 - Durchschnittliche Wartezeit (Min.)
8 - Minimale Wartezeit (Min.)
9 - Maximale Wartezeit (Min.)
10 - Durchsatz
11 - durchschnittliche Operationsdauer (Min.)
12 - Unterschied zwischen den Durchlaufzeiten (%)

Dieses Beispiel hat gezeigt, welche Bedeutung die richtige Anwendung von statistischen Verteilungen in der Simulation hat. Wenn die Verteilungsfunktion und ihre Parameter unbekannt sind, zu den üblichen Fehlern gehört z.B. eine Annäherung der Zufallsvariable mit einer Konstante. Schon dieses sehr einfaches Problem (Tabelle 3) zeigt aber, wie gefährlich eine solche Vereinfachung sein kann.

4

Anwendung der Simulationstechnik

"Der Bereich der Computersimulation wird Mitte der 90er Jahre wie eine Rakete abheben, da Simulation an kaum einem Bereich unseres technisch-gesellschaftlichen Lebens vorbeigehen wird." (H.Liebinger, Standford Research Institute)

4.1 Anwendungsgebiete der Simulationstechnik

Die Simulation verwendet die Methoden und die Arbeitsweise der mathematischen Statistik, weil sie vor allem bei der Analyse und Planung von sehr komplexen und umfangreichen Systemen angewandt wird. Je komplexer die Problemstellung ist, je mehr Parameter auf das Problem einwirken, um so mehr rechtfertigt sich die Anwendung der Simulation. Oft ist sie sogar die einzig mögliche Methode, um überhaupt an ein Problem heranzukommen. Das Anwendungsgebiet ist darum auch sehr vielfältig [53].

Die Hauptzielrichtungen der Anwendung der Simulationstechnik sind:

1. Erforschung komplexer Systeme

 - Betrachtung der Leistung bzw. des Verhaltens eines Systems unter verschiedenen Bedingungen, auch unter dem Gesichtspunkt der Prognose.

 - Untersuchung der Struktur eines Systems, in dem ein hypothetisches Modell entwickelt wird und die Simulationsergebnisse mit dem vorliegenden System verglichen werden.

2. Demonstration und Veranschaulichung komplexer Prozesse.

3. Entscheidungshilfe - beim Systemdesign und bei der Systemführung.

Es gibt sehr viele Wissensbereiche, wo die Anwendungen der Simulationstechnik sinnvoll sind - z.B. Verkehrsplanung, chemische Prozesse, Geologie, Medizin, Biologie, Soziologie, Umwelt, Luft- und Raumfahrt, Flugverkehrswesen, nukleare Kraftwerke, militärische Anwendungen u.a. Die ersten Einsätze der Computersimulation wurden vor allem auf den Gebieten Militär und Raumforschung durchgeführt (Flugsimulatoren - Flüge auf den Planeten, Simulation von Kriegsführung - Luftkämpfe, Seekriege, Atomkrieg, Logistik der militärischen Operationen, Kommunikationsnetzwerke im Militär usw.).

In diesem Buch werden wir uns vor allem mit den ingenieur-wissenschaftlichen Anwendungen der Simulationstechnik in industriellen Unternehmen befassen.

In der betrieblichen Praxis wird die Simulation als Hilfsmittel für die folgenden Aufgaben eingesetzt:

1. Entscheidungsunterstützung

Die Auswirkungen einer Entscheidung in der Unternehmensführung hängen nicht nur von der Entscheidung selbst ab, sondern auch von zufälligen Ereignissen, die der Entscheidende nur beschränkt beeinflussen kann. Die Simulationstechnik ermöglicht reale Prozesse an einem Modell schnell durchzuspielen und läßt die komplizierten Zusammenhänge erkennen. Typische Probleme, bei denen die Simulation eine wertvolle Entscheidungsgrundlage sein kann, sind:

- Beurteilung von Unternehmensstrategien (Einführung von Produkte auf dem Markt, Einführung einer neuen Technologie, Expansionsstrategien usw.).

- Ermittlung von Betriebskosten durch Änderung bestehender Produktionsanlagen oder der Personalstruktur.

- Risikoanalyse bei Investitionen.

- Simulation der Produktionsabläufe bei der Produktionsplanung und -steuerung.

2. Planung

Anwendung der Simulation in einem Planungsprozeß gehört zu den typischen Aufgaben dieser Technik z.B. in den Bereichen:

- Planung oder Umstrukturierung von Produktions- und Montagesystemen.

- Planung von Materialfluß und Informationsflußsysteme.

- Personaleinsatzplanung.

- Ermittlung von Engpässen und Leistungsreserven zwecks deren Beseitigung.

- Modellierung des Bearbeitungsprozesses bei der NC-Programmierung.

- Kinematische Analysen und Roboter-Simulationen, u a.

3. Organisationsgestaltung

Simulation kann auch dazu verwendet werden, die Auswirkungen von neuen organisatorischen Maßnahmen und Änderungen zu prüfen. Eine praktische Überprüfung eines neuen Organisationskonzeptes kann aus zeitlichen, personellen oder kostenmäßigen Gründen nicht durchführbar sein. Mit Hilfe der Simulation werden die Zweckmäßigkeit und Funktionalität unterschiedlicher organisatorischer Strategien sehr kostengünstig getestet. Dabei können auch die Störungen, ihre Auswirkungen auf den Betrieb, sowie auch verschiedene Notfallstrategien geprüft werden.

4. Kontrolle

Simulationsmodelle ermöglichen einen Blick in die Zukunft und sind sehr geeignete Werkzeuge zur Kontrolle der Planungsergebnisse vor der Realisierung. Die Modellierung des Kostenflusses erlaubt die exakte Beurteilung mehrerer Lösungsvarianten. Auch wenn Simulationssysteme als Planungskontrolle anwendbar sind, ist es sinnvol, diese Werkzeuge schon in den früheren Phasen der Systemgestaltung einzusetzen, um die Systemelemente und die Systemstruktur optimal zu planen (und nicht nur zu kontrollieren). Ein Produktionsdispatcher kann mit einem Simulationsmodell die Durchführbarkeit eines aktuellen Produktionsplanes kontrollieren usw.

5. Ausbildung und Training (Business-Spiele, Simulationsspiele)

Simulation wird erfolgreich für Schulungs- und Trainingszwecke eingesetzt. Simulationsspiele oder Unternehmensmodelle simulieren unterschiedliche Situationen aus der betrieblichen Praxis (ankommende Aufträge, Materialbestände, Cash-flow, zufällige Maschinenausfälle usw.). Die Spielteilnehmer treffen Entscheidungen und lösen die Probleme des fiktiven Unternehmens, deren Erfolg ausgewertet wird. Ähnliche Simulationsspiele werden für das Training des Personals für die Fertigungssteuerung angewandt.

Aus der Sicht der Unternehmensbereiche sind Simulationsmodelle vor allem in den folgenden Bereichen sinnvoll:

- Fabriksplanung
- Produktionsplanung und -steuerung
- Arbeitsplanung
- Logistik
- Einkauf
- Marketing

Die Schwerpunkte und Hauptprobleme der Simulation von Produktionssystemen werden im Teil 5 behandelt.

Die Richtlinie VDI 3633 [146] definiert drei Anwendungsfelder bei der Simulation von technischen Systemen:

- **Planung**
- **Realisierung**
- **Betrieb** (siehe Abb. 35).

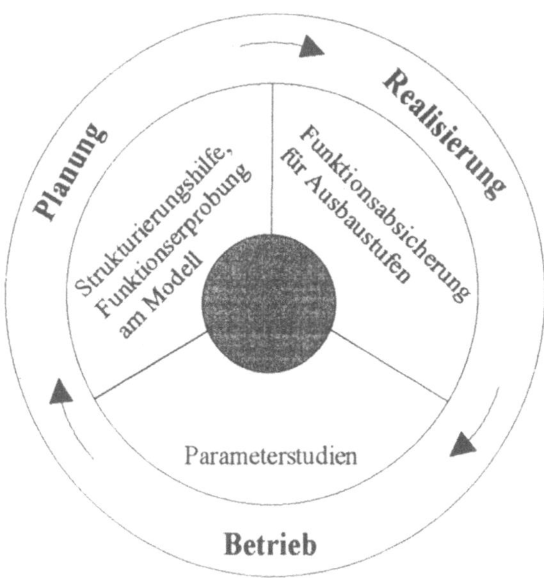

Abb. 35.: Anwendungsfelder der Simulation [146]

Unter dem Begriff "technische Systeme" werden nach dieser Richtlinie die Logistik-, Materialfluß- und Produktionssysteme zusammengefasst. Simulation wird auf jede Phase des Lebenszyklus technischer Systeme angewendet (siehe Abb. 36).

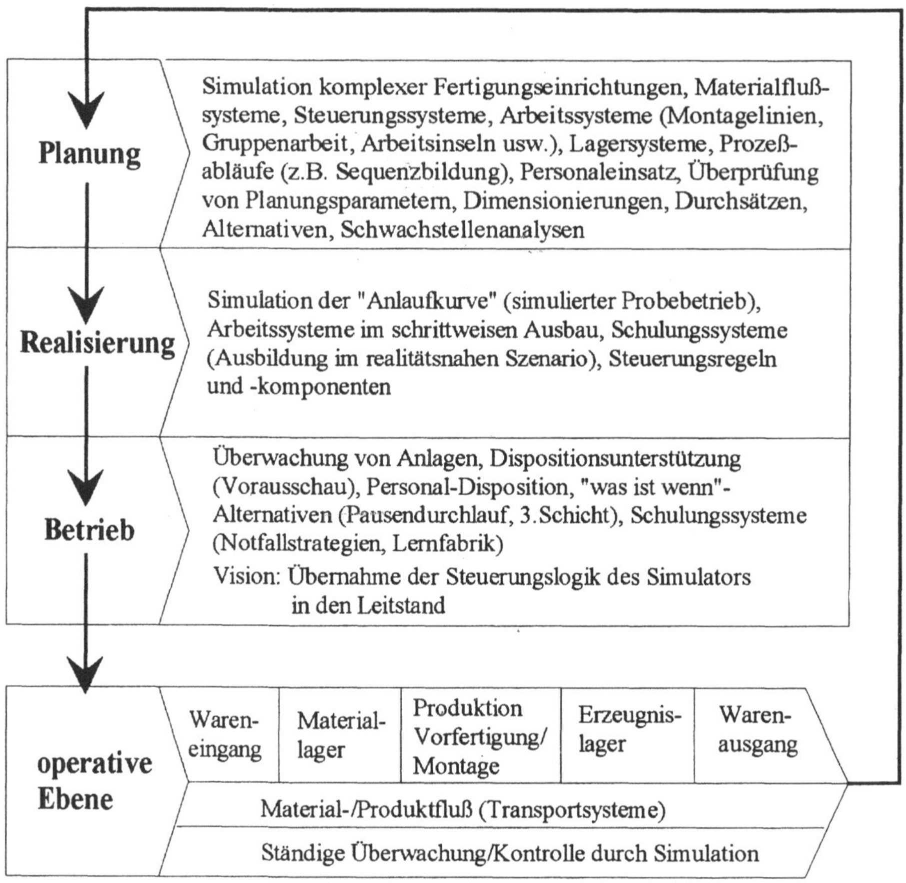

Abb. 36.: Simulation im Lebenszyklus von technischen Systemen [146]

Betrachtet man die hierarchische Struktur eines Unternehmens mit den unterschiedlichen Funktionen und der Zeithorizonte, dann kann die Simulation verschiedene Aufgaben auf einzelnen Entscheidungsebenen eines Unternehmens erfüllen (siehe Abb. 37).

Auf der strategischen Ebene werden die Unternehmensstrategien hinsichtlich der Marktentwicklung modelliert (Optimierung des Marketing-Mixes, Kostenflüsse bei Entwicklung und Einführung eines neuen Produktes, Modellierung der Anforderungen an die Ressourcen, Investitionsplanung bei der Erweiterung der Kapazitäten, durch Simulation erzeugte Prognosen usw.)

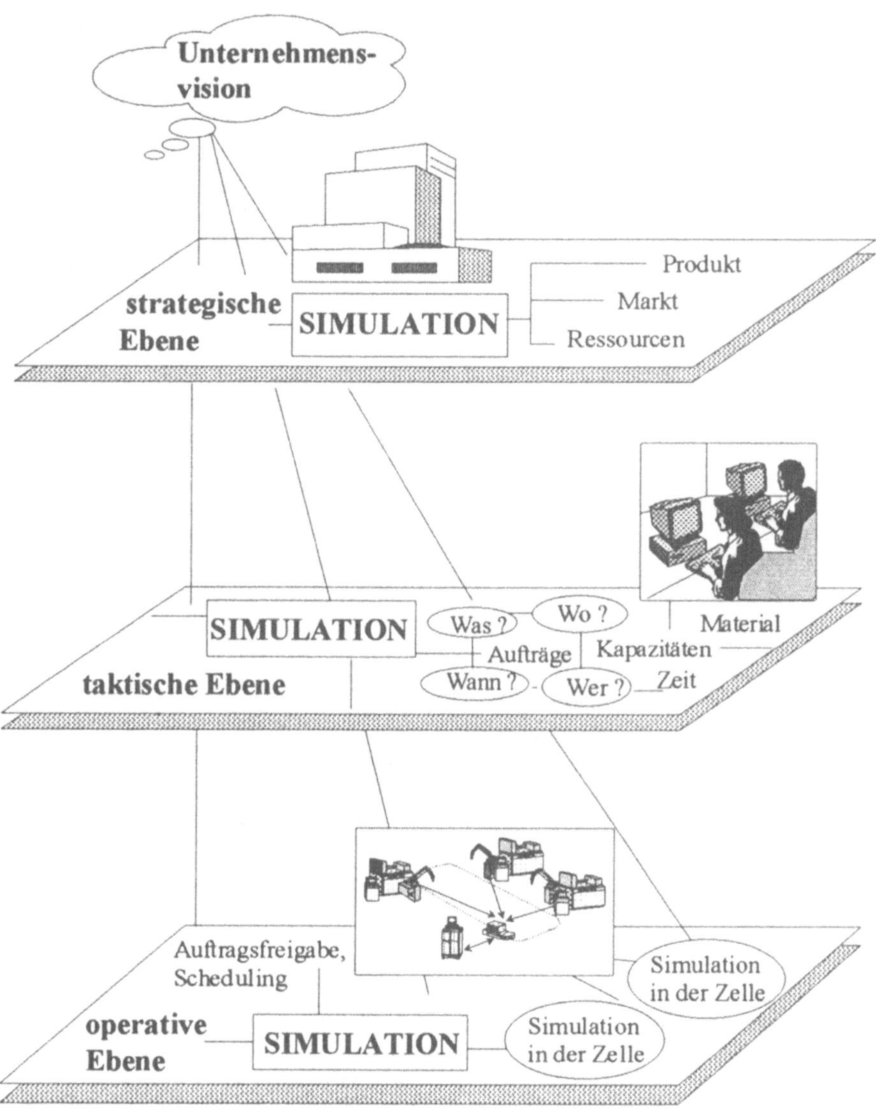

Abb. 37.: Simulation auf unterschiedlichen Ebenen eines Unternehmens

Auf der taktischen Ebene unterstützen die Simulationsmodelle vor allem die Funktionen eines Produktionsplanungs- und Steuerungssystems (PPS) - dynamische Kapazitäts- und Terminplanung, Zuordnung von Aufträgen auf verfügbare Kapazitäten und Arbeitsmittel, Produktionsplankorrekturen in Hinblick auf die reale Situation.

Die operative Prozeßebene übernimmt die von PPS erstellten Produktionspläne und Fertigungsaufträge und sichert ihre Durchführung unter Beachtung der gegebenen Termin-, Qualitäts- und Kostenkriterien. Dabei spielt das Simulationsmodell eine wichtige Rolle als ein Unterstützungsinstrument bei der Regelung der Auftragsfreigabe und bei Notfallstrategien. Die neuesten Werkstattsteuerungs- systeme (WSS) sind oftmals mit einem On-line-Simulationsmodell gekoppelt, mit dem ein Fertigungsleiter die aktuelle Situation immer realitätsnah und "optimal" lösen kann (siehe auch Teil 5).

4.2 Hauptprobleme der Simulationsanwendung

Für die erfolgreiche Anwendung der Simulation sind folgende Problembereiche entscheidend:

1. Der richtige Zeitpunkt für den Simulationseinsatz - Simulations- untersuchungen werden oft zu spät, d.h. kurz vor Abschluß der Planungsphase in Auftrag gegeben. Die Wirksamkeit der Simulation steigt, wenn man sie früh genug einsetzt (siehe Abb. 38).

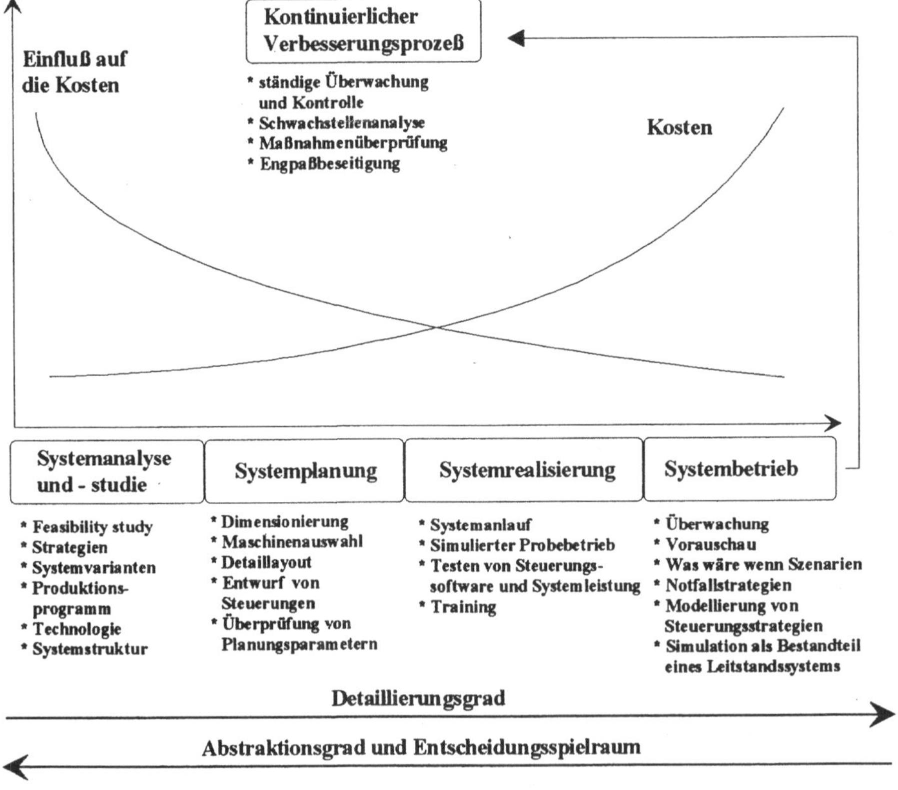

Abb. 38.: Einfluß der Simulation auf die Kosten in den einzelnen Entwicklungsphasen eines Produktionssystems

Durch Simulation sollen die Ergebnisse früh genug vorliegen und nicht nur zur Bestätigung einer Fehlplanung, wenn die Eingriffsmöglichkeiten schon erschöpft sind.

Für die Erhöhung der Effizienz der Simulationsanwendung ist es aber sinnvoll, falls möglich, das Simulationsmodell als entwicklungsfähiges, erweiterbares Modell zu konzipieren. Diese Vorgehensweise ermöglicht eine schrittweise Erhöhung des Detaillierungsgrades und mehrfache Anwendung des Modells in einzelnen Lebensphasen des Produktionssystems. Neben der Situationsanalyse und der Erarbeitung der Systemparameter und -gesetzmäßigkeiten, müssen auch die Aufwände für das Simulationsprojekt realistisch abgeschätzt werden (Zeit, Kosten). Falsche Vorstellungen über die Projektdauer können verursachen, daß die Datenvorbereitung und die Modellerstellung so viel Geld und Zeit kosten, daß sie zum Projektabbruch ohne positive Resultate führen.

2. Eine ausführliche Analyse des Ist-Zustandes, **klare Zielsetzungen** und eine gute **Vorbereitung** des Simulationsprojektes spielen auch wichtige Rollen für den Erfolg des Simulationsprojektes. Die Zielfunktion ist ein Bewertungskriterium für das Systemverhalten und die Simulationsergebnisse. Sie ist aber auch entscheidend für die Auswahl des Modellkonzeptes, des erforderlichen Detaillierungsgrades und des geeigneten Simulationswerkzeuges.

3. Gute Fachkenntnisse über Simulation und andere Lösungsalternativen. Das Wissen über Simulationsmethoden und -werkzeuge, ihre Einsatzmöglichkeiten und Nutzungspotentiale, ist relativ wenig verbreitet. Ein anderes Problem ist aber, wenn die Möglichkeiten der Simulationstechnik überschätzt werden und andere Berechnungsverfahren (z.B. Warteschlangensysteme) übersehen werden. Es sollte zunächst versucht werden, das Problem in Form eines mathematischen Modells abzubilden und analytisch zu lösen. Ist dies nicht möglich, wird auf die Simulation als Alternative zur Lösungsfindung zurückgegriffen.

Ein weiteres Problem stellen die Entscheidungen "make or buy" dar. Es kann oftmals sinnvoll sein, bei der Lösung eines sehr komplexen Problems auch die Hilfe einer externen Beratungsfirma mit besseren Ressourcen und Know-how zu benutzen.

Diese Aufgabenteilung verwendet man oft auch bei ersten Simulationsprojekten, wenn noch keine tiefen Erfahrungen und Erkenntnisse vorhanden sind.

Für die richtige Anwendung der Simulationstechnik sind vor allem folgende Kenntnisse erforderlich:

- **Kenntnisse über die Simulation** allgemein. (Was kann die Simulation leisten? Welche Voraussetzungen müssen erfüllt sein? Welche Grenzen hat die Simulation?)

- **Kenntnisse über die verfügbaren Ressourcen** (Softwaretools, Hardware, Fachleute).

- **Kenntnisse über das zu modellierende System** (z.B. Produktionsabläufe, Transportsystem, Fertigungssteuerung usw.).

- **Kenntnisse über alternative Lösungsmöglichkeiten** (z.B. Tabellenkalkulation, Lineare Optimierung, Warteschlangentheorie, statistische Methoden, Kombinatorik, Wahrscheinlichkeitsrechnung usw.).

4. Geeigneter Detaillierungsgrad. Ein gutes Simulationsmodell ist so ausführlich, wie es nötig ist und so vereinfacht, wie es möglich ist. Das Ziel der Simulation ist kein Simulationsmodell, das Modell ist nur ein Mittel eine Lösung zu finden, und die Abbildungsgenauigkeit muß der Fragestellung und der Zielsetzung angepaßt sein. Die Flucht ins unnötige Detail ist gefährlich und kostet sehr viel.

5. Entsprechende Menge, Qualität und Form der Eingabedaten. Jede Simulation ist so gut wie ihre Vorbereitung und ihre Ergebnisse entsprechen der Qualität des Datenmaterials. Die Eingabedaten müssen auch in geeigneter Form und Menge zur Verfügung stehen (z.B. Störungshäufigkeiten einer Anlage oder Produktionsplan für die Simulationsperiode).

6. Effektive Kommunikation zwischen allen beteiligten Spezialisten in der Projektgruppe (Simulationsfachmann, Analytiker, Manager, Planer, Produktionsleiter usw.). Viele Leute werden von Simulationsmodellen beunruhigt, weil sie selbst diese Technik nicht beherrschen und die Simulation als eine Kontrolle ihrer Arbeit verstehen. Die Simulation und ihre Vorteile müssen für alle Betroffenen verständlich sein.

7. Geeignetes Simulationswerkzeug. Eine sorgfältige Auswahl des Simulationssystems in Hinblick auf Kapazität, Abbildungsmöglichkeiten, Benutzerfreundlichkeit und Flexibilität kann die Qualität der Simulation und die Planungskosten erheblich beeinflussen. Die speziellen, anwendungsorientierten Simulationssysteme erfordern meistens keine Programmierkenntnisse und ermöglichen eine relativ schnelle Modellerstellung (z.B. SIMFACTORY II.5). Ihre Flexibilität und Leistungsfähigkeit ist aber, im Gegensatz zu den universalen Simulationssystemen, beschränkt. Bei der Auswahl eines Simulationswerkzeuges wird oftmals nur die Geschwindigkeit des Simulationslaufes (Rechenzeit) hervorgehoben. Das andere Kriterium, das noch wichtiger sein kann, ist aber die Zeit für die Modellerstellung und Vorbereitung der Simulationsexperimente. Auch der Preis muß nicht entscheidend sein. Die einfachsten und billigsten Softwaretools sind bei größeren Anwendungen in der Regel nicht ausreichend oder versagen gar. Nach AESOP GmbH Stuttgart [4] lassen sich die jährlichen Simulationskosten wie folgt angeben:

- Personalkosten 160 Tausend DM (**80%**)
- Investitionsabschreibung (Hardware, Software, Schulungen, Abschreibungsdauer 4 Jahre) - 30 Tausend DM (**15%**)
- Wartungskosten 10 Tausend DM (**5%**).

Die Personalkosten stellen bis zu 80% der jährlichen Simulationskosten dar. Das ist auch ein Beweis, daß es sich nicht lohnt, bei der Anschaffung eines Simulationswerkzeuges zu sparen.

8. Sorgfältige Modellvalidation. Das zentrale Problem nahezu jeder Simulation ist die Frage, ob das Modell mit der abzubildenden Wirklichkeit überstimmt. Leider läßt sich das nur in den Fällen überprüfen, wo zunächst ein bestehender Zustand simuliert wird (Basismodell mit den Ist-Werten). Bei neu zu entwickelnden Systemen geht man von hypothetischen Daten aus und eine große Erfahrung ist erforderlich.

9. Sorgfältige Planung der Simulationsexperimente. Der Anwender muß sich überlegen, wie viele Perioden simuliert werden sollen, wie viele Laufwiederholungen notwendig sind, welche Parameter während eines Simulationslaufes vaiieren werden usw. Die Beantwortung dieser Fragen erfordert insbesondere Kenntnisse auf dem Gebiet der theoretischen Statistik und Erfahrungen aus vorigen Simulationsprojekten, die leider nicht immer vorhanden sind.

10. Richtige Interpretation der Simulationsergebnisse. Die Ergebnisse der Simulation sind statistische Werte einer Stichprobe. Alle Randbedingungen und Vereinfachungen des Modells müssen berücksichtigt werden.

11. Gute Dokumentation der Simulationsstudie - bei der Simulation werden sehr viele Experimente mit unterschiedlichen Modellvarianten, Randbedingungen und Modellparametern durchgeführt. Es ist deshalb notwendig, alle Simulationsschritte ausführlich zu dokumentieren. Das ist insbesondere für die spätere Anwendung des Simulationsmodells, aber auch für die richtige Interpretation der Simulationsergebnisse wichtig.

4.3 Vorteile, Nachteile und Grenzen der Simulationstechnik

Die wichtigsten Argumente für die Simulationstechnik und ihre Hauptvorteile können wir mit den folgenden Punkten zusammenfassen:

- Mit Hilfe der Simulation steigen Entscheidungsqualität und -sicherheit (Sicherung der Funktionalität und Beseitigung der Überdimensionierung von Systemkomponenten). Simulation hilft gleichzeitig, wichtige Entscheidungen schneller zu finden. Stunden, Tage, Monate oder Jahre dauernde Prozesse können in einigen Minuten realitätsnah simuliert werden. So kann die erforderliche Genauigkeit bei relativ niedrigen Kosten erreicht werden.

Während der Systemmodellierung entsteht ein Schulungsaspekt - die Projektteilnehmer müssen die Gesetzmäßigkeiten exakt analysieren und beschreiben, und das Simulationsmodell entdeckt oftmals neue, unerwartete Zusammenhänge zwischen Systemkomponenten und ermöglicht Testen neuartiger Maßnahmen. Simulation bringt also auch den Zwang zur systematischen Analyse und sorgfältigen Planung, sie ist aber kein Ersatz für Planung.

- Die Aufwendungen für Simulationsstudien sind relativ niedrig (ca. unter 1 % der Investitionssumme und unter 10 % der Planungskosten).

- Simulation ist ein geeignetes Werkzeug bei der Beurteilung von unterschiedlichen Lösungsvarianten, wobei verschiedene Grenzleistungsuntersuchungen, Abschätzung von stochastischen Einflüssen und Sensitivitätsanalysen durchgeführt werden können. Ein Experimentator kann mit verschiedenen   Faktoren experimentieren. Er kann so feststellen, welche von diesen Faktoren wichtig sind, und anhand solcher Feststellungen kann er dann entscheiden, welche Faktoren (und welche Werte der Faktoren) die besten sind.

- Zwang zur Kooperation - ein exaktes Simulationsmodell erfordert tiefe Kenntnisse über das modellierte Problem. Diese Tatsache erfordert die regelmäßige Zusammenarbeit zwischen dem Experimentator und dem Projektant, Manager oder anderen Spezialisten. Simulation erfordert also eine Projektorganisation des Planungsprozesses bei dem das Problem aus mehreren Blickwinkeln betrachtet wird. Damit steigt die Qualität der Lösung. Die neuen Trends der schlanken Produktion (Lean Production) erfordern Konzepte der Gruppenarbeit und der simultanen Entwicklung (Simultaneous Engineering). Die Simulationstechnik stellt dabei ein ideales Hilfsmittel. Simulation entdeckt eventuelle Denkfehler und unterstützt eine fach- und organisationsübergreifende Zusammenarbeit und Kreativität in der Projektgruppe (siehe Abb. 39) wesentlich.

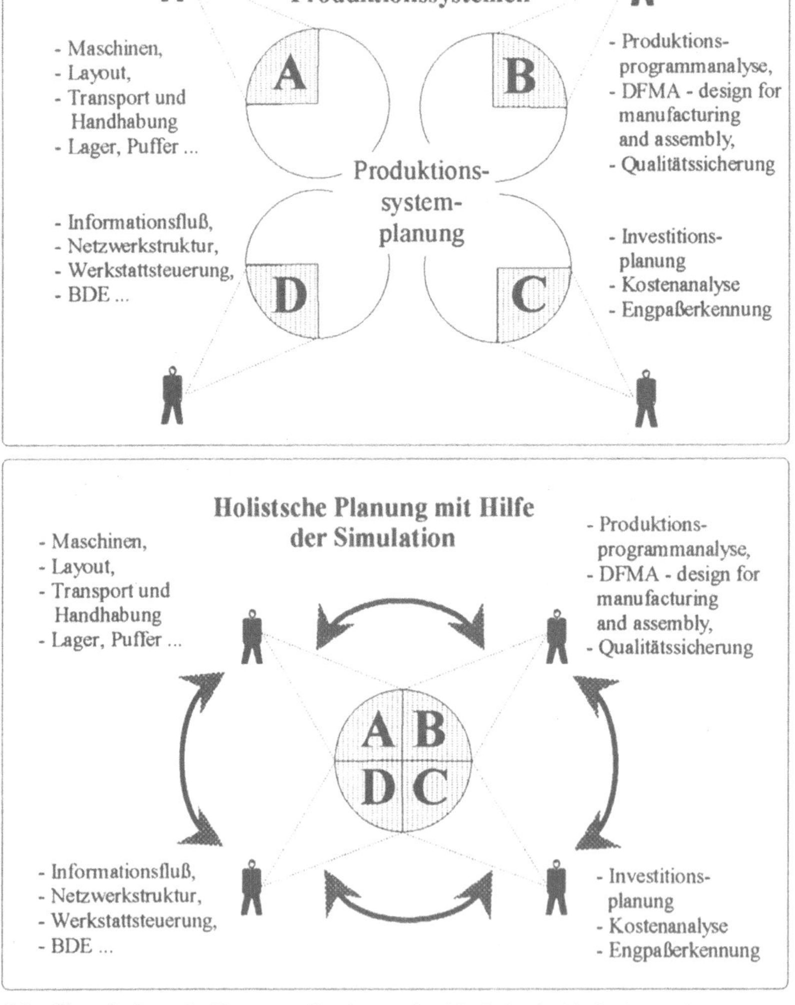

Abb. 39.: Simulation als Kommunikationsmittel bei der holistischen Planung von Produktionssystemen

Die Hauptvorteile der simultanen Entwicklung werden in Abb. 40 dargestellt.

- Breites Anwendungsgebiet der Simulation - Simulation ist relativ einfach einsetzbar für sehr viele Problemtypen. Gleichzeitig kann man komplexere Systeme in Modelle fassen als dies bei Anwendung analytischer Lösungsverfahren möglich ist. Somit kann man auf Besonderheiten des Problems besser eingehen und parallel dazu auch einen Überblick über alle Systemzusammenhänge übersichtlich darstellen. Die Simulation ist wesentlich flexibler als auch universeller einsatzfähig als analytische Modelle.

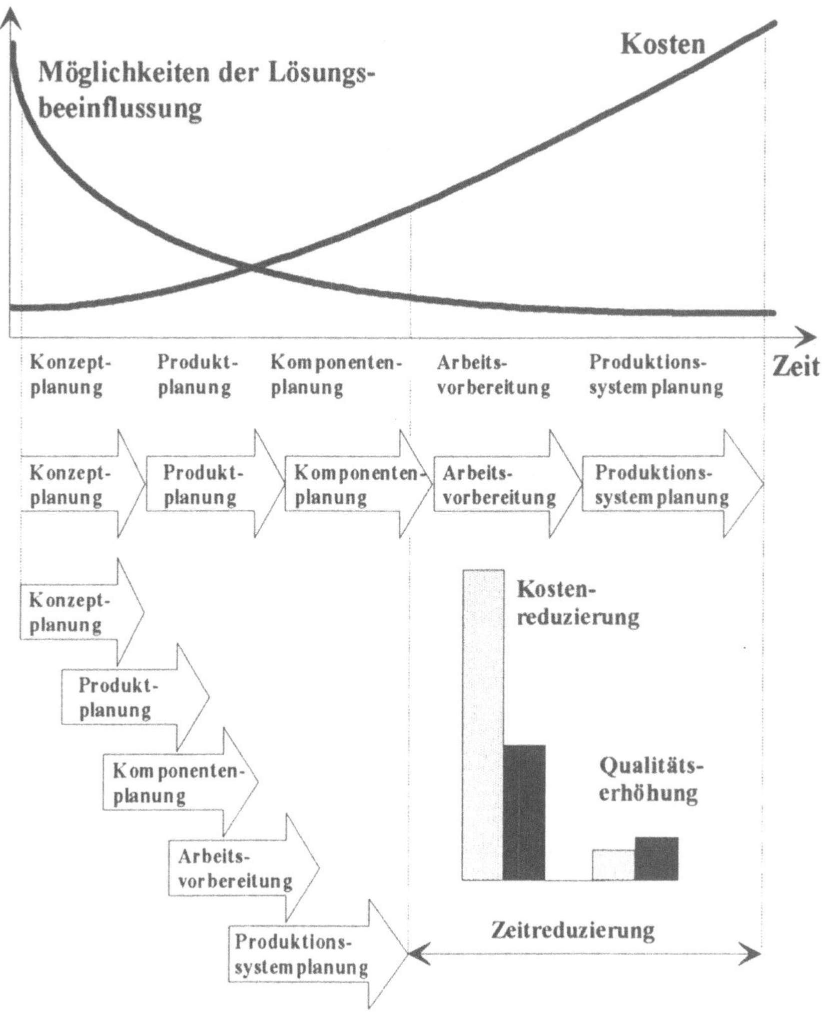

Abb.40.: Hauptvorteile der Simultanen Entwicklung

Zu den wichtigsten Nachteilen der Simulation gehören:

- Große Zeitansprüche für die Modellbildung, Datenerfassung und -vorbereitung. Die Zeitansprüche für die Modellbildung kann man reduzieren durch wählen eines geeigneten Detaillierungsgrades und eines geeigneten Simulationswerkzeuges. Gegenwärtige Simulationssysteme sind oftmals noch nicht vollständig mit den betrieblichen Informationssystemen integrierbar. Die Integration mit dem Umfeld ermöglicht automatische Übertragung von großen Datenvolumen aus den Datenbanken (z.B. Produktionsaufträge und ihre Arbeitspläne) und ihre statistische Aufbereitung (z.B. Störungshäufigkeiten aus einem Betriebsdatenerfassungssystem - BDE).

- Es gibt viele "Wegwerfmodelle". Problemspezifische Modelle werden nur selten bei der Lösung der verwandter Probleme angewandt.

- Die Simulation kann nicht eine optimale Lösung gewährleisten. Das Ergebnis hängt relativ stark von der Erfahrung der Benutzer ab. Die Verfahren zur Optimierung von Simulationsexperimenten sind noch nicht sehr verbreitet (z.B. Perturbation Analyse, Genetische Algorithmen).

- Oftmals sehr problematische Verifizierung und Validierung eines Simulationsmodells und schwierige Bestimmung der Vertrauensbereiche der Aussagen aus der Simulation. Informationen, die die Simulationsergebnisse enthalten, stellen in der Regel nicht die Lösung selbst dar, sondern dienen nur als Testkriterium für die Varianten, welche vom Analytiker entwickelt wurden.

- Das Aufstellen und Betreiben von Simulationsmodellen kann hohe Rechenkosten mit sich bringen.

Simulation stößt auf ihre Grenzen vor allem in den folgenden Fällen:

- Bei zu kurzer Projektdauer und bei Zeitdruck.
- Bei sehr großen Systemen, bei einer großen Anzahl ständig wechselnder Parameter- Kombinationen und bei vielen sich überlagernden zufälligen Einflüssen (große Rechenzeiten).
- Bei unsicheren Eingabedaten.

5

Simulation von Produktionssystemen

"Wir bleiben in einer Vielfalt von Lösungen, deren Charakteristik darin liegt, daß sie angepaßt sind und durch Dynamik, also ständige interne und externe Innovationen, in der turbulenter werdenden Umwelt sicherstellen, daß wir `Fabriken mit Zukunft` haben" (H.J.Warnecke)

5.1 Ein Produktionssystem als Objekt der Modellierung

In den vorhergehenden Teilen wurden die Teilsysteme und die Komponenten eines Produktionssystems kurz charakterisiert. In diesem Abschnitt wird ein Produktionssystem aus der Sicht der Simulation ausführlich beschreiben.

Bei der Abbildung eines Produktionssystems in einem Modell spielen die folgenden Teilsysteme eine wichtige Rolle:

1. Bearbeitungs- bzw. Montagesystem - alle Einrichtungen, die am Produkt eine Operation durchführen (Maschinen, Werkzeuge, Vorrichtungen, Prüfmittel).

2. Materialflußsystem - alle Einrichtungen, die als Fördermittel oder Förderhilfsmittel zum Lagern, Speichern, Transportieren, Bereitstellen und Handhaben von Werkstücken, Werkzeugen, Spannzeugen, Meßzeugen, Spänen und Hilfstoffen notwendig sind [114] (Fahrzeuge, Verkettungseinrichtungen, Paletten, Aufnahmeelemente, Industrieroboter, Greifer usw.)

3. Informationssystem - alle Einrichtungen, die zum Speichern, Verwalten, Bearbeiten, Versenden und Empfangen von Daten bzw. Informationen zur Abwicklung des Fertigungsablaufs notwendig sind. [114] (Rechner, Datenträger, Terminals, Übertragungseinrichtungen, Steuerungs-, Überwachungs- und Dispositionsprogramme).

Aus der Sicht der Modellierung ist es sinnvoll, die **Elemente** dieser drei Teilsysteme weiter in drei Kategorien gliedern:

- **dynamische Elemente**, die sich im Zeitablauf durch das Modell bewegen und dadurch Zustandsänderungen des Systems auslösen.

- **stationäre Elemente**, die im Kontakt mit dynamischen Elementen, bestimmte Aktivitäten ausführen.

- **Schnittstellenlemente**, die den dynamischen Elementen die Verbindung mit der Umwelt ermöglichen.

Die allgemeine Modellstruktur eines Produktionssystems ist in Abb. 41 dargestellt. Die Grundstruktur ist jedoch noch sehr grob. Um die Struktur der Modelle genauer darstellen zu können, sind weitere Unterscheidungskriterien für die Elemente erforderlich.

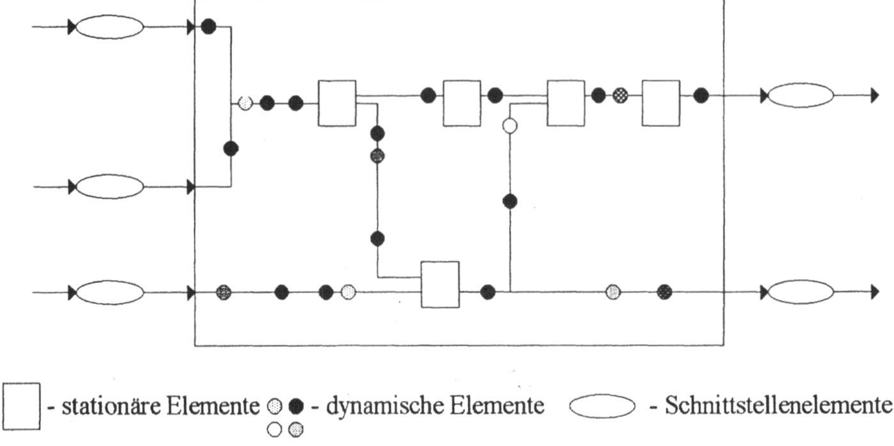

Abb. 41.: Allgemeine Modellstruktur eines Produktionssystems

Nach den Funktionen, die die Elemente im Produktionsprozeß erfüllen, lassen sich diese drei Kategorien weiter gliedern, wie in Abb. 42 dargestellt wird.

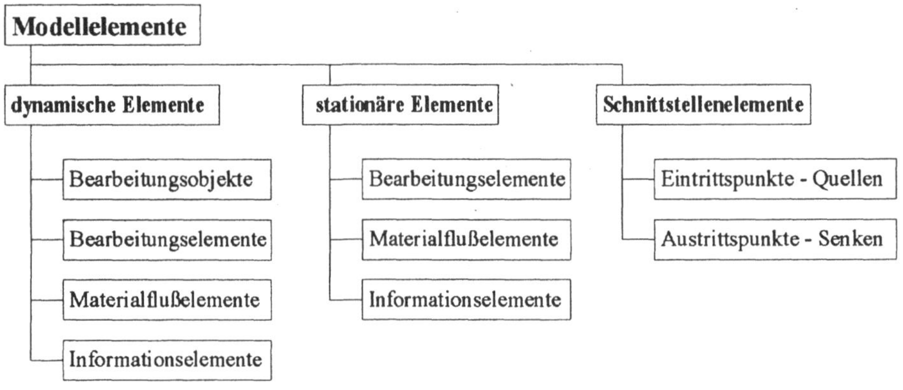

Abb. 42.: Modellelemente eines Produktionssystems

5.1.1 Dynamische Modellelemente

Die **Bearbeitungsobjekte** (Aufträge, Produkte, Werkstücke) bestimmen die Dynamik des Modells, denn erst durch den Kontakt mit den Bearbeitungsobjekten werden die anderen Modellelemente aktiviert. Die Bearbeitungsobjekte selbst sind passiv und an ihnen führen alle anderen Elemente ihre Funktionen durch.

Die **dynamischen Bearbeitungselemente** sind z.B. die beweglichen Elemente eines Bearbeitungssystems, deren Funktionen den Zustand der Bearbeitungsobjekte verändern.

Mit Hilfe der **dynamischen Materialflußelemente** werden die Bearbeitungsobjekte zwischen den stationären Elementen transportiert.

Die **dynamischen Informationselemente** bewegen sich im Modell, starten bestimmte Ereignisse, halten sich in anderen Informationsflußelementen auf, können erzeugt, vernichtet und kopiert werden.

Eine Zusammenfassung der dynamischen Modellelemente ist in Abb. 43 abgebildet.

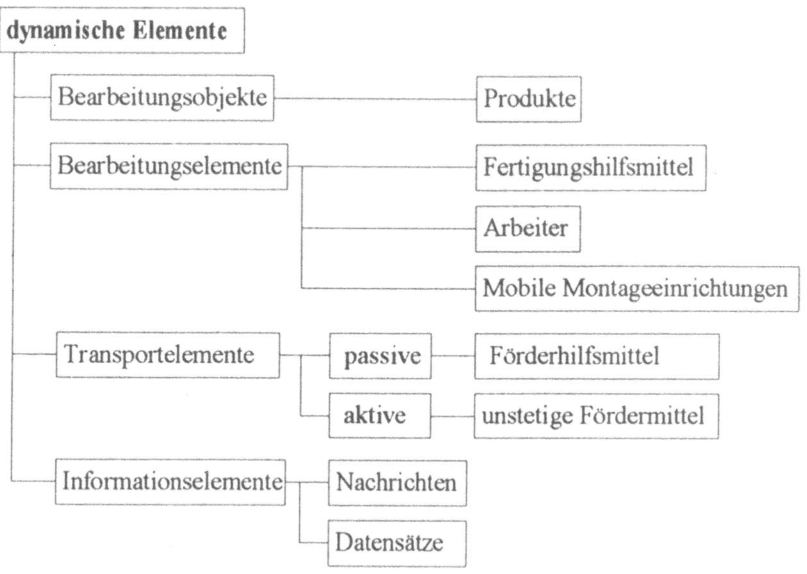

Abb. 43.: Dynamische Modellelemente

Alle Modellelemente sind durch unterschiedliche Parameter charakterisiert, die weiter kurz dargestellt werden.

Produkt	Name:
Priorität:	Freie Attribute:
Länge:	- Arbeitsplan - Auftragsliste
Menge:	- . . .

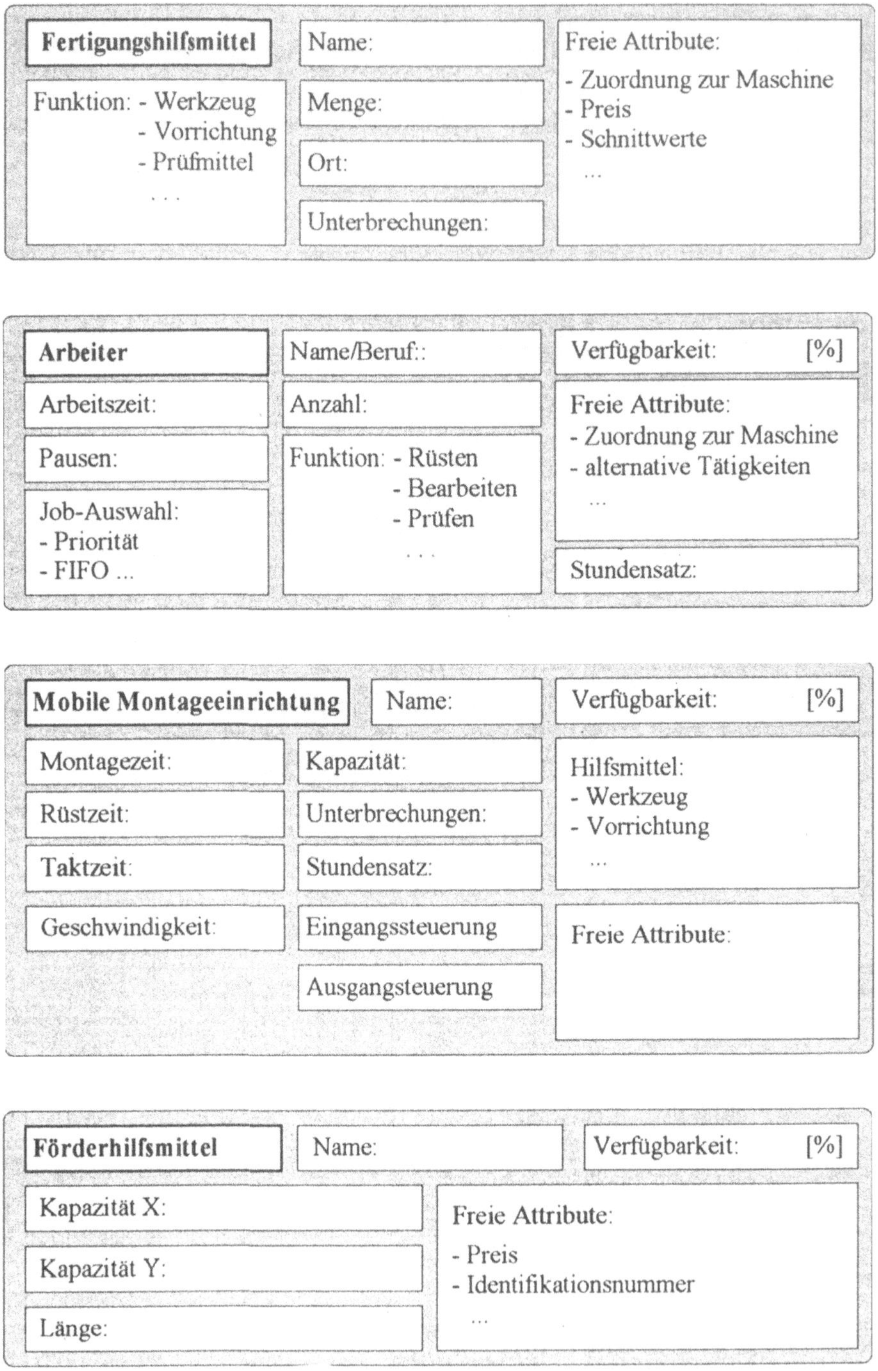

Fertigungshilfsmittel
Funktion: - Werkzeug
- Vorrichtung
- Prüfmittel
. . .
Name:
Menge:
Ort:
Unterbrechungen:
Freie Attribute:
- Zuordnung zur Maschine
- Preis
- Schnittwerte
...

Arbeiter
Arbeitszeit:
Pausen:
Job-Auswahl:
- Priorität
- FIFO ...
Name/Beruf::
Anzahl:
Funktion: - Rüsten
- Bearbeiten
- Prüfen
. . .
Verfügbarkeit: [%]
Freie Attribute:
- Zuordnung zur Maschine
- alternative Tätigkeiten
...
Stundensatz:

Mobile Montageeinrichtung
Montagezeit:
Rüstzeit:
Taktzeit:
Geschwindigkeit:
Name:
Kapazität:
Unterbrechungen:
Stundensatz:
Eingangssteuerung
Ausgangsteuerung
Verfügbarkeit: [%]
Hilfsmittel:
- Werkzeug
- Vorrichtung
...
Freie Attribute:

Förderhilfsmittel
Kapazität X:
Kapazität Y:
Länge:
Name:
Verfügbarkeit: [%]
Freie Attribute:
- Preis
- Identifikationsnummer
...

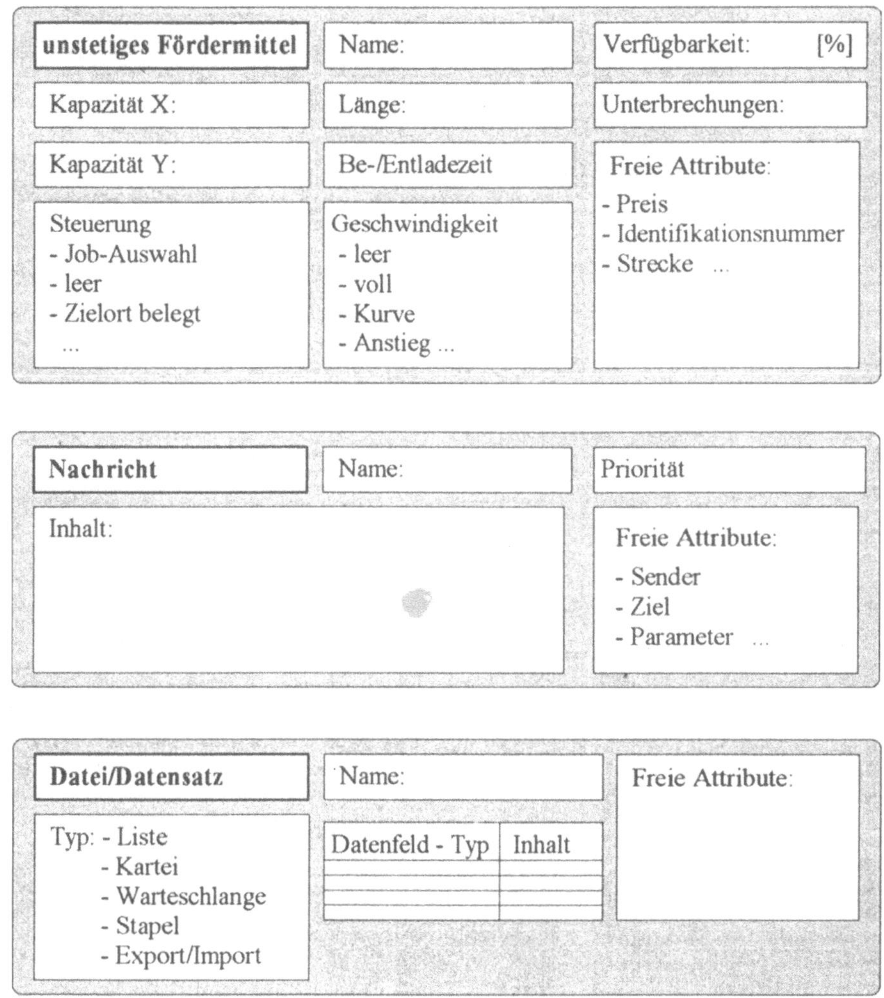

5.1.2 Stationäre Modellelemente

Die wichtigsten stationären Elemente sind in Abb. 44 dargestellt.

Die **stationären Bearbeitungselemente** nehmen die Bearbeitungsobjekte auf, verändern ihren Zustand und geben die Objekte wieder an das Modell ab.

Die **stationären Materialflußelemente** befördern die Bearbeitungsobjekte (Fördermittel) oder nehmen sie für eine unbestimmte Zeit auf, wobei ihr Zustand nicht verändert wird (Lager, Puffer, Magazin). Eine weitere Funktion der stationären Materialflußelemente ist die räumliche Verbindung zwischen unterschiedlichen Modellelementen (Transportwege), Verteilung der Objekte an mehrere nachgeordnete Elemente oder ihre Zusammenführung aus mehreren vorgeordneten Elementen (Verteil- und Zusammenführpunkte).

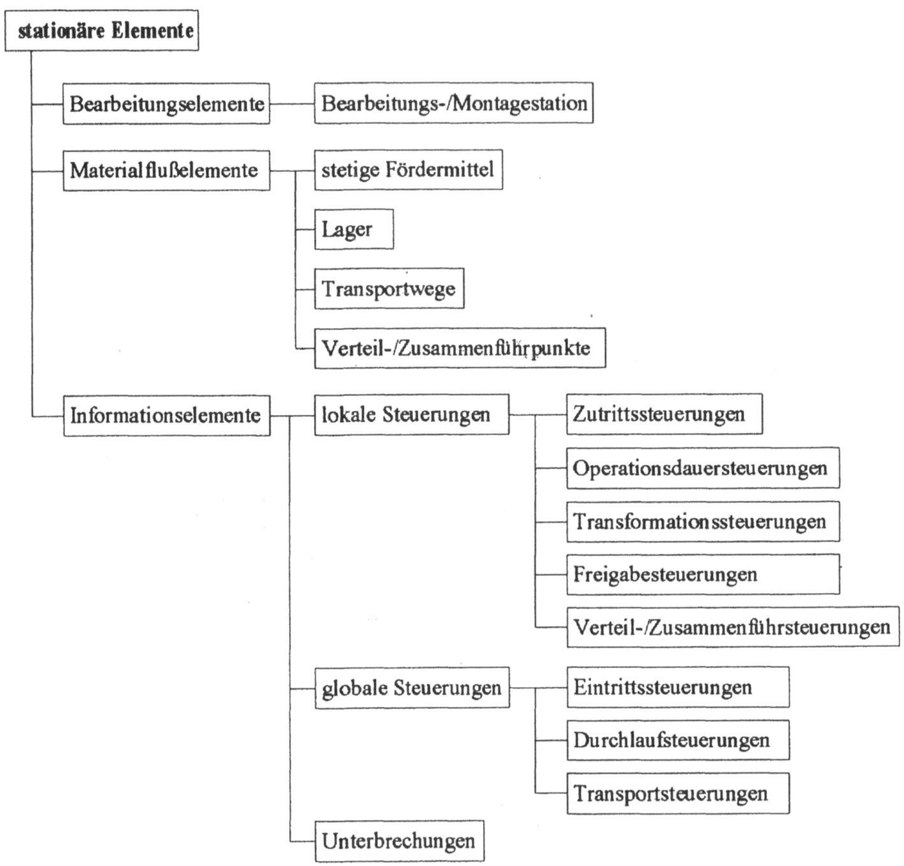

Abb. 44.: Stationäre Modellelemente

Die **lokalen Steuerungen** steuern den Prozeßablauf in den einzelnen Modellelementen. Zu den lokalen Steuerungen gehören:

Zutrittssteuerungen - sie bestimmen unter welchen Bedingungen ein Objekt die Funktion eines Modellelementes in Anspruch nehmen darf (z.B. Vorschriften für Benutzung eines Fahrzeuges).

Operationsdauersteuerungen - sie beschreiben den Zeitablauf einer Operation in den Bearbeitungs-, Materialfluß oder Informationsflußelementen.

Transformationssteuerungen - sie beschreiben nach welchen Kriterien ein Objekt in einem Bearbeitungselement in ein neues Objekt umgewandelt wird.

Freigabesteuerungen - sie geben die Bedingungen an, unter welchen ein Objekt ein Modellelement wieder verlassen darf.

Verteil-/Zusammenführsteuerungen - sie definieren die Verteil- oder Zusammenführstrategien für die Verteil- oder Zusammenführpunkte des Materialflusses.

Die **globalen Steuerungen**, bestimmen den ganzen Durchlauf der Bearbeitungsobjekte durch das Modell und bilden die Logik der Fertigungssteuerung ab.

Die wichtigsten globalen Steuerungen sind:

Eintrittssteuerungen - sie beschreiben die Bedingungen des erstmaligen Eintreten eines Objektes im Modell (z.B. belastungsorientierte Auftragsfreigabe, engpaßorientierte Auftragsfreigabe, Kanban oder ein Produktionsplan mit vorbestimmten Ankunftszeiten).

Durchlaufsteuerungen - sie bestimmen die Bewegung der Objekte von einem stationären Modellelement zum nächsten (z.B. ein Arbeitsplan).

Transportsteuerungen - sie definieren die Funktionen der zentralen Steuerung eines Transportsystems (z.B. Verwaltung der Transportaufträge, Bestellung eines Fahrzeuges, Auswahl der Transportstrecke, Auswahl einer Transportaufgabe aus der Liste usw.).

Die Unterbrechungen - sie aktivieren geplante (z.B. Werkzeugwechsel, Pausen, Reparaturen) oder ungeplante Unterbrechungen (zufällige Störungen) in der Arbeit der Modellelemente.

Bearbeitungs-/Montagestation	Name:	Verfügbarkeit: [%]
Montagezeit:	Kapazität:	Hilfsmittel:
Rüstzeit:	Unterbrechungen:	- Werkzeug - Vorrichtung
Taktzeit:	Stundensatz:	...
Operation: - Eingänge - Ausgänge	Eingangssteuerung Ausgangsteuerung	Freie Attribute: - Priorität ...

Stetiges Fördermittel	Name:	Verfügbarkeit: [%]
Geschwindigkeit:	Kapazität:	Eingangssteuerung
Taktzeit:	Unterbrechungen:	Ausgangsteuerung
Länge:	Stundensatz:	Freie Attribute:
staufähig ? (j/n):	Pulk:	

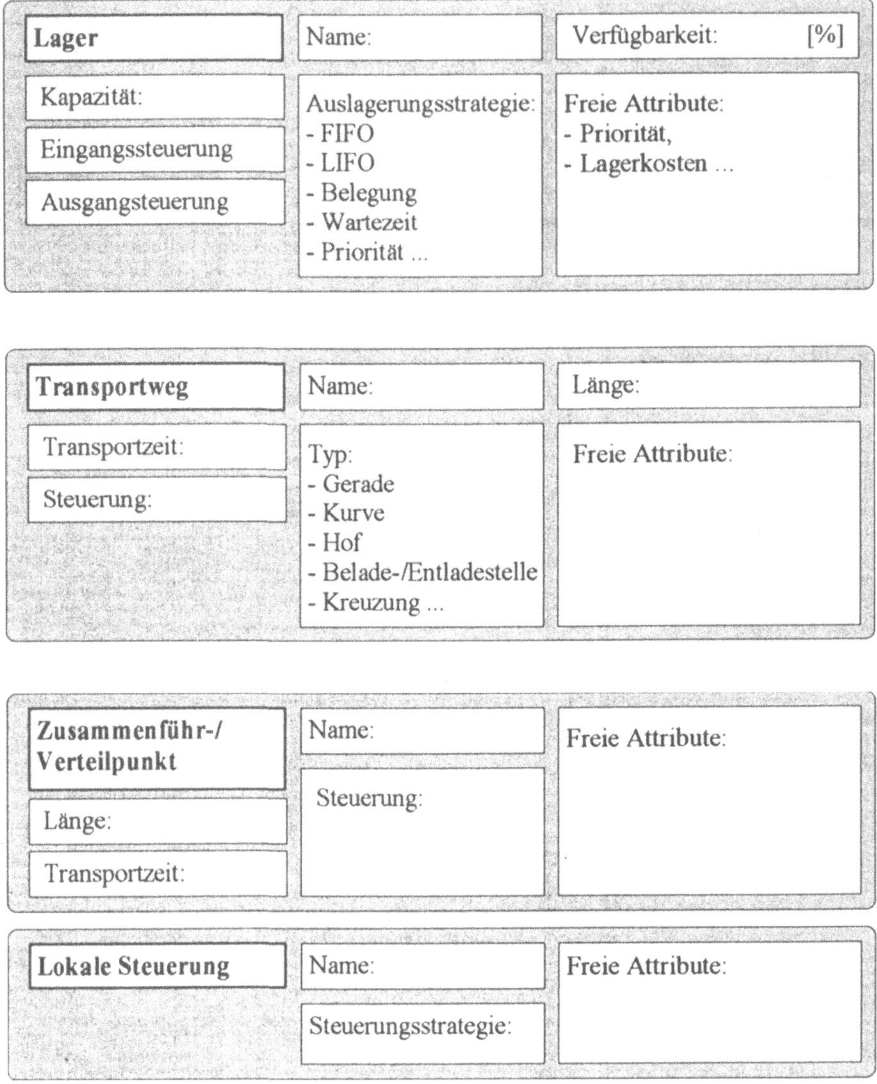

Die wichtigsten lokalen Steuerungen für die Verteil- bzw. Zusammenführpunkte sind:

- getaktete Steuerung,
- Priorität der Modellelemente,
- Priorität von Objekttypen,
- prozentuale Steuerung,
- Steuerung nach der Belegung der Modellbausteine.
- zielgerichtete Steuerung,
- zufällige Steuerung,
- Steuerung nach der Entfernung der Modellelemente,

- Steuerung nach der Wartezeit der Objekte,
- Steuerung nach der Anzahl der Objekte,
- Steuerung nach der Durchlaufzeit der Objekte,
- Steuerung nach der Rüstzeit der Objekte.

Globale Steuerungen werden gewöhnlich in der Form von speziellen Programmen geschrieben. Eine Ausnahme stellen die Durchlaufsteuerungen mit den Arbeitsplänen, die tabellarisch dargestellt werden können, dar.

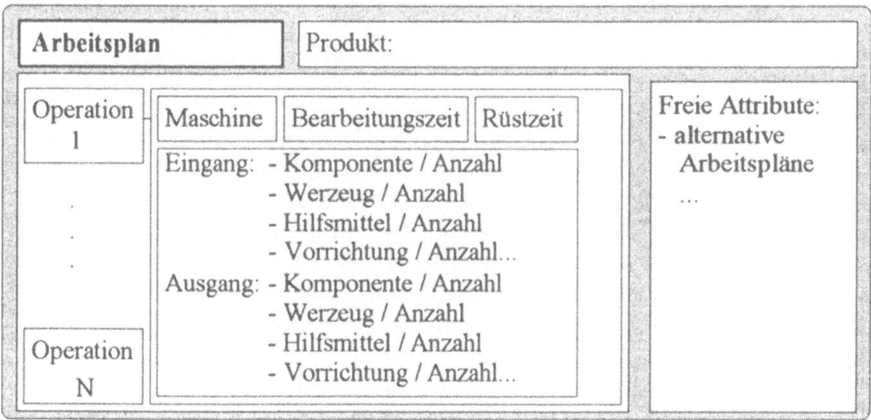

Die Parameter und die Form der Darstellung von einzelnen Modellelementen hängen auch mit dem Simulationswerkzeug und seinen Abbildungsmöglichkeiten zusammen.

Die angeführten Grundelemente der Simulationsmodelle von Produktionssystemen können weiter auf sehr unterschiedliche Ausführungsformen aufgegliedert werden (z.B. Palettierer, Querverschiebewagen, Ein-/Ausschleuser, Schwenkband, Drehtisch, FTS, Elektrohängebahn, Power-and-Free-System, Förderkreis, usw.). Diese speziellen Elemente gehören aber meistens nicht zu den Grundbausteinen der Simulationssysteme und sie werden als anwendungspezifische Bausteinbibliotheken entwickelt. Diese Bausteine können auch aus den angeführten Grundelementen kombiniert werden.

Die häufigsten Darstellungsformen der Steuerungen in den Simulationsmodellen sind:

1. Mathematische Funktionen und statistische Verteilungen. Sie werden vor allem bei Zeitangaben wie z.B. Operationszeit, Zwischenankunftszeit, Intervall zwischen zwei Störungen u.a. verwendet.

2. Steuerungsprogramme - sie werden z.B. bei globalen Steuerungen oder Verteil- bzw. Zusammenführsteuerungen verwendet.

3. Entscheidungstabellen - sie werden z.B. bei lokalen Steuerungen angewandt.

Beispiel:

Eine Engpaßmaschine MC200 bestimmt den Durchsatz der Produktion. Um maximale Auslastung und Ausstoß der Maschine zu erreichen, wurde vor der Maschine ein Puffer eingerichtet. Der Eintritt der Objekte ins Modell wird aufgrund der Pufferbelegung gesteuert. Wegen der Reduzierung der Bestände und der Wartezeiten im Puffer wird seine Belastungsschranke auf 5 Paletten beschränkt. Das Steuerungsprogramm kontrolliert die Pufferbelegung und wenn diese kleiner fünf ist, wird in der Quelle ein neues Werkstück generiert und an die nachfolgende Maschine umgelagert.

Ein einfaches Steuerungsprogramm für die Auftragsfreigabe im Simulationssystem Simple++ ist:

```
do
    if  MC200.vg(1) .AnzahlBEs ≥ 5 or Quelle.nf(1) .voll
        then
            print "Puffer voll - keine Aktion";
        else
            .Werkstueck.erzeugen(Quelle);
            .Quelle.Inhalt.umlagern(Quelle.nf(1));
    end;
end;
```

Die Darstellung dieses Pogramms mit Hilfe einer Entscheidungstabelle ist folgendermaßen:

Bedingungen (WENN)		J	J	N	N	Bedienungs-anzeiger
	● Vorgänger(MC200).Inhalt ≥ 5 ?	J	J	N	N	
	● Nachfolger(Quelle).voll ?	J	N	J	N	
Aktionen (DANN)	Erzeugen.Quelle.Werkstueck				●	Aktions-anzeiger
	Umlagern von Quelle nach Nachfolger(Quelle)					
	Keine Aktion	●	●	●		

5.1.3 Schnittstellelemente

Durch die **Quellen** treten Objekte in des System ein. Die Aktivierung der Quelle geschieht über eine definierte Generierungsstrategie.

Quelle	Name:	Priorität:

Objektname:	Objekttyp:
	- Einzelstück
	- Los
	  - konstant
	  - variabel
		Generierungsstrategie:
		- Takt - konstant
		- Takt - zufällig
		- Produktionsplan
		  - Auftrag/Objekt
		  - Freigabezeit
		- Menge

Anzahl der Objekte:		
erster Eintritt:		
letzter Eintritt:	freie Attribute	

In der **Senke** werden die Objekte aus dem System ausgeschleust.

Senke	Name:	freie Attribute:
Takt:	Priorität:	

5.1.4 Integrationseffekte in Produktionssystemen

In heutigen Produktionssystemen sind viele hoch automatisierte Betriebsmittel integriert. Sie werden mit Hilfe von einfachen Berechnungen dimensioniert:

$$K_j = \frac{N_1Q_1 + N_1Q_2 + \ldots + N_nQ_n}{ZF}$$

wobei:

K_j - Anzahl der Betriebsmittel der Art j.

N_i ist die effektive Zeit, die den Einsatz der Betriebsmittel der Art j zur Bearbeitung der Produkte 1,2...n erfordert (Bearbeitungszeit + Rüstzeit/Losgröße).

Q_i ist das Produktionsvolumen des Produktes i.

ZF_j - verfügbarer Zeitfonds der Betriebsmittel der Art j (grobe, theoretische Kapazität des Betriebsmittels).

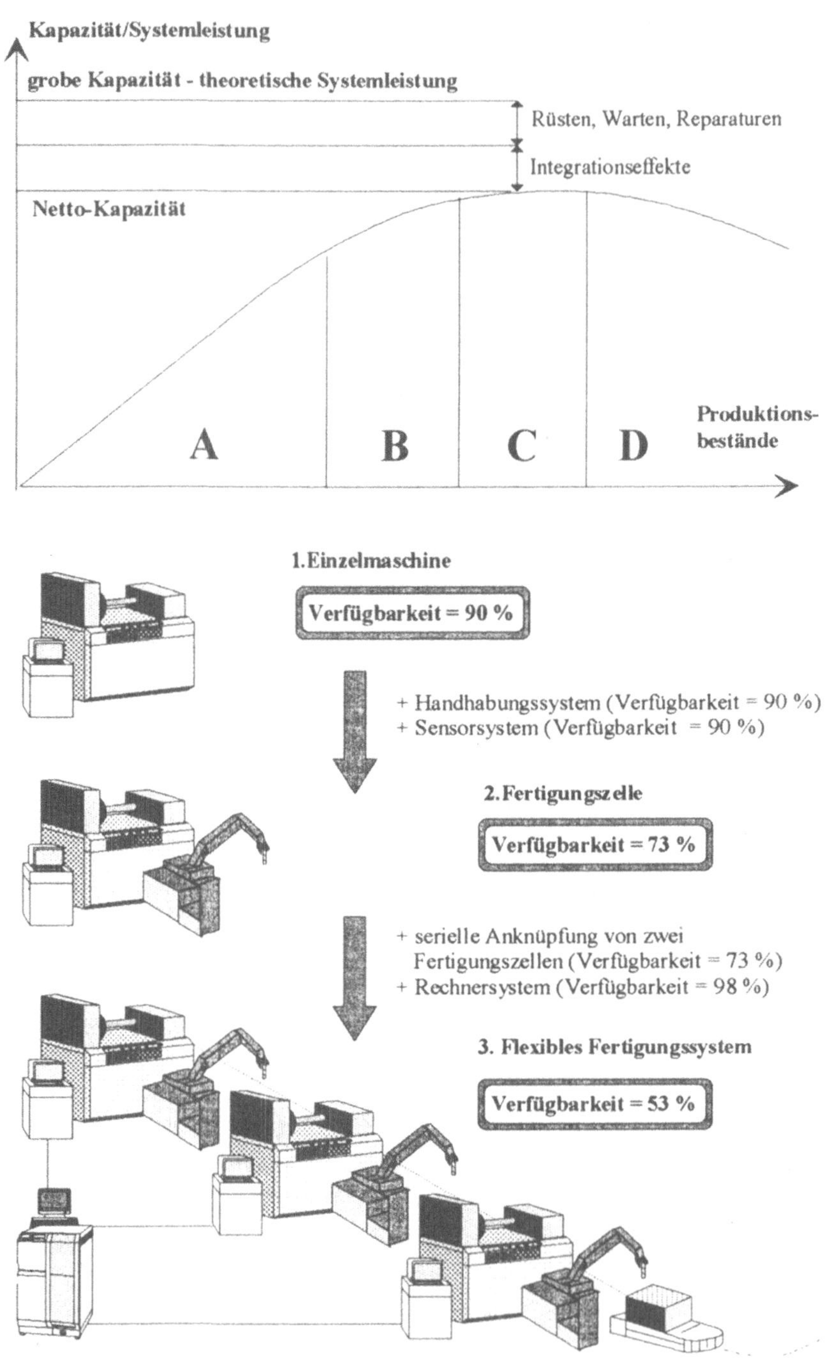

Abb. 45.: WIPAC-Kurve und Integrationseffekt

Dieser statische Blick auf die Produktionskapazität ignoriert aber die Integrationseffekte in der Produktion d.h. die Tatsache, daß die Verfügbarkeiten einzelner Betriebsmittel sich miteinander beeinflussen (siehe Abb.45).

Dieses Bild zeigt aber auch ein anderes Problem - das Dilemma des Produktionsablaufes.

Die WIPAC-Kurve (Work In Process Against Capacity [76]) stellt die Beziehung zwischen der Produktionsleistung (und Kapazität) und der Höhe der Bestände in der Produktion dar.

Der erste Teil der WIPAC-Kurve zeigt die lineare Abhängigkeit zwischen den Beständen und der Systemleistung. Die Durchlaufzeit ist in diesem Teil konstant oder steigt nur gering.

In dem Teil B beginnt eine Krümmung der Kurve - d.h. die Bestände steigen schneller als die Leistung und gleichzeitig steigen auch die Durchlaufzeiten und ihre Streuung.

In dem Teil C endet die Leistungssteigerung, wobei Bestände und die Durchlaufzeiten weiter steigen.

Der letzte Teil der WIPAC Kurve stellt eine Situation, die die Fertigungsdispatcher oftmals ignorieren dar - hohe Bestände und Systemüberlastung, nicht kontrollierbare Durchlaufzeiten und sinkende Produktionsleistung.

Die WIPAC-Kurve ist eine einfache, aber sehr anschauliche Charakteristik, des Produktionsablaufes und kann analytisch mit der Warteschlangentheorie oder experimentell mit Hilfe der Simulation erstellt wird.

Ein Produktionssystem kann also in zwei Extremen arbeiten (siehe Abb. 46).

1. Bei hoher Auslastung der Systemkomponenten, aber gleichzeitig bei hohen Beständen, langen Durchlaufzeiten, breiter Terminstreuung und mangelnder Flexibilität (Blockierungseffekt).

2. Mit zwar kurzen Durchlaufzeiten, aber mit niedriger Systemauslastung (Integrationseffekt).

Der erste Fall führt zu komplizierten Produktionssteuerungen und zu hohen Bestände und Überproduktion. Termine werden oftmals nicht eingehalten, es werden falsche Aufträge zur falschen Zeit produziert. Trotz der hohen Systemauslastung wird oftmals dadurch auch der Systemoutput herabgesetzt.

Der zweite Fall führt zu niedriger Produktionseffizienz (Abschreibungsrate) sowie auch zu niedriger Produktivität.

Die traditionelle Planung- und Steuerungswerkzeuge von Produktionssystemen (statische Kapazitätsberechnungen, klassische MRP-Systeme) sind aber nicht in der Lage, den Produktionsablauf in den günstigen Abschnitten der WIPAC-Kurve zu halten oder einen "optimalen" Kompromiß zwischen den zwei Extremen zu finden. Simulation ist dabei oftmals die einzige Lösungsalternative. Eine andere Darstellung dieses Problems bilden die bekannten Charakteristiken des Produktionsablaufes von Prof.Wiendahl [152]. Sie zeigen auch einen weiteren Aspekt dieses Dilemmas - die Tatsache, daß die maximale Wertschöpfung nicht der maximalen Systemauslastung entspricht (Abb. 47).

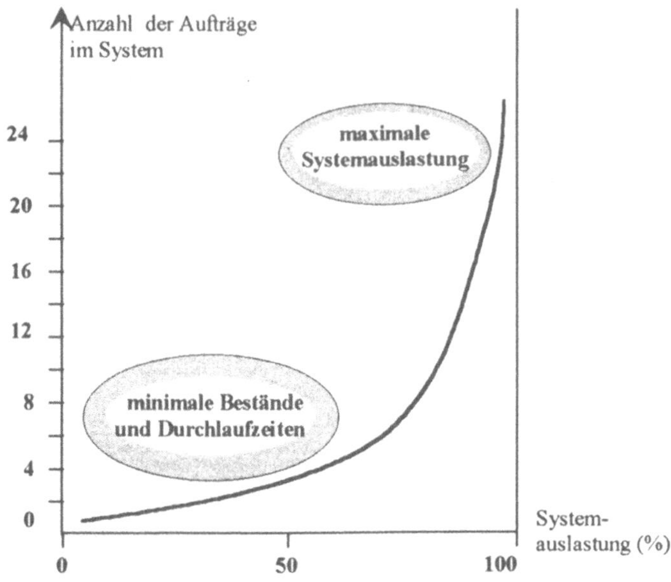

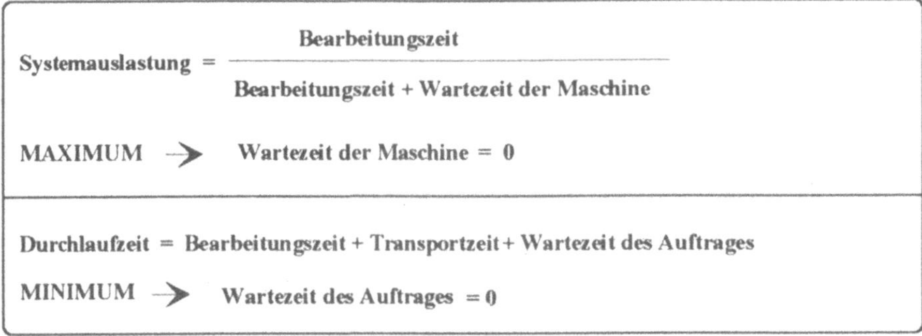

Abb. 46.: Zwei Extreme im Betrieb eines Produktionssystems

Neben des Integrationseffektes und der dynamischen Beziehungen zwischen den Beständen, der Durchlaufzeiten, der Leistung und der Systemauslastung in der Produktion, beeinflussen noch zwei weitere Phänomene die Produktionscharakteristiken stark.

Das sind die

- stochastischen Verzögerungsketten und

- parallele Prozesse und ihre Koordination (Abb. 48).

Wenn mindestens zwei Tätigkeiten nacheinander ausgeführt werden, dann redet man von seriellen Prozessen. Sind diese Tätigkeiten stochastisch und verkettet (das darauffolgende Ereignis hängt von den vorhergehenden ab), so entstehen stochastische Verzögerungsketten oder stochastisch abhängige Ereignisse.

Bei parallelen Prozessen werden mindestens zwei Tätigkeiten gleichzeitig ausgeführt. Haben diese etwas miteinander zu tun, so entsteht i.a. die Notwendigkeit einer Koordination der Prozesse.

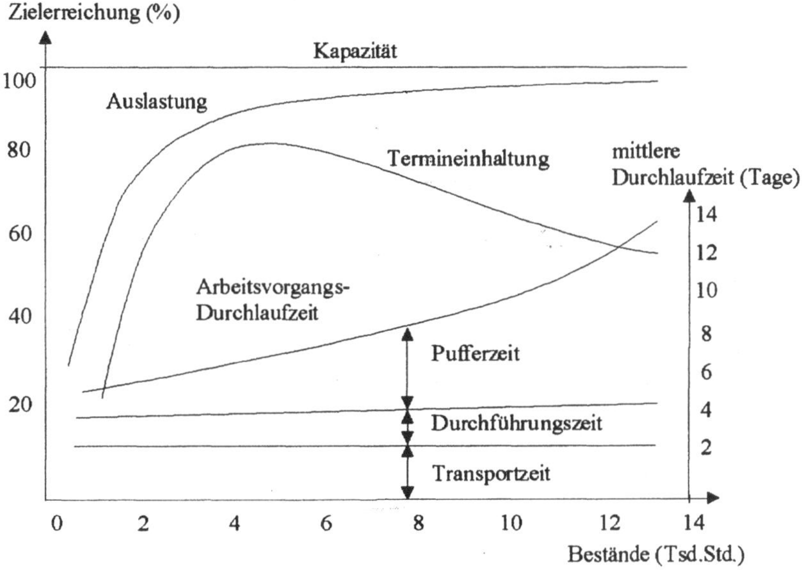

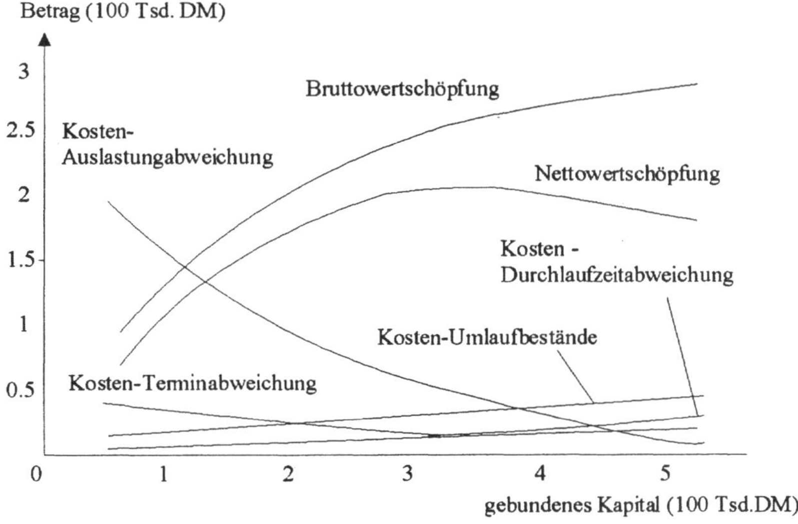

Abb. 47.: Produktionscharakteristiken nach Prof.Wiendahl [152]

Stochastische Verzögerungsketten serieller Prozesse

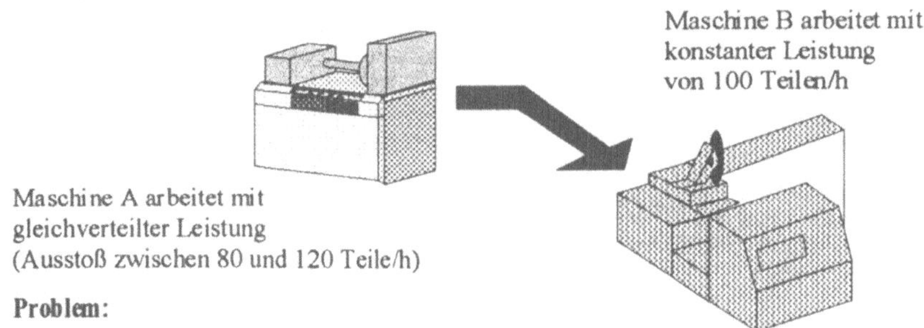

Problem:

Um 18 Uhr sollen 500 Teile fertig sein. A und B können um 12 Uhr
mit der Arbeit beginnen. Beide Maschinen haben noch keine Teile
dieses Typs vorbereitet oder in Arbeit. Wird das Soll erfüllt ?

Ergebnis

Zeit [h]	12-13	13-14	14-15	15-16	16-17	17-18
Maschine A [Stck]	100	100	**80**	100	120	0
Maschine B [Stck]	0	100	100	**80**	100	100
Systemausstoß [Stck]	0	100	200	**280**	380	**480**

Koordination paralleler Prozesse

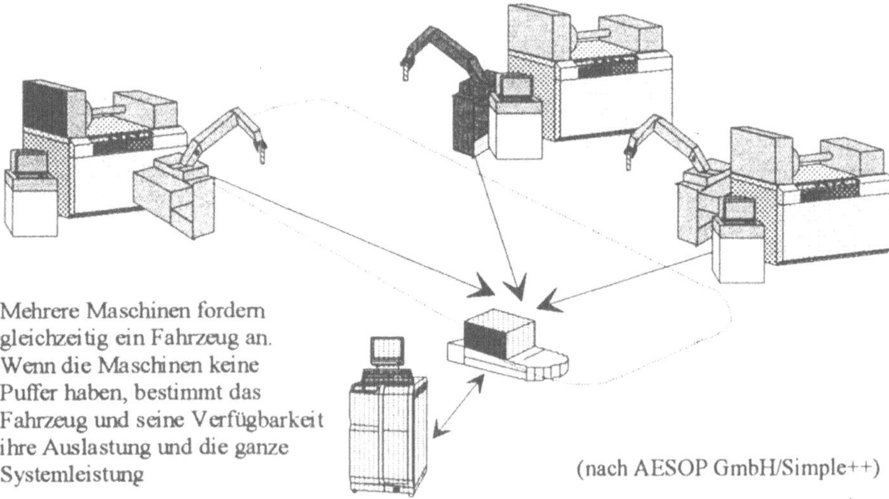

Abb. 48.: Stochastische Verzögerungsketten und parallele Prozesse und ihre
Koordination (nach AESOP)

Stochastische Verzögerungsketten serieller Prozesse (z.B. Maschinenausfälle,
Schwankungen in der Arbeitsleistung usw.) und parallele Prozesse (z.B. mehrere

Maschinen fordern gleichzeitig ein Fahrzeug an) senken die Systemleistung weiter und verkomplizieren die dynamische, sich ständig ändernde Situation in der Produktion.

Diese zwei Probleme bei der Simulation von Produktionssystemen sind sehr wichtig und ein Simulationssystem muß geeignete Instrumente zur Verfügung haben, um diese typischen Situationen der Produktion abzubilden.

5.2 Analyse und Planung von Produktionssystemen mit Hilfe der Simulation

Seit mehreren Jahren gehört die Simulationstechnik zu den unentbehrlichen Instrumenten im Rahmen der Fabrikplanung (Neuplanung, Erweiterungsplanung, Umstellungsplanung). Reiche [115] definiert die Simulation als Qualitätsbarometer der Fabrikplanung. In der Planungsphase dient diese Technik vor allem dazu, das dynamische Systemverhalten zu analysieren und genauere Planungsaussagen vor der Realisierung zu ermitteln. In der Realisierungs- und Betriebsphase kann die Simulation helfen, bestehende Systeme besser zu analysieren, Engpässe zu entdecken und Verbesserungsmaßnahmen zu testen.

Zu den aktuellen Problemen der Anwendung der Simulation in der Planung von Produktionssystemen gehören:

*** Datenerfassung und -aufbereitung.**

In der Planungsphase fehlen sehr viele Eingabedaten, die für eine erfolgreiche Simulationsstudie notwendig sind (z.B. Produktionsplan, Steuerungen) bzw. ihre Form ist nicht geeignet für die Abbildung in einem Simulationsmodell (Störungen der Anlagen, Verfügbarkeit u.a.). Ein Simulationsmodell erfordert aber auch ein sehr großes Volumen der Eingabedaten (Arbeitspläne, Operationen usw. - siehe Abb. 49), deren Aktualisierung sehr zeit- und kostenintensiv sein kann. Eine Lösung dieses Problems stellt die Integration der Simulation mit den Informationssystemen im Unternehmen dar, die eine automatische Übertragung und Vorbereitung der Eingabedaten ermöglicht.

*** Anforderungen an die Integration der Simulation mit der Fabrikplanung.**

Es handelt sich um zwei Integrationsprobleme (siehe Abb. 50):

- Integration der Fabrikplanung mit der Umgebung (PPS, Arbeitsplanung, CAD),

- Integration der Simulation mit den Werkzeugen für einzelne Aufgaben der Fabrikplanung (Systemdimensionierung, Blocklayoutplanung, CAD-Layoutplanung, usw.).

Die Integration ermöglicht nicht nur die schnelle Datenaktualisierung und ihre gemeinsame Verwendung in der ganzen Planungskette, sondern auch die schnelle Variantenbildung und ihre Auswertung.

Die Verknüpfung des Simulationsmodells mit den wichtigsten Datenquellen erlaubt aber auch den Einsatz der Simulation schon in den ersten Planungsphasen. Die nachträgliche Simulation, die nur die Planungsergebnisse "kontrolliert", führt häufig zu einer Umplanung, zu zusätzlichen Kosten aber auch zur Ablehnung dieser Technik aus der Seite der Planer, die sich bedroht fühlen können.

Moderne Simulationssysteme sind integrationsfähig und können unterschiedliche Datenformate importieren oder exportieren (z.B. SQL, IGES, DXF u.a.). Bei der Integration handelt es sich nicht nur um die Übertragung der numerischen Daten ins Modell, sondern auch um die Möglichkeit der automatischen Erstellung eines analytischen Modells aus dem Layoutplan oder eines groben Simulationsmodells analog zur analytischen Modellierung. Das CAD-Feinlayout kann man z.B. als Grundlage für die Animation verwenden.

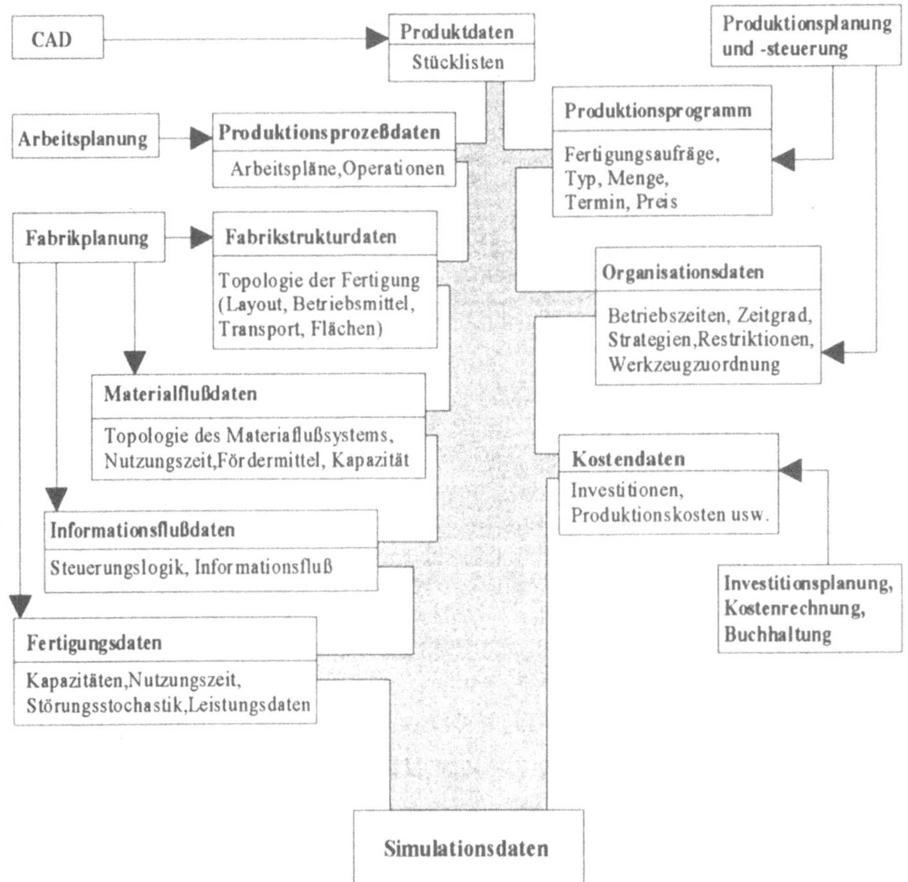

Abb. 49.: Simulationsdaten und ihre Quellen

* Neue Anforderungen an heutige Simulationssysteme.

Die traditionellen Simulationswerkzeuge sind vor allem für die Abbildung der Komponenten des Materialflüsses konzipiert. Bei der Planung von automatisierten

Produktionssystemen entstehen aber immer mehr auch Probleme der Modellierung des Informationsflusses, der Steuerungslogik bzw. der Produktionskosten.

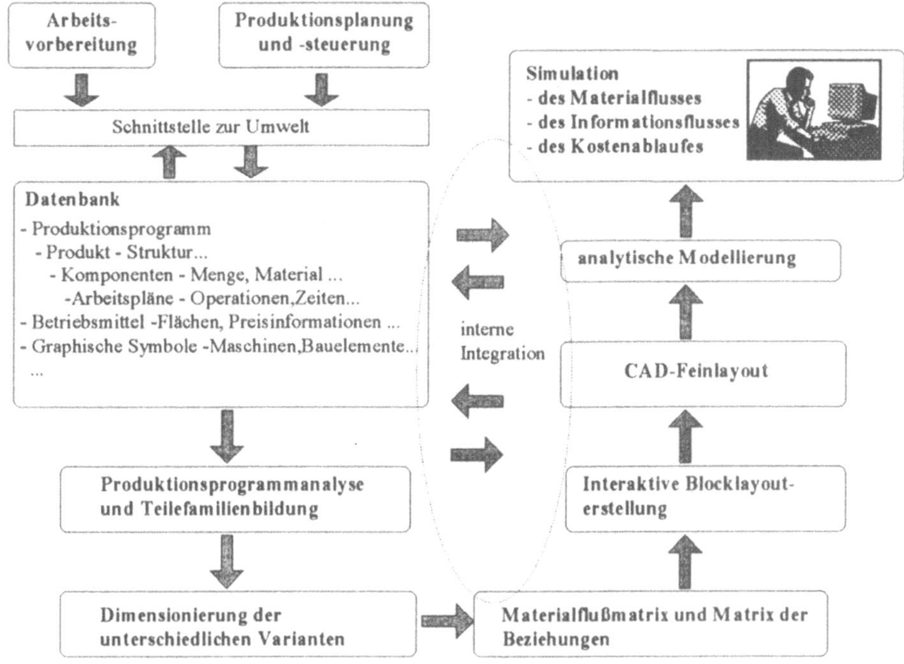

Abb. 50.: Integration der Simulation in die Fabrikplanung

*** Schrittweise Modellentwicklung**.

Das Simulationswerkzeug muß eine schrittweise Modellentwicklung und Steigerung seines Detaillierungsgrades nach dem Planungsfortschritt und der Datenqualität erlauben. Diese Eigenschaften besitzen vor allem die neuen, objektorientierten Simulationssysteme, die eine hierarchische, erweiterbare Modellstruktur haben und die mehrfache Modellanwendung in verschiedenen Planungsphasen ermöglichen. Ein solches Simulationsmodell ist nicht nur ein Planungswerkzeug, sondern ein Werkzeug, das das Produktionssystem über seine ganze Lebenszeit begleitet.

Eine geeignete Zwischenstufe zwischen den statischen Kapazitätsberechnungen und dem detaillierten Simulationsmodell stellen die speziellen analytischen Modelle dar. Mit diesen Verfahren wird eine Grobabschätzung über die Systembelastung und den zu erwartenden Durchsatz geschaffen. Dadurch können die Engpässe sowie auch das grobe dynamische Systemverhalten schon vor der Simulation erkannt werden. Tempelmeier [145] beschreibt folgende wichtigste analytische Modelle zur Leistungsanalyse von Produktionssystemen:

1. Klassische geschlossene Warteschlangenmodelle. Das klassische Modell eines geschlossenen Warteschlangennetzwerks (Closed Queuing Network Model - CQN-

Model) arbeitet mit konstanter Anzahl von Aufträgen (bzw. Werkstücke oder Werkstückträger) im System. Dieses Verfahren ist unter dem Namen CAN-Q [132] bekannt und Modifikationen davon wurden auch in den Systemen MVAQ [139], FFS-EVAL [145] verwendet. Dieses Modell benützt unter anderem Vereinfachungen wie unendliche Warteräume, die Blockierungen zwischen Stationen eliminieren, FIFO Wartedisziplin, exponentielle Verteilung der Bearbeitungszeiten, gemeinsame Warteschlangen für mehrere ersetzende Betriebsmittel.

2. Modelle für die Produktionssysteme mit begrenzten lokalen Puffern. Diese Modelle erlauben im Gegensatz zu den klassischen CQN Modellen auch die Abbildung von begrenzten Puffern, die verschiedene Formen der Blockierungen zwischen Maschinen verursachen. Diese Blockierungen, die in realen Produktionssystemen häufig auftreten, beeinflussen die ganze Systemleistung wesentlich.

3. Modelle für Produktionssysteme mit Berücksichtigung von Maschinenausfällen. Beide obengenannten Ansätze gehen davon aus, daß alle Komponenten des Produktionssystems mit einer technischen Verfügbarkeit von 100% arbeiten. Die analytischen Modelle, die die Störungen einzelner oder mehrerer Systemkomponenten berücksichtigen, werden in der Literatur durch zwei Ansätze repräsentiert [145]:

- Modelle mit Modifikationen der mittleren Bearbeitungszeiten der Werkstücke um Störungszeiten,

- Einführung von Reparaturaufträgen, die mit höchster Priorität an den Stationen bearbeitet werden.

*** Ständige Analyse des Produktionsprozesses, Entdeckung und Eliminierung von Engpässen in der Produktion, und kontinuierlicher Verbesserungsprozeß (KVP, Kaizen, OIP - Ongoing Improvement Process).**

Genauso wie man ein Produkt in einem stetigen Innovationszyklus verbessern muß, erfordern auch Produktionssysteme und -prozesse eine kontinuierliche Betriebsanalyse, Verbesserungen der Funktionen und Vermeidung von unterschiedlichen Formen von Reibungsverluste in der Produktion. Typische Reibungsverluste in der Produktion zeigt die Abb. 51. K.Suzaki analysiert die Verschwendungen in der Produktion, unter denen er alle Tätigkeiten, die nicht zur Wertschöpfung des Produktes beitragen, versteht. Typische Produktionsverschwendungen nach Suzaki [142] sind in Abb. 52 dargestellt.

Bei dem Verbesserungsprozeß in der Produktion müssen vor allem folgende Fragen beantwortet werden:

1. Was soll mit der Verbesserung erreicht werden ?

2. Wie wird das Ergebnis der Verbesserung gemessen ?

3. Was soll man verbessern ?

4. Was kostet und was bringt die Verbesserung ?

4. Wie wird die Verbesserung durchgeführt ?

Das Ziel jeder Veränderung in der Produktion muß klar definiert sein. Es geht nicht um die selbstzweckmäßige Verbesserung der abstrakten Produktionskennzahlen, sondern immer um ein einziges Ziel eines produzierenden Unternehmens - **Geld zu verdienen, Gewinn zu machen**.

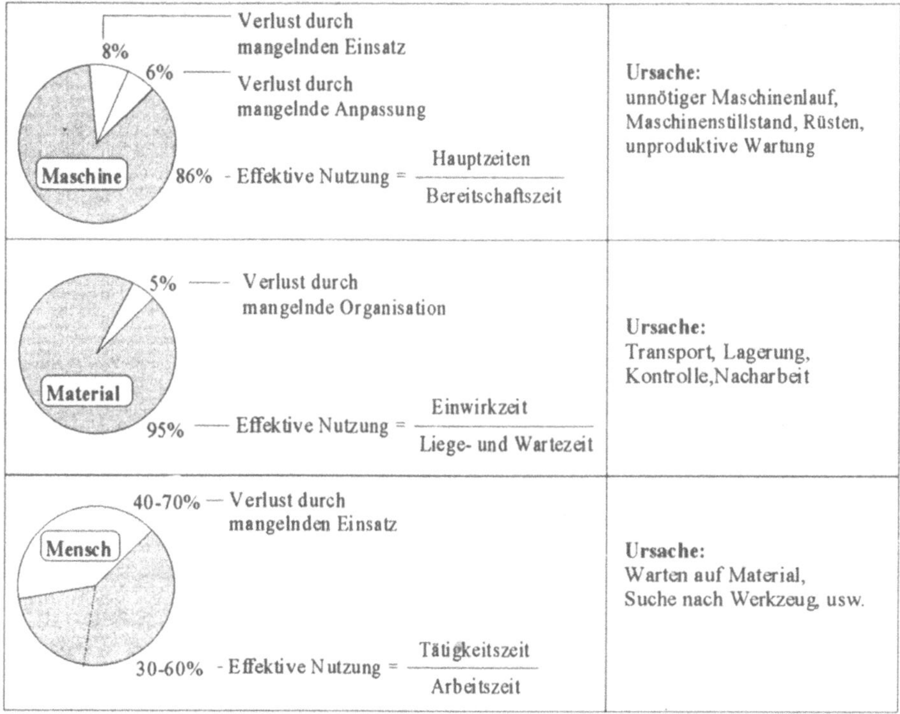

Abb. 51.: Nutzungsverluste der Ressourcen Maschine, Material und Mensch [86]

Dieses allgemeine Ziel, das für jede Veränderung in der Produktion als Zielkriterium gelten sollte, bestimmt auch die Kennzahlen, durch die die Effekte der Verbesserungsmaßnahmen gemessen werden. An der Produktionsebene sind das die Betriebskosten, der Durchsatz und die Bestände, die nach E.Goldratt [42] folgendermaßen definiert wurden:

Durchsatz ist die Geldmenge pro Zeiteinheit, die von dem System durch Verkäufe verdient wird.

Bestände ist alles Geld, das in das System für den Ankauf von Dingen investiert wurde, die zum Verkauf gedacht sind.

Betriebskosten sind all jenes Geld, das das System dafür ausgibt, Bestände in Durchsatz umzuwandeln.

Die Erreichung des obengenannten Zieles besteht also darin, die Betriebskosten zu senken, die Bestände zu reduzieren und gleichzeitig den Durchsatz zu erhöhen.

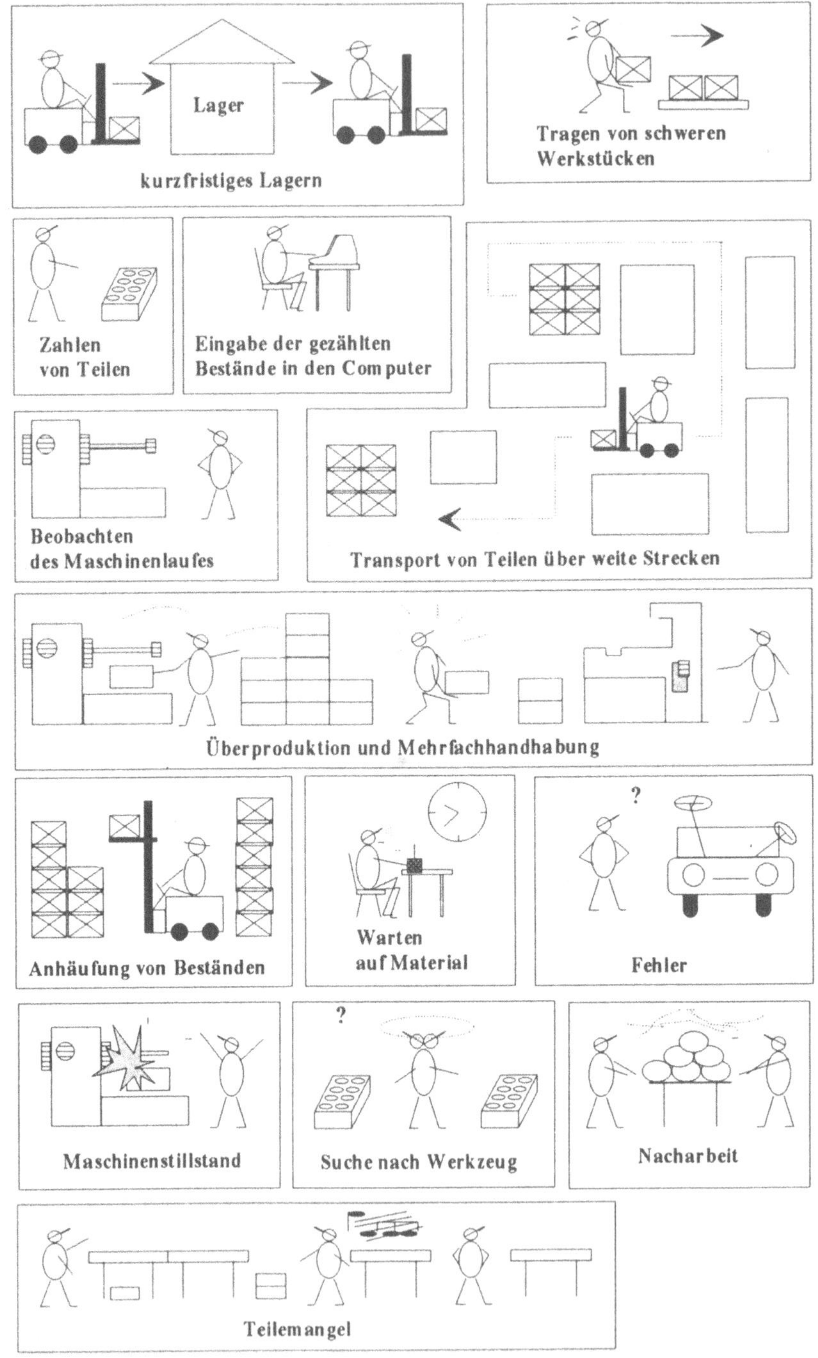

Abb. 52.: Typische Szenen und Verschwendungen in der Produktion [142]

Nach diesen Überlegungen kann die dritte Frage relativ einfach beantwortet sein: Die Verbesserungen müssen dort durchgeführt werden, wo der Durchsatz limitiert ist, und wo gleichzeitig hohe Bestände und Betriebskosten entstehen. Es müssen in der Produktion die Engpässe gesucht werden - d.h. die Produktionsbereiche, deren Verfügbarkeit gleich oder geringer ist als der darauf entfallende Bedarf (Arbeitsplätze mit unzureichender Kapazität, störanfällige Maschinen, Arbeitsplätze mit hohen Ausschußraten und Nacharbeit usw. - siehe auch die Abb. 53.).

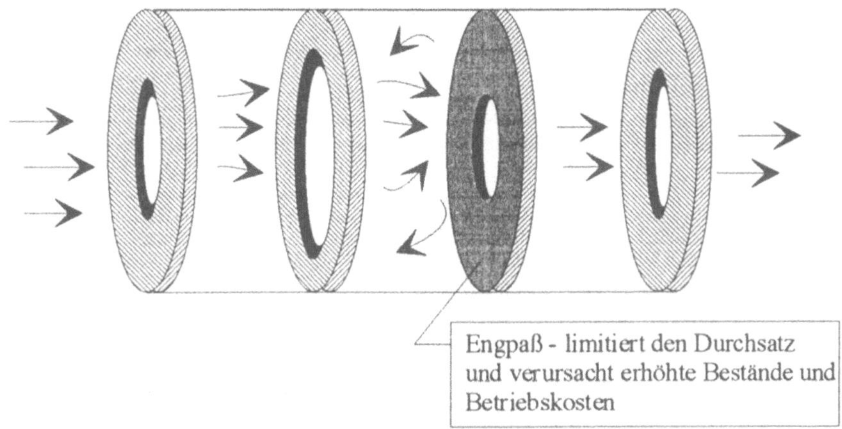

Abb. 53. Prinzipielle Darstellung der Engpässe in der Produktion

Verbesserungen in der Produktion müssen sich also auf die Engpässe orientieren, genauso sollen richtige Investitionen in die Engpaßbereiche investiert werden. Der Aufwand für Verbesserungen muß dabei natürlich kleiner als die dabei erzielten Effekte sein. Ein Beispiel der Auswertung von Verbesserungsmaßnahmen eines Produktionssystems mit Hilfe der Simulation wird in dem nächsten Teil beschrieben.

Die Vermeidung eines Engpasses in der Produktion bewirkt, daß ein neuer Engpaß an einer anderen Stelle erzeugt wird. Die Engpässe, die Bestände und Reibungsverluste bewegen sich und der Verbesserungsprozeß ist ein iterativer, kontinuierlicher Prozeß der Analyse und der Beseitigung der Engpässe in der Produktion (siehe Abb. 54).

Simulationsmodelle bieten sehr gute Unterstützung bei der Engpaßfindung bei unterschiedlichen Bedingungen (aktuelle Belastung der Produktion, aktuelle Aufträge), ihre Anwendung ist aber auch sehr sinnvoll bei der Überprüfung des Nutzens von verschiedenen Verbesserungsmaßnahmen.

Eine Zusammenfassung der wichtigsten Aufgaben der Simulation bei der Analyse und Planung von Produktionssystemen ist:

- dynamische Dimensionierung von Systemkomponenten,

- Funktionskontrolle und Vermeidung von Überdimensionierungen,

94

- schnelle Variantenbildung und -beurteilung,

- "Optimierung" des Material- und Informationsflusses,

- Testen von Steuerungsstrategien,

- Simulationsunterstützte Inbetriebnahme,

- Engpaßanalyse und kontinuierlicher Verbesserungsprozeß.

Bei der Gegenüberstellung von Simulationsprojekten mit dem gesamten jährlich zu planenden Volumen, hat sich ergeben [146], daß der Anteil der durch Simulation beeinflußbar ist, ca. 20% beträgt. Die erzielten Einsparungen der beeinflußbaren Investitionskosten liegen im Intervall von 2% bis 4% der Investitionen. Der Aufwand für Vorbereitung, Durchführung und Auswertung der Simulation kann mit einem Anteil von ca. 0,5% des durch Simulation beeinflußbaren Investitionsvolumes angesetzt werden.

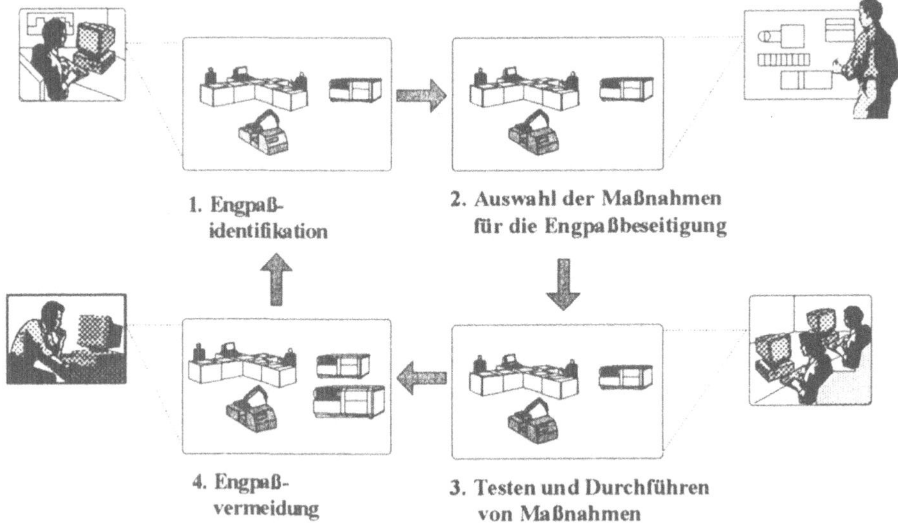

Abb. 54.: Kontinuierlicher Verbesserungsprozeß in der Produktion

Mehrere konkrete Ansätze der integrierten dynamischen Fabrikplanung wurden z.B. in [18], [19], [43], [64], [65] beschrieben.

5.3 Simulation als Instrument für die Produktionsplanung und -steuerung

Die Firmen, die in Zukunft konkurrenzfähig sein möchten, müssen neben den traditionellen Marktanforderungen, wie hohe Qualität und gutes Preis-Leistungsverhältnis, auch neue Bedingungen wie hohe Flexibilität, Variantenvielfalt und kurze Lieferzeiten erfüllen. Ein Produktionssystem muß sich kurz- und langfristig ständig ändernden Bedingungen anpassen. Gegenwärtige und zukünftige Situationen in der Produktion müssen in ihren dynamischen Zusammenhängen sehr schnell analysiert und gelöst werden.

Fertigungsprozesse sind heute nach B.D.Becker [11] gekennzeichnet durch:

- lange Durchlaufzeiten mit großen Schwankungsbreiten,

- hohe Rüstaufwände,

- hohe Bestände,

- ungleichmäßige Auslastung,

- geringe Flexibilität,

- geringe Übersichtlichkeit,

- ungenaue, asynchrone Kostenbestimmung,

- Fertigung prognostizierter Aufträge, deren Verkauf ungewiß ist,

- wiedersprechende Teilziele,

- Optimierung der Ressourcennutzung, statt der Produktherstellung,

- Glaubenskriege der Planer und Steuerer,

- schlechte Erkennbarkeit von Maßnahme und Wirkung.

Diese Probleme resultieren in enormen Verlusten. Die typische Bilanzstruktur von Unternehmen des Maschinenbaus verdeutlicht z.B., daß 30 bis 50 % des Kapitals in Form von Beständen gebunden ist. Mit den hohen Beständen und der hohen Arbeitsteilung hängen aber auch lange Durchlaufzeiten, Überlastung der Produktion, komplizierte Produktionsplanung und -steuerung zusammen. Herkömmliche Methoden und Werkzeuge für die Produktionsplanung und -steuerung (PPS) zeigen aber auch sehr viele Schwachstellen vor allem auf dem Gebiet der Zeitwirtschaft und Auftragsterminierung. Sie arbeiten oftmals isoliert vom realen Prozeß, verwenden falsche Planungsdaten und statische Berechnungsverfahren (z.B. konstante Durchlaufzeiten bei der Rücklaufterminierung oder Auftragsfreigabe). Diese teuren und schwerfälligen Monster können sich den Strukturen und Prozessen der Unternehmen nur mangelhaft anpassen, sie arbeiten häufig in veralteten, zentralisierten, funktionalen Organisationsstrukturen. Der Benutzer solcher Systeme beherrscht oftmals nicht das Steuerungsprinzip und ist degradiert zum Erfüllungsgehilfen des allmächtigen PPS-Systems.

Die Auswirkungen dieser Situation sind fehlerhafte Produktionspläne und Termine, Kapazitäten und Bestände, die außer Kontrolle sind.

Eine grundsätzliche Verbesserung ist durch den Einsatz der Simulationstechnik möglich. Innerhalb eines Planungszeitraums können im Rechner aktuelle Aufträge auf die im Simulationsmodell vorhandenen Ressourcen eingelastet werden. Durch systematisches Variieren von Kapazitäten und Reihenfolgen können die Aufträge, bei unmittelbarer Einsicht in die aktuelle Situation in der Produktion, realitätsnah disponiert werden. Diese Vorgehenweise unterstützt eine flexible und dezentrale Organisationsstruktur und nutzt die Erfahrungen, Intelligenz und Kreativität des Fertigungsplaners aus.

96

Untersuchungen haben ergeben, daß die Durchlaufzeiten stark streuen und die Liege-
und Transportzeiten (d.h."nicht-wertsteigernde" Zeiten) ca. 80-90% der gesamten
Durchlaufzeit ausmachen (siehe auch Abb. 51). Die Liege- und Transportzeiten
(Übergangszeiten) sind keine konstanten Größen sondern sind variabel und
abhängig vor allem von Anzahl der Aufträge in der Fertigung, Auftragsmix,
Abarbeitungsreihenfolge und Betriebsmittelverfügbarkeit. Die klassischen
Terminierungsverfahren, bei denen die dynamischen Zusammenhänge zwischen
Durchlaufzeiten, Auftragsmix, Ressourcen-Verfügbarkeit und anderen Komponenten
nicht exakt analysiert werden, verwenden fixe d.h. falsche Durchlaufzeiten und
verursachen mehrere Probleme (Abb. 55).

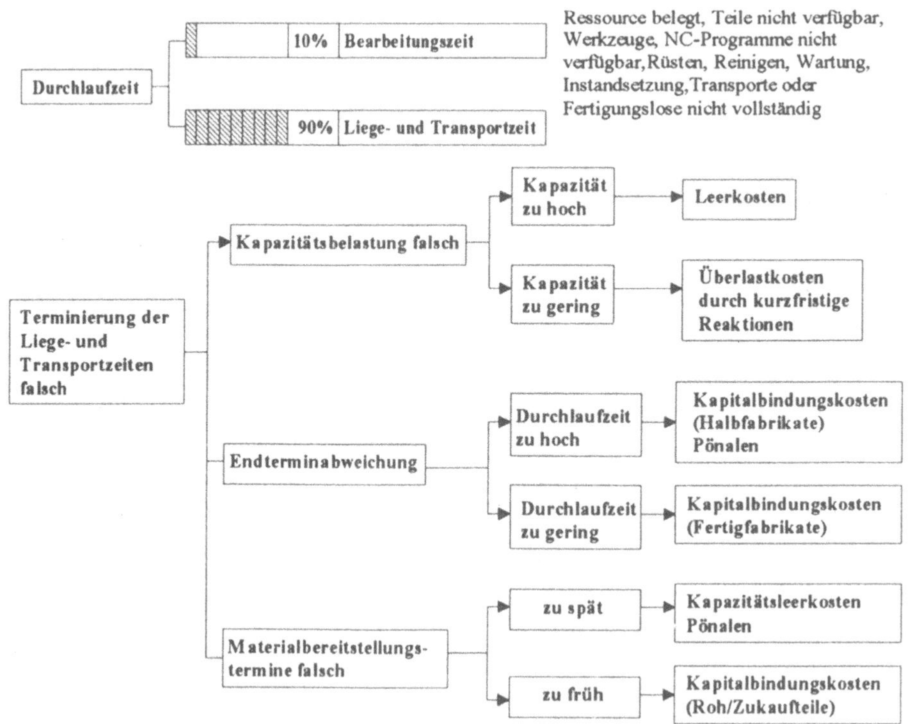

Abb. 55.: Auswirkungen der fehlerhaften Terminierung der Transport- und
Liegezeiten [95]

Ein neuer Ansatz zur Ergänzung und Verbesserung bestehender PPS-Systeme ist das
Total Capacity Management (TCM) nach A.A.B.Pritsker [95], [129].

TCM basiert auf zwei Fundamenten:

1. Management der Liegezeiten durch zeitdynamische Simulation (ZDS),

2. Integration der Bereiche

- Fabrikplanung,

- langfristige und mittelfristige Termin- und Kapazitätsplanung,
- Werkstattsteuerung (Leitstand).

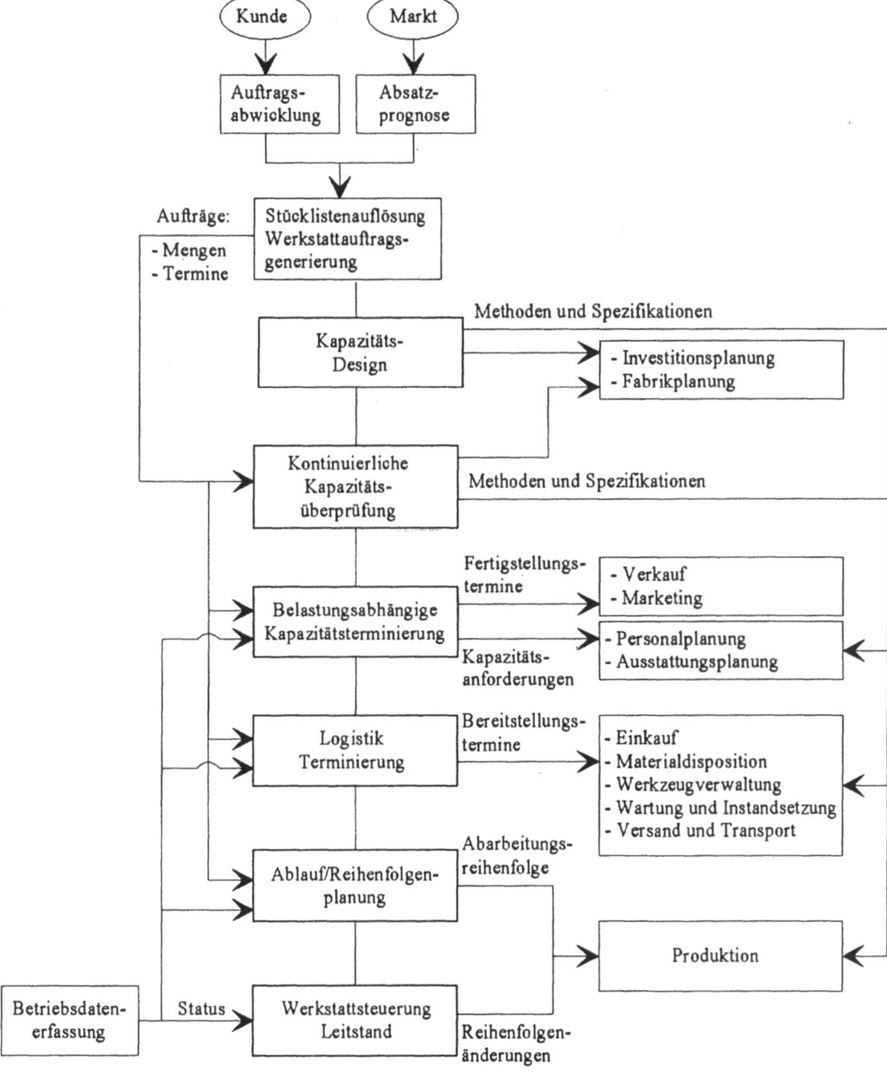

Abb. 56.: Einbettung des Total Capacity Management (TCM) in das betriebliche
Planungssystem

Die Struktur dieses Konzeptes ist in Abb. 56 dargestellt.
TCM beinhaltet sechs Funktionsblöcke [95]:

1. Kapazitäts-Design wird benötigt für die Planung von neuen, erweiterten oder modifizierten Kapazitäten.

2. Kontinuierliche Kapazitätsüberprüfung und -verbesserung wird durchgeführt, um die Effizienz bestehender Produktionsabläufe und Planungsmethoden zu erhöhen.

3. Belastungsabhängige Kapazitätsterminierung wird benutzt, um Kapazitätsverfügbarkeit und -belastung mit aktuellen und erwarteten Anforderungen zur Deckung zu bringen.

4. Logistikterminierung bestimmt die Termine, zu welchen Material, Werkzeuge, Vorrichtungen und andere Produktionshilfsmittel benötigt werden.

5. Ablauf/Reihenfolgenplanung (Feinplanung) wird eingesetzt, um genaue, durchsetzbare Vorgaben für die Produktion zu ermitteln durch Zuordnen von Aufträgen in einer speziellen Reihenfolge.

6. Leitstand - Diese Funktion wird gebraucht, um für die kurzfristige Reihenfolgenplanung die letzten verfügbaren Informationen zu berücksichtigen.

Zeitdynamische Simulation (ZDS) ist nach Schmidt-Weinmar und Ortmann [129] ein Verfahren, mit dem die Dynamik der Fertigung abgebildet werden kann und die Übergangszeiten nicht fixen Input darstellen, sondern beeinflußbaren Output. Mit Hilfe eines Modells der Fertigung wird simultane Termin- und Kapazitätsplanung durchgeführt. Der gesamte Fertigungsablauf wird für mehrere Tage oder Wochen im voraus simuliert unter Berücksichtigung begrenzter Ressourcen (Maschinen, Personal, Material, Werkzeuge, Vorrichtungen, Transportmittel) und gegebener technologischen Ablaufbedingungen (Arbeitspläne, Operationen). Somit wird es möglich, für unterschiedliche Steuerungsstrategien die Auswirkungen im Hinblick auf Durchlaufzeit, Kapazitätsauslastung, Termintreue und Bestände realitätsnah zu simulieren.

Dieses Verfahren ist sehr nutzvoll bei der Suche einer Lösung für folgende Fragestellungen:

* Kann ein Auftrag im Hinblick auf die aktuelle Kapazitätsbelastung und aktuelle Auftragsdisposition angenommen werden ?

* Wie müssen aktuelle Fertigungsaufträge neu umgeplant werden, wenn eine Maschine plötzlich ausfällt ?

* Um wieviel werden sich die anderen Aufträge durch den Eilauftrag verzögern ?

* Welche Kosten sind mit einem Eilauftrag verbunden ?

* Wie wirkt die Kapazitätserhöhung einer Maschine auf die anderen Kapazitäten, auf die Bestände und Termineinhaltung aus?

* Wo wirken welche Steuerungsmaßnahmen mit welcher Wirkung ?

Ein Simulationsmodell ist im Gegensatz zu den PPS-Systemen flexibel und anpassungsfähig an verschiedene Situationen und erlaubt interaktive Eingriffsmöglichkeiten des Fertigungsplaners mit kurzen Maßnahme/ Wirkungszyklen (Was-Wenn-Szenarien). Diese Technik verdeutlicht die Ursachen von Zeit-, Kapazitäts-, Kosten- und Qualitätsproblemen und motiviert Mitarbeiter Fertigungsprozesse objektiv zu bewerten und ständig zu verbessern. Mit Hilfe von

Simulation werden Entscheidungen in der Produktion nicht nur aufgrund der Erfahrungen aus der Vergangenheit und den Kenntnissen der gegenwärtigen Situation getroffen, sondern es werden auch zukünftige Auswirkungen der geplanten Maßnahmen berücksichtigt [39].

Simulation ist aber kein Ersatz von PPS- und Leitstandsystemen, sondern ihre Ergänzung (siehe Abb. 57).

Leistungsfähigere Hard- und Software-Tools für die Simulation, aber auch sehr viele Schwachstellen von PPS-Systemen haben den breiten Einsatz dieser Technik in der Produktionsplanung und -steuerung verursacht. Viele praktische Anwendungen haben gezeigt, daß die Simulation sowohl für die langfristige als auch für die kurzfristige Machbarkeit der Produktionsabläufe die erforderliche Planungs- und Liefersicherheit bringt.

Die wichtigsten Eigenschaften eines Simulationssystems für den Einsatz in der Produktionsplanung und -steuerung sind:

1. Geschwindigkeit - schnelle Durchführung der Simulationsläufe.

2. Einbindung der Funktionen zur einfachen Abbildung der Steuerungsalgorithmen.

3. Offenheit und Integrationsfähigkeit - Verkopplung mit BDE, PPS und mit anderen Unternehmensteilsystemen (Interprozeß-Kommunikation, Programmier-schnittstelle, SQL und ASCII-Schnittstelle, graphische Schnittstelle, Daten-austausch während der Simulation, Verarbeitung von Laufzeitdaten).

4. Anschaulichkeit - übersichtliche Darstellung und Auswertung der Produktionsabläufe mit dynamischen Graphen, Animation und Statistiken.

5. Graphisch-interaktive dialogorientierte Arbeitsweise (Oberfläche, Hierarchie, Layoutgraphik, benutzerdefinierbare Dialoge).

6. Eine einfache Modifizierbarkeit der Modellparameter und -logiken.

Die wichtigste Vorteile der Anwendung der Simulation in der Produktionsplanung und -steuerung sind:

- sichere Planung und machbare Produktionspläne (sichtbare Vorausschau, Variantenbewertung),

- Basis für objektive Entscheidungen,

- eine faktische 100%-ige Termintreue,

- deutlich kürzere Durchlaufzeiten und kleinere Bestände,

- bessere Transparenz des Betriebsgeschehens,

- erhöhte innerbetriebliche Flexibilität,

- reduzierte Fertigungskosten,

- Einbindung des Anwenders im Entscheidungsprozeß,

- interaktive Eingriffsmöglichkeiten, die Erfahrungsgewinn erlauben,

- Simulation erlaubt die Abbildung von unterschiedlichen Strukturen (Werkstattorganisation, Linienorganisation, Fertigungsinseln, Fraktale, Organisation usw.), strukturelle Änderungen sind mit Hilfe der Simulation relativ leicht nachvollziehbar.

100

- ein Simulationsmodell kann unterschiedliche Planungstechniken abbilden (z.B. Kanban, belastungsorientierte Steuerung, Engpaß-Steuerung), die in den unterschiedlichen Bereichen angewandt sein können,

- Simulationstechnik überwindet die Starrheit und den Determinismus bisheriger Planungs- und Steuerungssysteme.

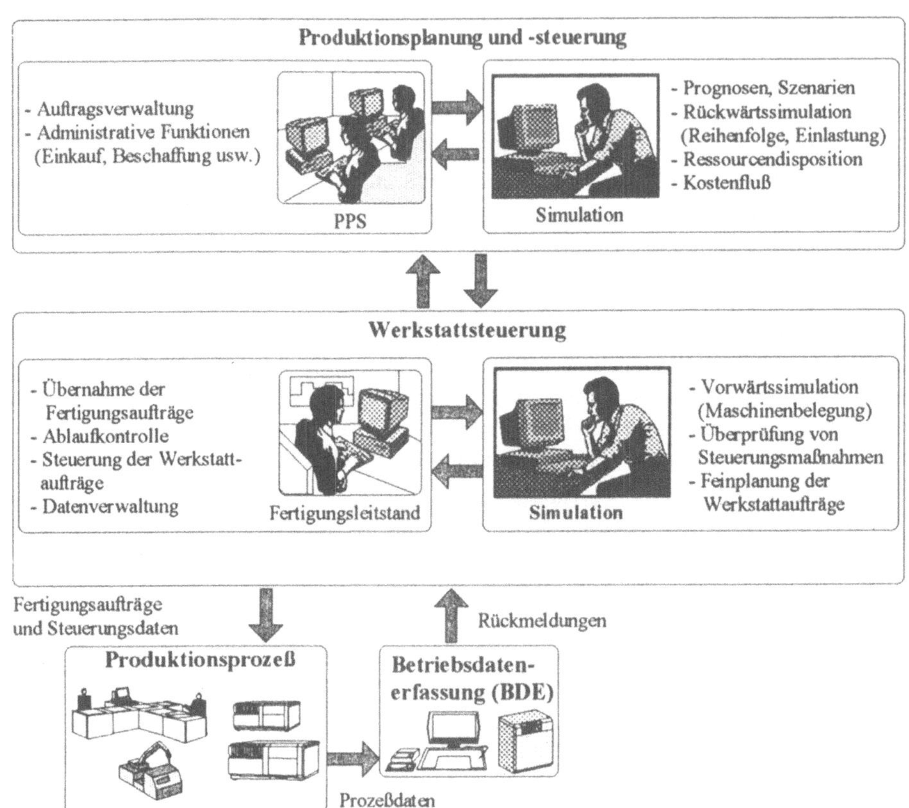

Abb. 57.: Ergänzung von PPS- und Leitstandsystemen mit der Simulation

Neue, dezentrale und dynamische Organisationsformen in der Produktion (Fraktale Fabrik) erfordern auch die Anwendung geeigneter Werkzeuge zum Beherrschen der Prozesse. Die dezentralen Leitstände mit integrierten Simulationsmodellen stellen eine optimale Verbindung modernster EDV-Instrumente mit der Kreativität der Menschen her.

Ein Vergleich zwischen klassischen PPS-Systemen und modernen PPS-Systemen mit der Simulationsunterstützung ist in Abb. 58 abgebildet.

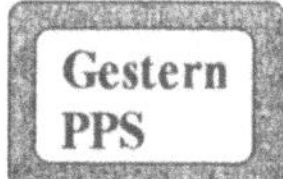

● Basis: Mathematisches Modell.
   Mengen- und materialorientiert
   (Stücklisten, Arbeitspläne,
   Kapazitäten usw.).

● Analytische, algorithmusorientierte
   Verfahren: fertige Lösung (selten richtig).

● Eine zentrale Steuerungsphilosophie
   meist nicht bekannt, nicht änderbar.

● Textuelle Darstellungen
   (Masken, Listen).

● Abgeschlossene Lösungen auf
   herstellereigenen Plattformen.

● Basis: Realitätsgetreues materialfluß-
   orientiertes Simulationsmodell.
   Objektorientiert

● Experimentelle Optimierung:
   Nutzung von Erfahrung und Know-How
   zur ständigen Verbesserung (KAIZEN).

● Mehrere, angepaßte und änderbare
   Steuerungsstrategien.

● graphische, objektorientierte Darstellung.

● Bestandteil eines effektiven Informations-
   systems auf Standardplattform.

Abb. 58.: Klassische PPS und Integration PPS und Simulation (B.D.Becker [11])

Eine interessante Konzeption der Werkstattsteuerung mit Hilfe der Simulation wurde unter der Bezeichnung DISPO vom Prof.Lippold [81] entwickelt - ein Beratungssystem für den Fertigungsdispatcher (siehe Abb. 59).

Die Daten aus dem Fertigungsprozeß werden in einer Statistik - Datenbasis gespeichert und analysiert. Der Produktionsprozeß wird mit den folgenden Größen charakterisiert:

1. Charakteristik der Förderungsströme hinsichtlich Fertigungsaufträge (Zugänge, Durchsätze)

2. Statistische Verteilungen von Prozeßparametern (Mittelwert, Streuung, Standardabweichung, Variationskoeffizient)

- Auftragsliegezeiten vor den Arbeitsplätzen,

- Plan-Ist-Vergleich der Auftragsmengen,

- Terminsituation der Fertigungsaufträge in den Warteschlangen vor den Arbeitsplätzen,

- Anzahl der Aufträge und deren Arbeitszeitaufwand in verschiedenen Prioritätsklassen.

Diese Charakteristiken erlauben eine kontinuierliche Kontrolle des Prozeßverlaufs und dienen hauptsächlich der Klassifikation der aktuellen Prozeßsituation im Beratungssystem.

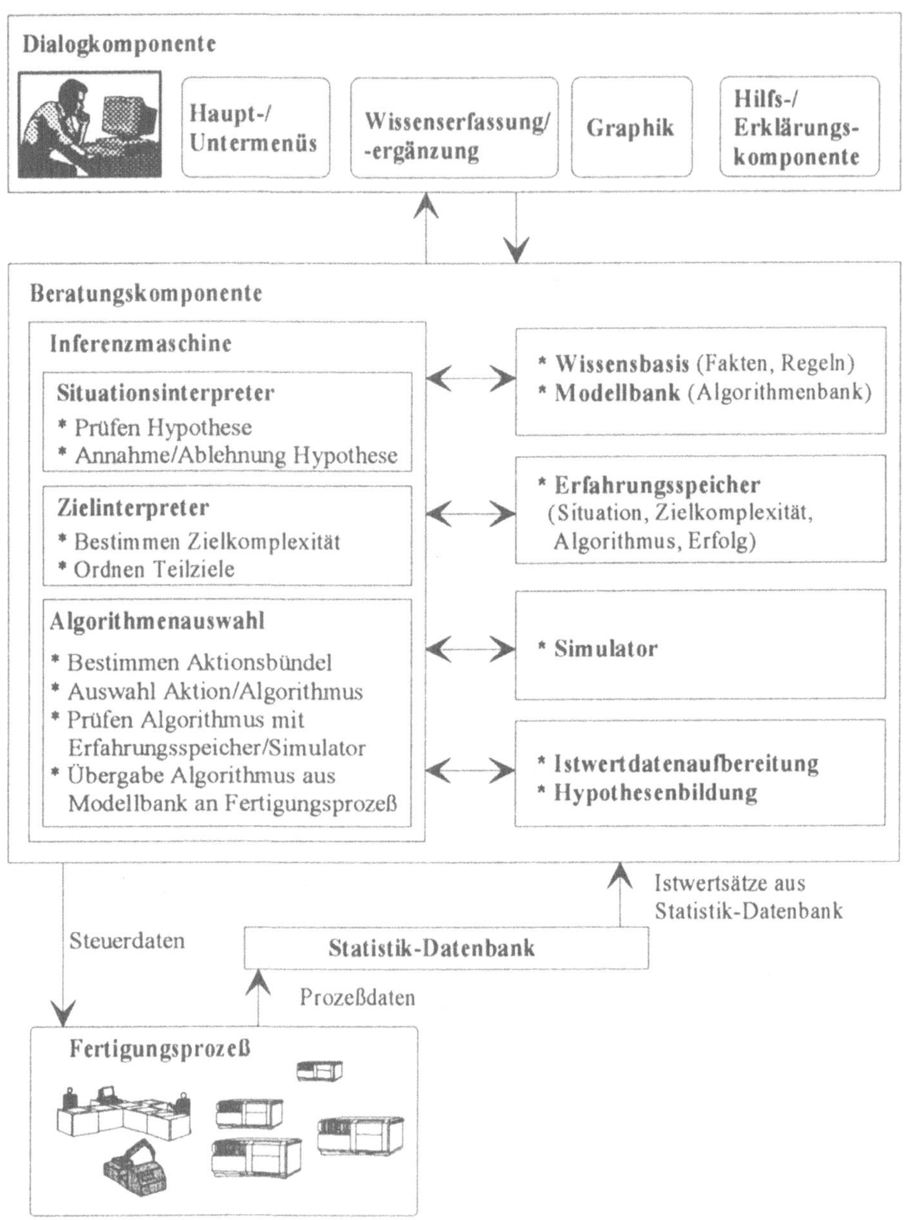

Abb. 59.: Ein Beratungssystem für den Fertigungsdispatcher (Lippold)

Der Situationsinterpreter stellt über Konstellation von Prozeßparametern der Statistikdatenbasis eine Hypothese zur Klassifikation einer aktuellen Prozeßsituation auf (z.B. Stauprozeß, Unterlastung usw.). Diese Hypothese wird durch gezielte

Fragen im Dialog mit dem Dispatcher oder mit weiteren Prozeßparametern der Statistikdatenbasis gefestigt oder abgelehnt. Im Ergebnis der Situationserkennung und Festigung der Hypothese ist erforderlich, die Ziele der Fertigungssteuerung und ihre Gewichtung zu bestimmen, die eine erfolgreiche Bewältigung der eingetretenen Situation ermöglichen. In Abhängigkeit der Prozeßsituation und der Ziele werden dem Dispatcher verschiedene Aktionen, die zur Beherrschung der gegebenen Prozeßsituation führen können, angeboten. In einem Modell- und Algorithmenspeicher stehen für sämtliche Situationen Algorithmen in Form von Prozeduren und Programmpaketen bereit.

Bevor der Algorithmus dem Fertigungssteuerungssystem zur Abarbeitung übergeben wird, ist eine Aussage zur Güte seiner Wirkung in der vorliegenden Prozeßsituation zu treffen. Dazu wird ein Erfahrungsspeicher abgefragt, der Prozeßsituationen, Zielkonstellationen, Aktionen, Algorithmen und erfolgsbewertete Aussagen zu deren Wirkung aus der Vergangenheit speichert. Liegen positive Bewertungen vor, kann der Algorithmus zur Abarbeitung im Fertigungssteuerungssystem freigegeben werden.

Bei zu geringer Sicherheit der Wirkung von ausgewählten Algorithmen aus dem Erfahrungsspeicher kann eine Simulation erforderlich sein. Der ausgewählte Algorithmus und der Parametersatz der aktuellen Prozeßsituation werden einem Simulator übergeben. Kommt die Simulation zu positiven Entwicklungen der Prozeßsituation, erfolgt die Übergabe des Algorithmus an das Fertigungssteuerungssystem.

6

Hauptschritte einer Simulationsstudie

"Das Werkzeug Simulation ist wertlos, wenn es nicht integriert eingesetzt wird. Die Simulation benötigt Daten, Pläne und Ideen bzw. Kreativität. Simulatoren sind somit Instrumentarien für interdisziplinäre Teams, die aus Planern, Betreibern, Ausrüstern (Lieferanten) und Spezialisten aus den Wissensgebieten der Simulation, der Informatik, den OR-Fachleuten etc. zusammengesetzt sind" (A.Kuhn)

Die Vorgehensweise der Simulation gliedert sich nach VDI 3633 [146] in die drei Phasen Vorbereitung, Durchführung und Auswertung (siehe Abb. 60), die bei der Modellentwicklung und Modellnutzung wiederholt durchgeführt werden.

Nach [146] wird die Simulationswürdigkeit einer Problemstellung nach folgenden Gesichtspunkten beurteilt:

- Günstiges Kosten-Nutzen-Verhältnis,

- Fehlen analytischer mathematischer Modelle geeigneter "Sehschärfe",

- Schwierigkeit des Problems (Komplexität, Unüberschaubarkeit, Vielzahl der Einflüsse, Abhängigkeiten und nebenläufige Prozesse, große Datenmengen),

- Unsicherheit bezüglich der Daten oder der mathematischen Verteilung streuender Werte und ihres Einflusses auf die Ergebnisgrößen,

- Sicherheitsbedürfnis bei unscharfen Vorgaben, Ausloten von Grenzen, Beweisnot,

- wiederholte Verwendung des Simulationsmodells.

Nach der prinzipiellen Entscheidung für die Durchführung einer Simulationsstudie ist die Entscheidung "make or buy" zu fällen. Für die Alternative "buy" spricht die Tatsache, daß der Simulationsexperte meistens über die besseren Ressourcen und Erfahrungen auf dem Gebiet der Simulationstechnik verfügt. Anderseits entsteht die Notwendigkeit des mehrfachen Wissentransfers zwischen Auftraggeber und Auftragnehmer (Systemkenntnis, Zielsetzungen, Systemparameter, Ergebnisinterpretation usw.). Es stehen heute auf dem Markt Simulationswerkzeuge zur Verfügung, deren Anwendungen keine tiefgreifenden Spezialkenntnisse voraussetzen, und damit wird es auch einem Praktiker möglich, ohne fremde Hilfe Simulationen durchzuführen. Diese einfachen und billigen Simulationsysteme versagen aber häufig bei der Lösung von komplexen Problemen. Die externen, erfahrenen Spezialisten können das Simulationsprojekt in kurzer Zeit und in höherer Qualität bewältigen. Bei der Übergabe der Simulation an eine externe Firma ist aktive Mitwirkung aller beteiligten Mitarbeiter und Führungskräfte erforderlich und der Auftraggeber ist für die richtige und vollständige Erarbeitung der Zielvorstellungen aber auch für die endgültigen Entscheidungen verantwortlich.

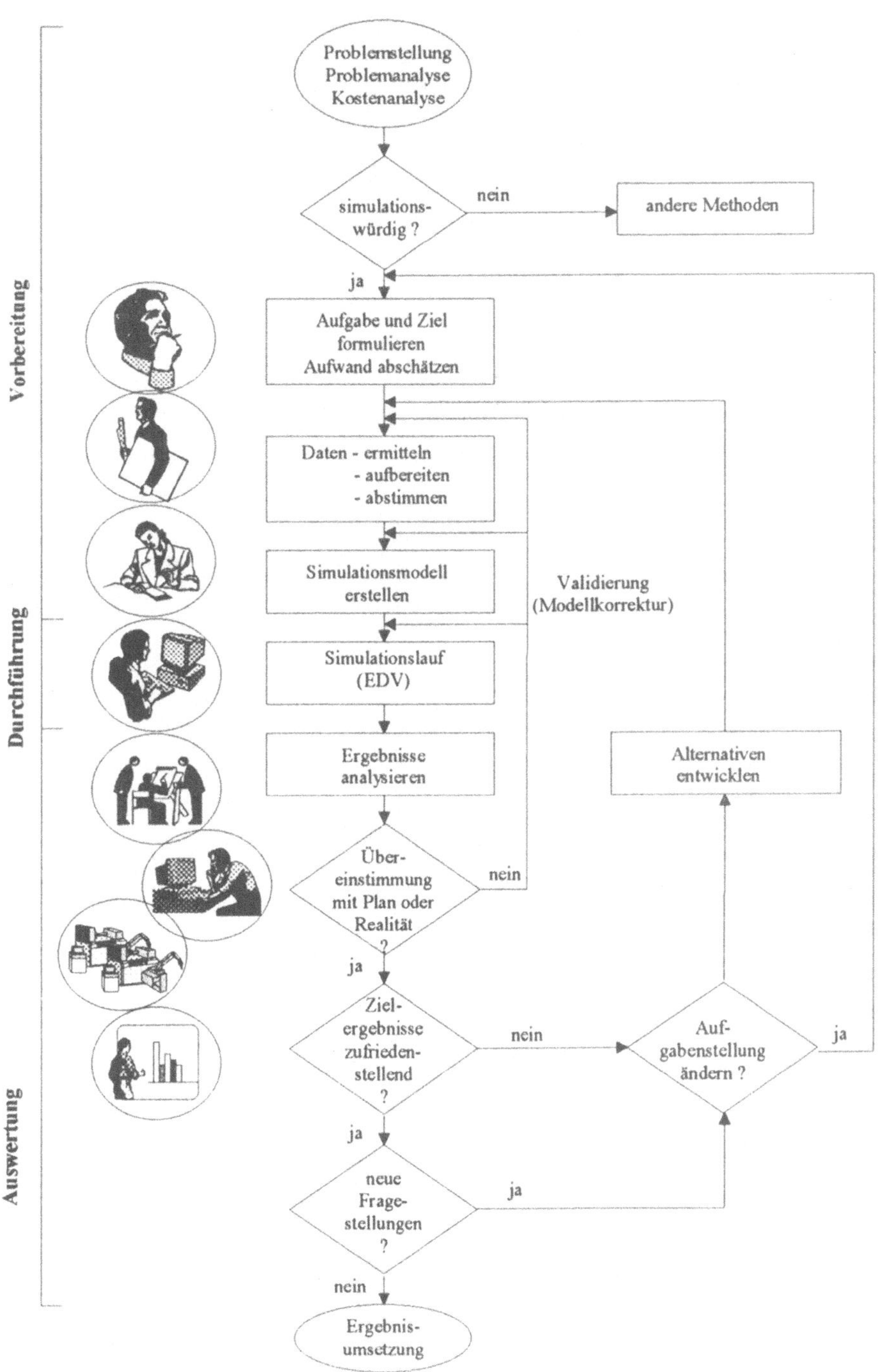

Abb. 60.: Vorgehenweise bei der Simulation [146]

Die wichtigsten Vorausetzungen für die Durchführung einer Simulationstudie mit eigenen Kräften sind:

- Vorhandenes Wissen und Erfahrungen,

- vorhandene Hard- und Software,

- verfügbare technische und personelle Kapazität im benötigten Zeitraum.

Vor dem Anfang des Simulationsprojektes sollten auch folgende wichtige Fragen beantwortet werden:

1. Welcher Zeit- und Kostenaufwand werden erwartet ?

2. Welcher Nutzen ist aus dem Projekt zu erwarten ?

3. Welche anderen Methoden liefern hinreichende Ergebnisse ?

4. Welche Risiken bleiben ohne eine Simulationsstudie ungeklärt ?

Peter Acél beschreibt die Zeitaufwände beim Simulationseinsatz nach der Abb. 61 [1]

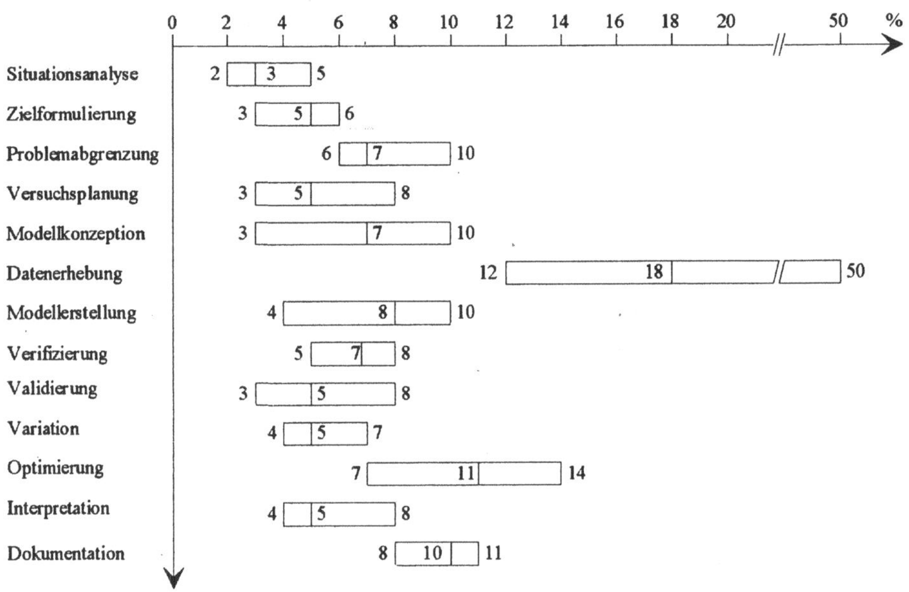

Abb. 61.: Zeitaufwandverteilung in der Simulationstudie [Acél]

Eine grobe Kostenstruktur für eine Simulationsstudie ist:

1. Personalkosten - zeitlicher Aufwand (ca. 160 Tsd. DM / Jahr)

2. Software Kosten - ca. 20-30 Tsd. DM /Jahr. Simulationspakete kosten zwischen 2 Tsd. DM und 120 Tsd. DM (siehe Teil 7). Bei größeren Problemen muß man mit höheren Preisklassen rechnen.

3. Hardware-Kosten - ca. 20-30 Tsd. DM/Jahr. Leistungsfähigere Simulationssysteme erfordern Workstations (leistungsfähige Graphik, hohe Geschwindigkeit,
große Speicherkapazität).

Die Simulationskosten stellen üblicherweise weniger als 10% der gesamten
Planungskosten dar.

Der erbrachte Nutzen aktiver Simulationsanwender nach einer Studie von
Simulation Study Group Warwick [3] ist:

80 % - Risikovermeidung /Absicherung
75 % - Besseres Verständnis
72 % - Reduktion der Betriebskosten
72 % - Reduktion der Rüstkosten
52 % - Schnellere Planung
48 % - Reduktion der Investitionskosten

Nach dieser Studie wurden 75% der indentifizierten Probleme einer Fertigung bereits
bei der Modellbildung gelöst und 92% der Simulationsanwender sind zufrieden.

Der qualitative Nutzen der Simulationstechnik wurde bei mehreren erfolgreichen
Projekten in der Praxis nachgewiesen. Firma AESOP aus Stuttgart hat z.B. folgende
Daten zum Simulationsnutzen präsentiert [39]:

- Bei der Simulation einer Kurbelwellenfertigung mit dem Simulationsaufwand ca.
  40 Tsd. DM wurden 12 FTS-Fahrzeuge und damit ca. 2 Mio DM eingespart.

- Simulation eines Prüfsystems mit dem Aufwand ca. 60 Tsd. DM brachte eine
  Einsparung von 2 Prüfzentren und damit ca. 600 Tsd. DM.

- Eine neue FTS-Disposition, die mit der Simulation geplant wurde
  (Simulationsaufwand ca. 60 Tsd. DM) hat einen Nutzen von ca. 450 Tsd. DM
  gebracht (3 eingesparte Fahrzeuge).

Ein Kostenvergleich für eine "In-House"-Simulation und eine externe Durchführung
der Simulation ist in Abb. 62 abgebildet [36].

6.1 Situationsanalyse und Zielsetzungen

Der Zweck der Situationsanalyse besteht darin, die Ausgangssituation exakt zu
erklären und die Basis für die Formulierung konkreter Ziele zu schaffen.

Die Ergebnisse der Analyse (erkannte Mängel, Schwierigkeiten oder Chancen)
werden als Informationsquelle für die Konkretisierung allgemeiner Zielvorstellungen
bzw. für deren Korrektur verwendet. Diese, auf ein bestimmtes Projekt bezogenen
Ziele, bestehen in der Regel aus einem übergeordneten Ziel (Gesamtziel), das in eine
Vielzahl von Teilzielen zerlegt wird, die in Beziehung zueinander stehen. Die
Hauptaufgabe von gezielten Simulationsexperimenten besteht darin, diese
Abhängigkeiten untereinander abzuklären und die sich teilweise ergänzenden oder
wiedersprechenden Teilziele so zu optimieren, daß das Gesamtziel am besten erreicht
wird [146] (siehe Abb. 63).

Situationsanalyse und Zielformulierung haben auch eine große Bedeutung bei der Modellkonzeption (Detaillierungsgrad, Modellstruktur) und bei der Variantenbeurteilung (Beurteilungskriterien).

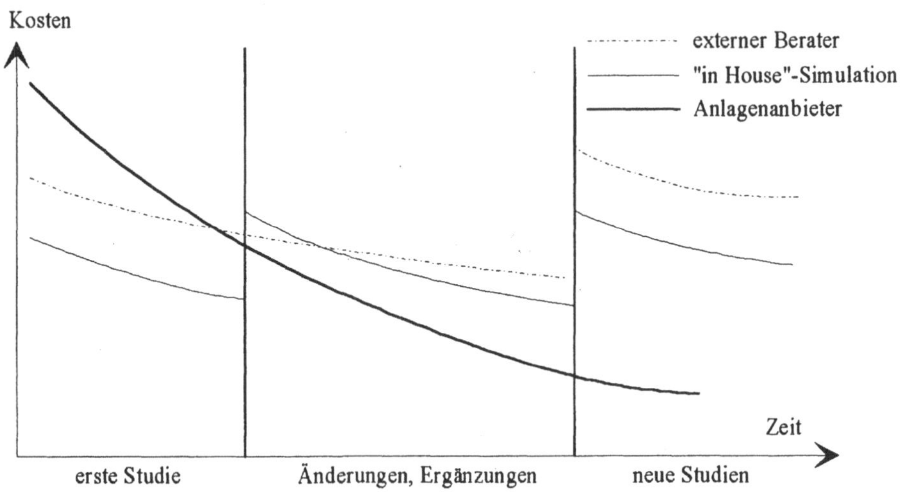

Abb. 62.: Simulationskosten-Vergleich [36]

Bei der Ist-Zustandanalyse (Situationsanalyse) in der Produktion werden verschiedene Methoden und Techniken verwendet (ABC-Analyse, Sensitivitätsanalyse, Multimomentaufnahme, Erhebungsbogen, Interview usw.) wobei vor allem folgende Fragestellungen beantwortet werden müssen:

1. WAS beinhaltet das Problem ?

2. WER ist zuständig ?

3. WANN muß das Problem gelöst werden ?

4. WELCHE Randbedingungen sind zu beachten ?

Die wichtigsten Analyseschwerpunkte sind:

1. **Produktbezogen** (Jahresbedarf, Produktvarianten, Kostenanteil, Losgrößen, Produktlebensdauer, Qualitätsanforderungen, Arbeitspläne usw.).

2. **Produktionsbezogen** (Anzahl und Verfügbarkeit der Betriebsmittel, Durchlaufzeiten, Ausschußquoten, Störanfälligkeit, Layout usw.).

3. **Kostenbezogen** (Herstellkosten, Materialkosten usw.).

4. **Aufgabenbezogen** (Arbeitsinhalt, Bewegungsablauf usw.).

5. **Mitarbeiterbezogen** (Anzahl, Tätigkeitsbeschreibungen, Entlohnung usw.).

Bei der Simulation von Produktionssystemen müssen vor allem die Prozeßelemente (Maschinen, Transportmittel, Lager) und die Prozeßobjekte (Aufträge, Werkstücke) und die Verflechtungen zwischen den Elementen und Objekten (Struktur) vollständig beschrieben werden. Ein untersuchter Prozeß ist in der Regel in ein übergeordnetes Gesamtsystem eingebetet. Es muß also ein Ausschnitt aus diesem übergeordneten System definiert und die Grenzen und Umweltschnittstellen bestimmt werden (z.B. innerbetriebliches Transportsystem, Produktionsplanung und -steuerung usw.).

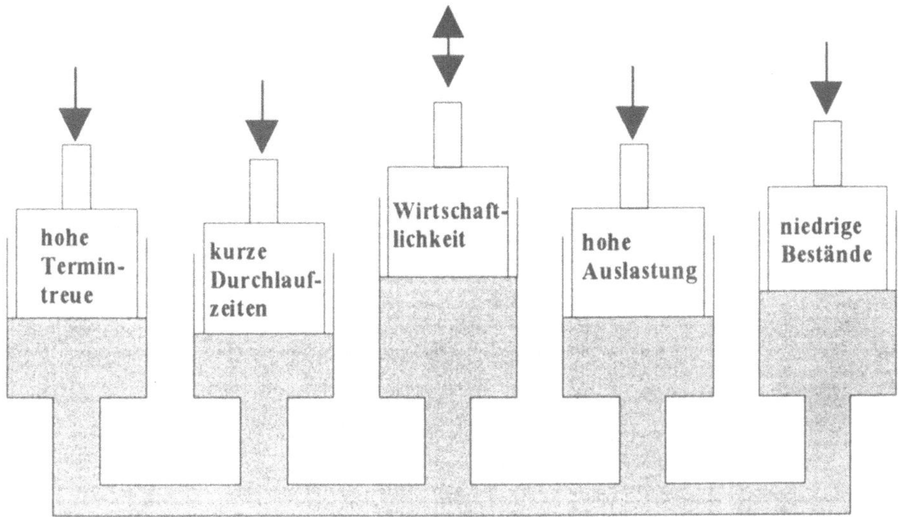

Abb. 63.: Gesamtziel und Teilziele in der Produktion [2]

Weiter müssen Verbindungen und Beziehungen zwischen den Prozeßelementen und Objekten (Prozeßregeln) und stochastische Einflüsse (z.B.Störungen) ermittelt und festgelegt werden.

Bei der Zielformulierung sind folgende Fragestellungen wichtig:

1. Was soll mit der Simulation erreicht werden, was soll vermieden werden ? (Systemziele).

2. Wieviel soll erreicht werden ? (Ausmaß der Zielerreichung - z.B. Reduzierung der Durchlaufzeiten um 30%).

3. Wie sollten die Ziele erreicht werden ? (Maßnahmen, die zur Zielerreichung führen können - siehe Abb. 64).

Situationsanalyse und Zielsetzungen dienen vor allem

- dem Erkennen und Abgrenzen des Problems,

- dem Erarbeiten realistischer Zielsetzungen, und

- der gründsätzlichen Abklärung über Eingriffs- und Lösungsmöglichkeiten und Vorbereitung einer Basis für die nachfolgende Phase der Datenaufbereitung.

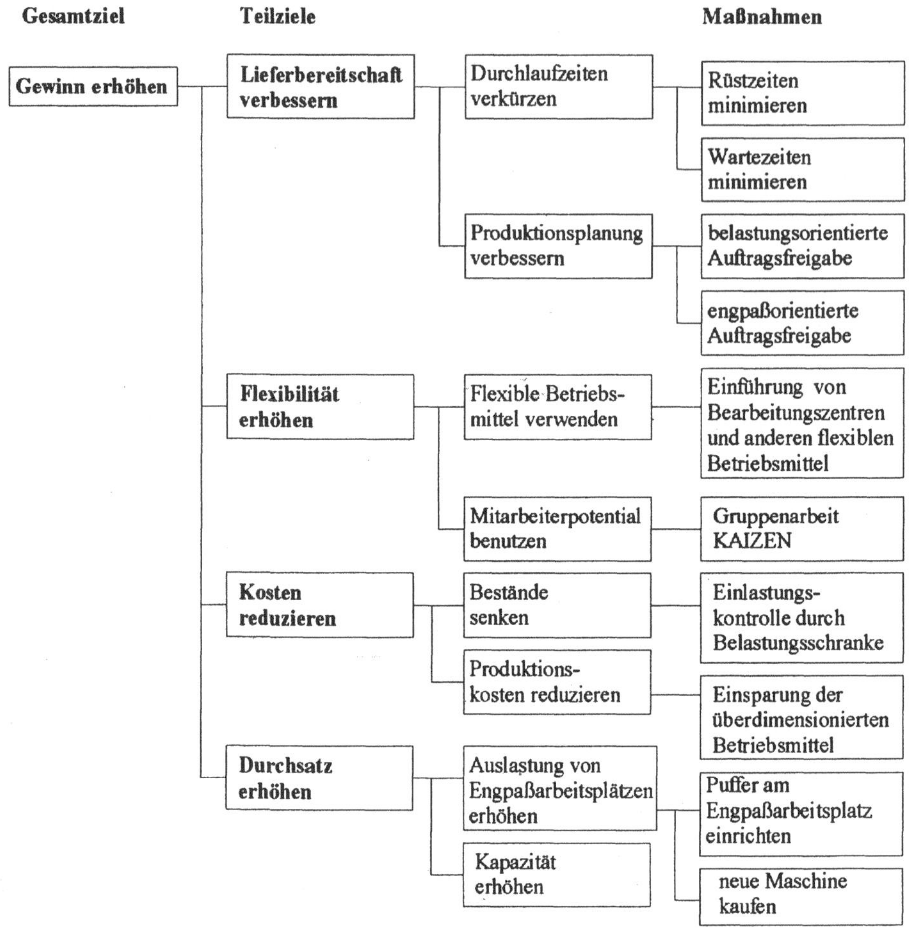

Abb. 64.: Beispiel der Ziele und Maßnahmen bei der Simulation von Produktionssystemen

6.2 Datenerhebung und -aufbereitung

Auf die Beschaffung und Aufbereitung der Eingangsdaten für die Simulation entfällt ein hoher Aufwandanteil (siehe Abb. 61). Die Daten werden selten in der gewünschten Form bereitstehen, und sie müssen noch simulationsspezifisch aufbereitet werden. Dabei ist eine Überprüfung der Daten auf Plausibilität und Richtigkeit notwendig.

An die Simulationsdaten sind bestimmte allgemeine Anforderungen gestellt:

1. Die Daten müssen **vollständig** erhoben werden, d.h. alle Modellkomponenten und Schnittstellen müssen datenmäßig versorgt werden.

2. Die Daten müssen der festgelegten **Modellgenauigkeit** entsprechen.

3. Die Daten müssen eine **repräsentative Stichprobe** der zu untersuchenden Verhältnisse darstellen.

4. Die Daten müssen **von zufälligen Schwankungen**, die nicht typisch für einen Untersuchungsfall sind, **gereinigt** werden.

5. Die Daten müssen in **ausreichendem Umfang** verfügbar sein, so daß der Datenvorrat für den gesamten Verlauf des Simulationsexperimentes ausreicht.

6. Die Daten müssen **reproduzierbar** sein, so daß man verschiedene Modellvarianten von gleichen Datenreihen entwickeln kann.

7. Die Daten sollten so aufbereiten werden, daß sie **direkt** in das Modell **übernommen** werden können, und sie müssen den **Anforderungen des Simulationsmodells entsprechen.**

Für die Simulation von Produktionssystemen sind die drei wichtigsten Datenkategorien die folgenden:

1. **Räumliche Daten** - Wo gelangen die Objekte in das Modell ? Von welchen Modellelementen werden sie verarbeitet ?

2. **Zeitliche Daten** - Wann gelangen die Objekte in das Modell ? Wie lange dauert die Bearbeitung oder der Transport eines Objektes ?

3. **Mengenmäßige Daten** - In welcher Menge stehen die Objekte in einem Ort oder in einem Zeitintervall zur Verfügung ? In welcher Menge stehen die anderen Modellelemente (Betriebsmittel) zur Verfügung.

Ein Beispiel eines Formulars mit den Eingabedaten für die Simulation eines Produktionssystems ist in Abb. 65 dargestellt.

Bei den erhobenen Daten handelt es sich in jedem Fall um einen Ausschnitt der realen Verhältnisse. Diese Auswahl bildet somit eine Stichprobe, mit deren Hilfe die realen Abläufe nachvollzogen werden. Diese Stichprobe muß so gewählt sein, daß Rückschlüsse auf das reale Verhalten ermöglicht werden. Für diese Rückschlüsse müssen die erhobenen Daten der Stichprobe umgeformt werden, damit statistische Aussagen möglich werden (Häufigkeitstabellen, Klassenhäufigkeiten, statistische Maßzahlen, Häufigkeitsfunktionen, Verteilungsfunktionen - siehe auch Teil 3).

Eine häufig verwendete Methode zur Beurteilung der Tatsache, ob eine vorgegebene Stichprobe aus einer bestimmten Grundgesamtheit stammt, ist der Chi-Quadrat-Test.

Das Prinzip des Chi-Quadrat-Tests ist einfach: Man unterteilt eine Stichprobe in Teilintervalle. Dann berechnet man aus der hypothetischen Verteilungsfunktion $F(x)$ die zu diesen Intervallen gehörenden Wahrscheinlichkeiten der betreffenden Zufallsvariablen X und vergleicht diese mit der relativen Klassenhäufigkeit der gegebenen Stichprobe. Ist der Unterschied zu groß, so wird die Hypothese, $F(x)$ sei die Verteilungsfunktion von X, wegworfen. Liegt der Unterschied unterhalb eines gewissen Wertes, so wird die Hypothese angenommen.

Einzelne Schritte des Chi-Quadrat-Tests sind:

1. Sortierung der Daten in "k" Klassen und zwar derart, daß jede Klasse mindestens 5 Werte der gegebenen Stichprobe enthält. Für jede Klasse K_i bestimmt man die

Anzahl N_i der Stichprobenwerte, die in der Klasse liegen (experimentelle Häufigkeit).

2. Aus F(x) - der hypothetischen Verteilungsfunktion, berechnet man für jede Klasse K_i die Wahrscheinlichkeit p_i, mit der die betreffende Zufallsvariable X irgendeinen Wert aus K_i annimmt.

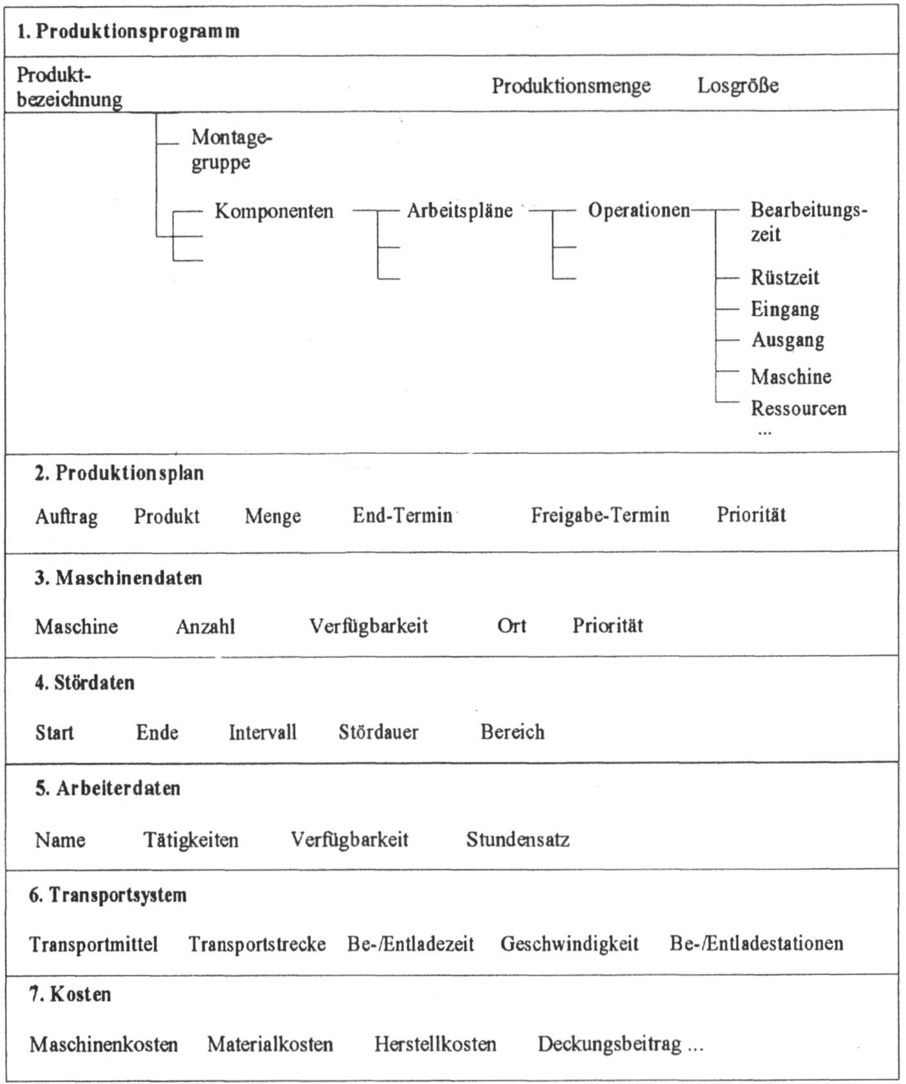

Abb. 65.: Beispiel eines Formulars für die Eingabedaten für die Simulation

Daraus berechnet man die Anzahl der theoretisch in K_i zu erwartenden Stichprobenwerte (erwartete Häufigkeit).

$$E_i = np_i$$

3. Man berechnet die Abweichung (Chi-Quadrat-Koeffizient)

$$\chi_0{}^2 = \sum_{i=1}^{k} \frac{(N_i - E_i)^2}{E_i}$$

4. Man wählt eine Signifikanzzahl α (z.B. 5%, 1% oder dgl.)

5. Man bestimmt die Lösung C (kritischer Wert) der Gleichung

$$P(P(\chi^2 \leq C) = 1 - \alpha$$

für die Chi-Quadrat-Verteilung mit k-1 Freiheitsgraden. Ist $\chi_0{}^2 \leq C$, so wird die Hypothese angenommen. Ist $\chi_0{}^2 > C$ so wird verworfen.

In der Tabelle 4 werden die Zwischenankunftszeiten der 50 ankommenden Fertigungsaufträge dargestellt (Stichprobe). Mit Hilfe des Chi-Quadrat-Tests wird der Verteilungstyp dieser Stichprobe getestet.

17,0	9,0	54,0	65,0	55,0	128,0	309,0	102,0	292,0	19,0
168,0	66,0	82,0	118,0	17,0	123,0	234,0	10,0	34,0	46,0
245,0	41,0	164,0	4,0	82,0	66,0	82,0	105,0	68,0	40,0
80,0	51,0	60,0	148,0	12,0	6,0	68,0	317,0	85,0	173,0
54,0	155,0	131,0	156,0	179,0	81,0	51,0	182,0	139,0	104,0

n = 50   (alle Zeiten in Minuten)
Mittelwert = 101,28
Minimum = 4
Maximum = 317
Streuung = 6216,54
Standardabweichung = 78,84

Tabelle 4.: Zwischenankunftszeiten und die Charakteristiken der Stichprobe

Nach der Erfassung der Stichprobenwerte und der Berechnung ihrer Charakteristiken wird eine Häufigkeitstabelle erstellt (siehe Tabelle 5).

Für die Klassenanzahl k gilt :

Umfang der Stichprobe n	Klassenanzahl k
weniger als 100	7 - 10
101 - 200	11 - 15
201 und mehr	13 - 22

Dabei wird häufig die Sturgers' Regel für die **Klassenanzahl** angewandt:

$$k = 1 + 3,3 * \log_{10}(n)$$

Klassenbreite: b = (317 - 4) / 10 = 31,3 Minuten

Klassengrenzen für die erste Klasse:
untere Grenze = Minimum = 4 Min.

obere Grenze = Minimum + Klassenbreite = 35,3 Min.

Klassengrenzen: 4, 35,3, 66,6, 97,9, 129,2, 160,5, 191,8...

Als erste Aufgabe wird die Gleichverteilung getestet d.h. die erwartete Häufigkeit für jede Klasse ist gleich (N_i=5 bei 10 Klassen - siehe Tabelle 5).

Klasse K_i	experimentelle Häufigkeit N_i	Erwartete Wahrscheinlichkeit p_i	erwartete Häufigkeit E_i	χ_o^2
1	9,0	0,1	5,0	3,2
2	12,0	0,1	5,0	9,8
3	8,0	0,1	5,0	1,8
4	6,0	0,1	5,0	0,2
5	5,0	0,1	5,0	0,0
6	5,0	0,1	5,0	0,0
7	0,0	0,1	5,0	5,0
8	2,0	0,1	5,0	1,8
9	0,0	0,1	5,0	5,0
10	3,0	0,1	5,0	0,8
SUMME	**50,0**	**1,0**	**50,0**	**27,6**

Tabelle 5.: Häufigkeitstabelle der Zwischenankunftszeiten

Das Histogramm der experimentellen Verteilung aus der Tabelle 5 zeigt Abb. 66.

Als Signifikanzzahl α wird 5% gewählt und die Anzahl von Freiheitsgraden berechnet man nach

$v = k - 1 = 9$, für $\alpha = 0,05$

Für n = 50, $\alpha = 0,05$ und v = 9 ist der kritische Wert der Chi-Quadrat-Verteilung

$$C = 16.919$$

wobei gilt

$$\chi_0^2 = 27,6 > C = 16,919$$

d.h. die Hypothese, daß die Zwischenankunftszeiten mit einer Gleichverteilung abgebildet werden können, wird abgelehnt.

Bei der Gleichverteilung haben alle Klassen der Häufigkeitstabelle gleiche Breite und Wahrscheinlichkeiten. Bei anderen Verteilungen gilt aber diese Bedingung nicht mehr. Bei der Voraussetzung, daß in jeder Klasse die gleiche Menge von Daten (10%) sein sollte, müssen s.g. reale Klassengrenzen nach der folgenden Formel bestimmt werden:

$$RG = MW + (Z * SA)$$

wobei :   RG ist die reale Grenze für die gegebene Klasse
          MW - Mittelwert von n Werten

SA   - Standardabweichung
Z   - Quantile der betrachteten theoretischen Verteilung

(Ein p-Quantil ist ein statistischer Meßwert mit der Eigenschaft, daß verglichen mit ihm mindestens p.100% der Meßwerte nicht größer sind und mindestens (1-p).100% nicht kleiner sind. Der Median ist das 0,5-Quantil).

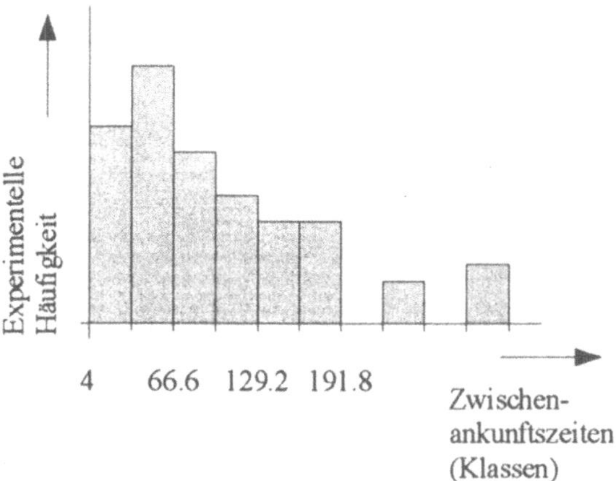

Abb. 66.: Histogramm der Zwischenankunftszeiten

Das nächste Beispiel zeigt 2000 Daten, die im Produktionsprozeß erfaßt wurden. Diese Stichprobe wird mit den folgenden Maßzahlen charakterisiert:

Umfang der Stichprobe n:	2000
Minimum:	0,16
Maximum:	30,32
Mittelwert:	5,98
Modus:	4,98
Standardabweichung:	4,24
Schiefe:	1,42

Das Histogramm kann ein Hilfsmittel bei den ersten Überlegungen über den möglichen Verteilungstyp sein (z.B. Normalverteilung, Gamma-Verteilung, Weibulverteilung).

Z.B. der kritische Wert C = 15,507 und der berechnete Wert für die Gamma-Verteilung (Tabelle 6) ist $\chi_o^2 = 7,13$ (d.h. die gegebene Stichprobe kann aus einer Gamma-Verteilung stammen, siehe Abb. 67).
Der nächste Fall zeigt eine andere Situation - zur Stichprobe paßt keine theoretische Verteilung (Abb. 68).

Die Stichprobe ist durch die folgenden Maßzahlen charakterisiert:

Umfang der Stichprobe n:	730
Minimum:	0,00
Maximum:	0,61
Mittelwert:	0,12

116

Standardabweichung: 4,24
Schiefe: 1,47

GAMMA(2,00539, 2,98041)				
Nr.	Klasse K_i	experiment. Häufigkeit N_i	erwartete Häufigkeit E_i	$(N_i - E_i)^2$	$\dfrac{(N_i - E_i)^2}{E_i}$
1	0,00 - 2,15	325,000	325,400	0,160	0,000
1	2,15 - 4,31	521,000	519,040	3,850	0,010
1	4,31 - 6,46	432,000	428,080	15,380	0,040
1	6,46 - 8,62	284,000	293,480	89,880	0,310
1	8,62 - 10,77	194,000	184,010	99,700	0,540
1	10,77 - 12,93	98,000	109,550	133,370	1,220
1	12,93 - 15,08	69,000	63,010	35,920	0,570
1	15,08 - 17,24	36,000	35,360	0,410	0,010
1	17,24 - 19,39	20,000	13,95	36,650	2,630
6	19,39 - 32,32	21,000	28,14	50,950	1,810
15	0.0 - 32.32	2000,000	2000,000		7,13

Tabelle 6.: Chi-Quadrat Test

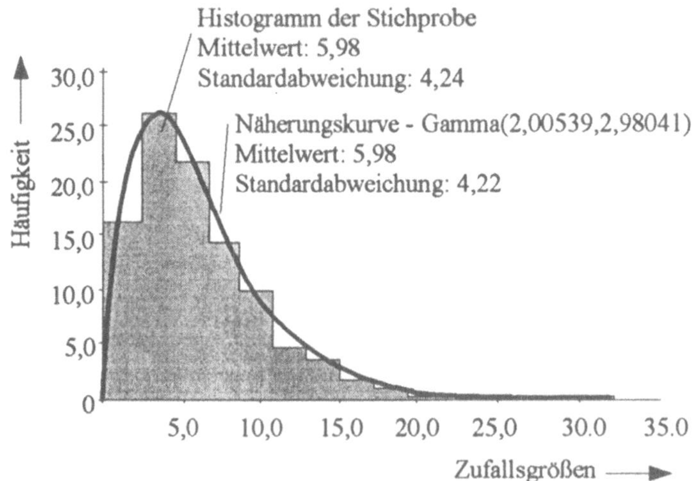

Abb. 67.: Histogramm der Stichprobe und seine Annäherung mit der Gamma-
Verteilung

Bei dem Chi-Quadrat-Test zeigt sich eine Exponential-Verteilung mit dem
Mittelwert = 0,12 (Abb. 68) als die beste Lösung, wobei aber $\chi_o^2 = 2595{,}443$ und
der kritische Wert 18,307 ist d.h. die Hypothese wurde nicht aufgenommen.

In diesem Fall können die Zufallszahlen direkt aus dem Histogramm erzeugt werden. Dazu wird die Methode der inversen Transformation (MIT) angewandt.

Im ersten Schritt wird eine Tabelle mit den Summenwahrscheinlichkeiten und experimentellen Wahrscheinlichkeiten (experimentelle Verteilungsfunktion) erstellt (Tabelle 7).

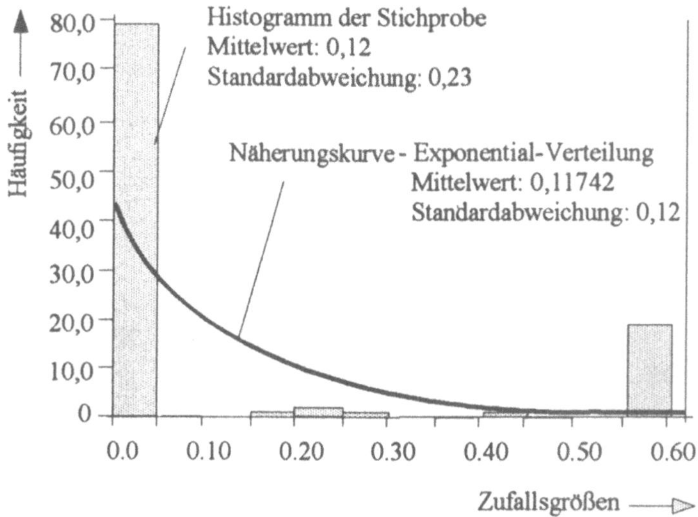

Abb. 68.: Histogramm und seine Annäherung mit der Exponential-Verteilung

Klassen-nummer	experimentelle Wahrscheinlichkeit [%]	Summen-wahrscheinlichkeit [%]	Zufallsvariable [Min.]
1	78	78	0,05
2	0	78	0,1
3	0	78	0,15
4	1	79	0,2
5	2	81	0,25
6	1	82	0,3
7	0	82	0,35
8	0	82	0,4
9	1	83	0,45
10	0	83	0,5
11	0	83	0,55
12	17	100	0,6

Tabelle 7.: Tabelle mit den experimentellen Wahrscheinlichkeiten und mit der Summenwahrscheinlichkeit

118

In Abb. 69 ist die Generierung von Zufallszahlen mit der Anwendung von MIT aus einem Histogramm abgebildet. Die Summenwahrscheinlichkeit wird an der Grenze der gegebenen Klasse berechnet.

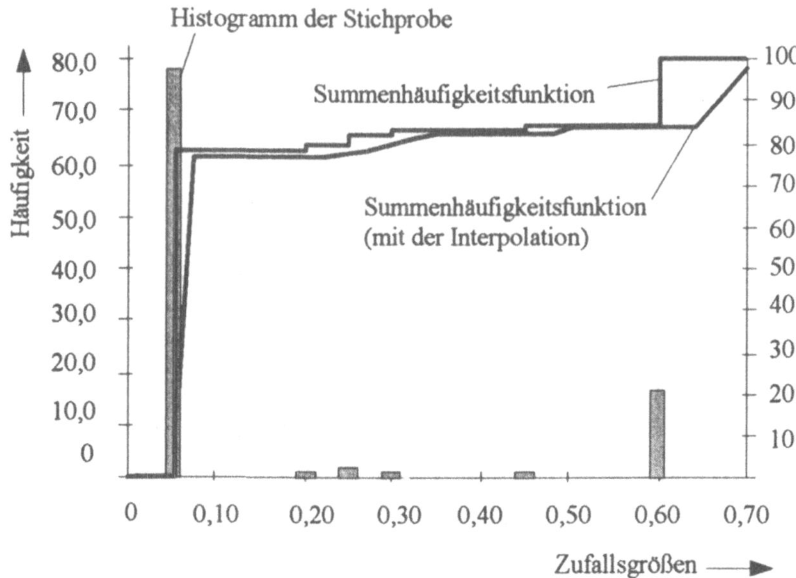

Abb. 69.: Erzeugung von Zufallszahlen mit der Summenhäufigkeitsfunktion

Bei der Abschätzung der Verteilung für die Zeitangaben in der Simulation stehen oftmals keine ausreichenden Informationen zur Verfügung (z.B. eine repräsentative Stichprobe).
In diesem Fall verwendet man häufig eine grobe Annäherung mit der Dreiecksverteilung, wobei folgende Parameter von Experten abgeschätzt werden müssen:

- minimale Prozeßdauer - a
- maximale Prozeßdauer - b
- Modus - D

Dann wird der Zeitverlauf des Prozesses mit der Dreiecksverteilung (siehe Abb. 70) dargestellt, wobei die Fläche des Dreieckes gleich 1 ist.

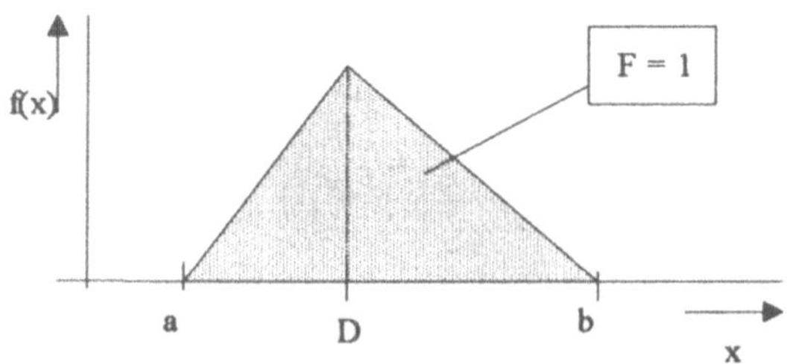

Abb. 70.: Abschätzung der Prozeßdauer mit der Dreieck-Verteilung

6.3 Modellbildung

Die erste Aufgabe der Modellbildung ist zu überprüfen und zu entscheiden, welche aus den im realen System vorhandenen Elementen, Strukturen, Regeln und stochastischen Einflüssen so wichtig sind, daß sie für die Zielsetzungen im Modell berücksichtigt werden müssen. Das Originalsystem wird mit Hilfe der Systemanalyse entsprechend den Untersuchungszielen strukturiert und analysiert. Hierbei werden zwei Vorgehensweisen angewandt:

1. Top-down-Ansatz (vom Ganzen zum Detail).

2. Bottom-up-Ansatz (vom Detail das Ganze synthetisieren) - siehe Abb. 71.

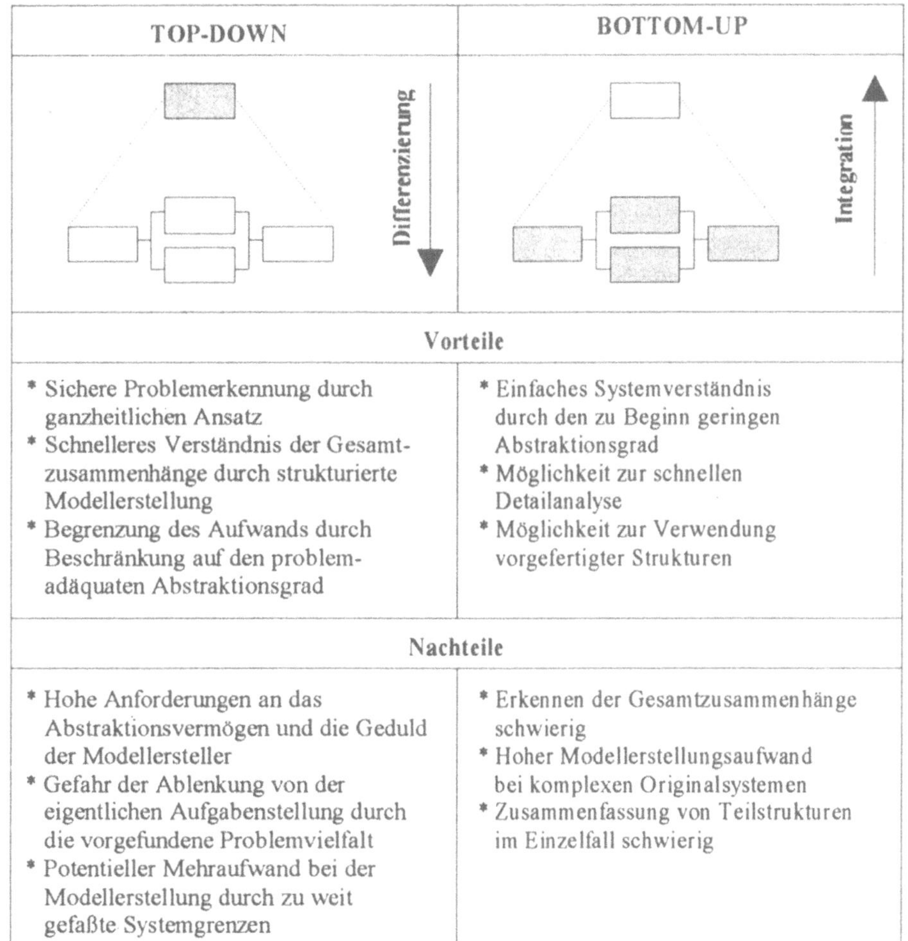

Abb. 71.: Wege der Systemanalyse [146]

Bei der Modellierung spielen folgende Verfahren eine wichtige Rolle :

- die Analyse (Untersuchung der relevanten Systemmerkmale),

- die Reduktion (Verzicht auf unwichtige Systemeigenschaften und -elemente),

- die Abstraktion (Verallgemeinerung der spezifischen Systemkennzeichen und Abbildung des Wesentlichen).

Bei der Vereinfachung wird vor allem folgende Vorgehensweise verwendet:

- **Weglassen** (z.B. Abbildung eines Eingangslagers mit einem Generator).

- **Zusammenfassen** (z.B. Abbildung einer Palette mit mehreren Werkstücken mit einem Objekt, Darstellung einer Fertigungslinie mit mehreren Maschinen mit einem Arbeitsplatz usw.)

Das Risiko des Abstrahierens und Reduzierens bei der Modellbildung besteht in der Möglichkeit der unvollständigen oder verfälschenden Abbildung, die dann zu ungenauen oder falschen Informationen führt.

Andererseits entsteht häufig beim Versuch einer zu detaillierten Modellierung die irrige Meinung, daß mit der Abbildungsgenauigkeit zwangsläufig auch die Aussagefähigkeit eines Simulationsmodells wächst. Nach Komarnicki [61] besteht die Kunst der Modellbildung darin, nur die im jeweiligen Zusammenhang wesentlichen Aspekte herauszuarbeiten und diese so wirklichkeitsgetreu wie nötig (nicht wie möglich) abzubilden. ("Make it as simple as possible, but not simplier" - A.Einstein). Ab einem bestimmten Detaillierungspunkt erschwert jede weitere Verfeinerung die Interpretation des Modellverhaltens und senkt damit die Akzeptanz und den Nutzen der Simulation (siehe Abb. 72). Je einfacher ein Simulationsmodell ist, desto effizienter läßt sich damit gewöhnlich arbeiten.

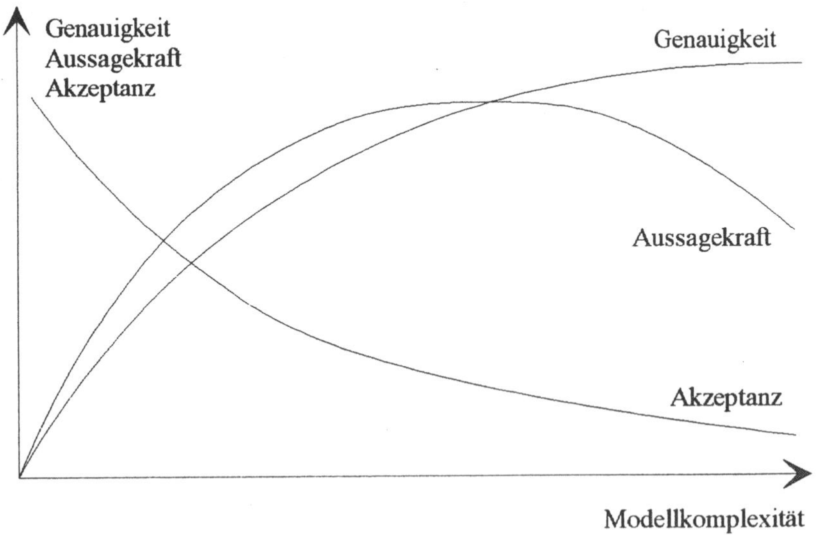

Abb. 72.: Beurteilungskriterien für die Modellqualität [61]

Bei der Lösung des Dilemmas zwischen der Genauigkeit der Abbildung und der Notwendigkeit möglichst einfacher, überschaubarer Modellkonstruktion wird eine hierarchische Modellstrukturierung verwendet. Sie ermöglicht eine Abbildung der einzelnen Systembereiche (Produktionseinheiten, Kostenstellen) mit unterschiedlichem Detaillierungsgrad und stufenweise Modellverfeinerung entsprechend dem Planungsfortschritt. Die geeignete Werkzeuge für die Erstellung von hierarchischen Modellen stellen die objektorientierte Simulationssysteme dar (z.B. Simple++, Arena u a.).

Bei der Modellerstellung lassen sich prinzipiell zwei Vorgangsweisen unterscheiden:

- **graphische Modellbeschreibung** - Das Modell wird mit den vorgegebenen graphischen Elementen und ihren Parametern abgebildet (z.B. SLAM II, SIMFACTORY II.5 u a.),

- **sprachliche Modellbeschreibung** - Das Modell wird mit Hilfe einer Programmiersprache beschrieben (z.B. blockorientierte Sprachen - GPSS, SIMAN).

Typische Beispiele der graphischen oder sprachlichen Modellbeschreibung sind in Abb. 73 -74 dargestellt.

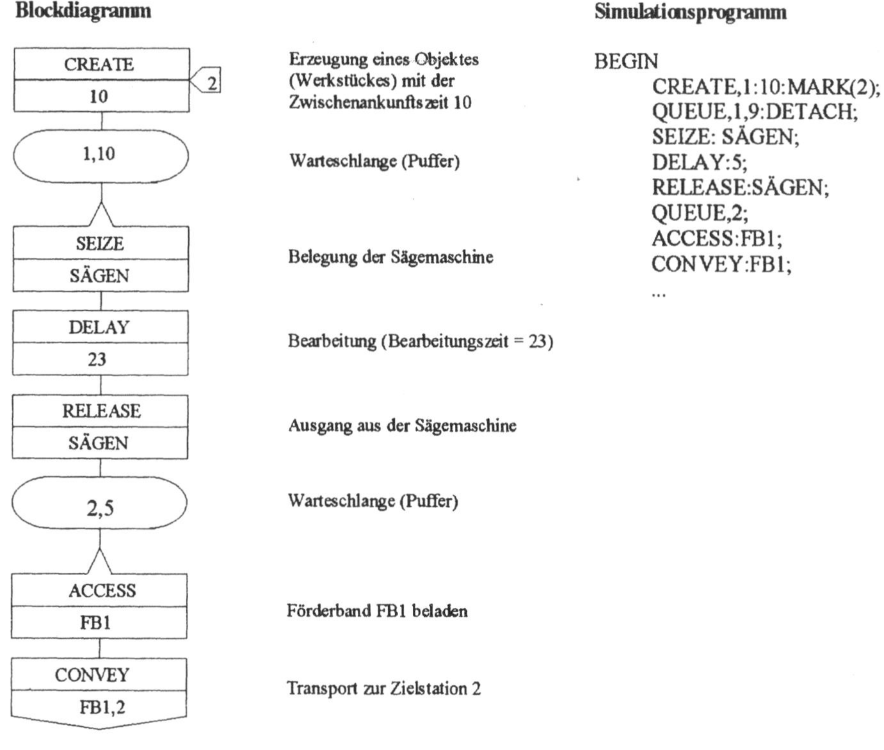

Abb.73.: Modellabbildung im Simulationssystem SIMAN

122

**Graphische und textuelle Darstellung eines Simulationsmodells
im Simulationsystem SLAM II**

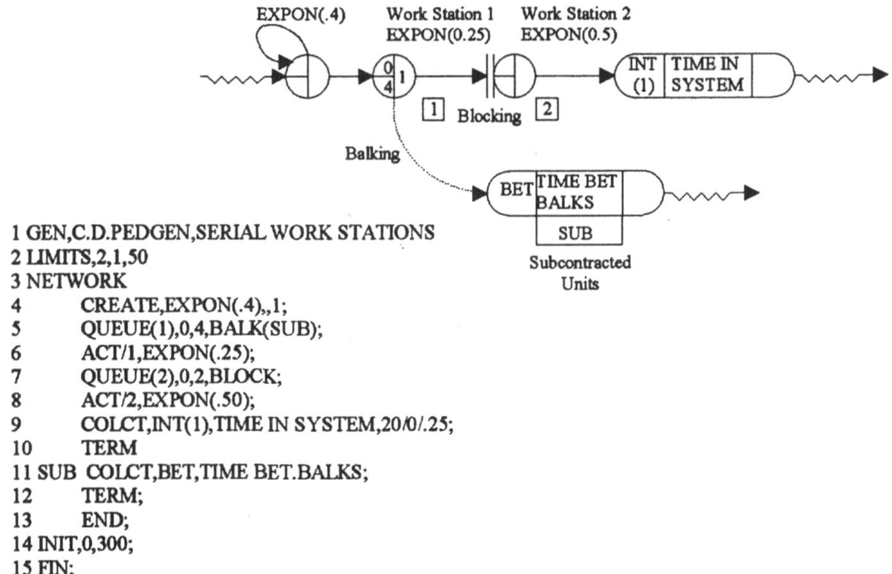


```
 1 GEN,C.D.PEDGEN,SERIAL WORK STATIONS
 2 LIMITS,2,1,50
 3 NETWORK
 4        CREATE,EXPON(.4),,1;
 5        QUEUE(1),0,4,BALK(SUB);
 6        ACT/1,EXPON(.25);
 7        QUEUE(2),0,2,BLOCK;
 8        ACT/2,EXPON(.50);
 9        COLCT,INT(1),TIME IN SYSTEM,20/0/.25;
10        TERM
11 SUB  COLCT,BET,TIME BET.BALKS;
12        TERM;
13        END;
14 INIT,0,300;
15 FIN;
```

Darstellung einer Fertigungslinie mit Petri-Netzen

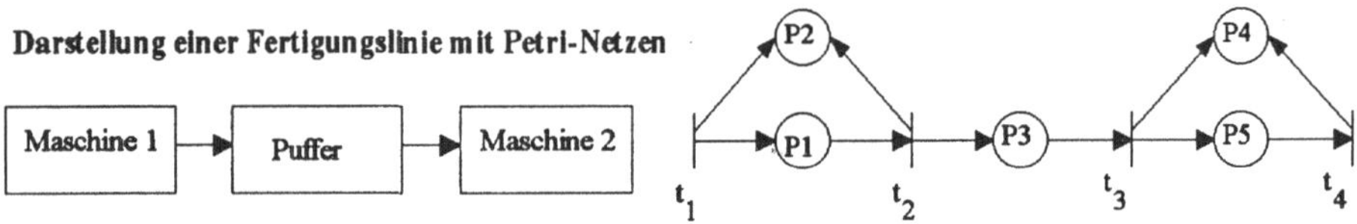

Activity Cycle Diagramm

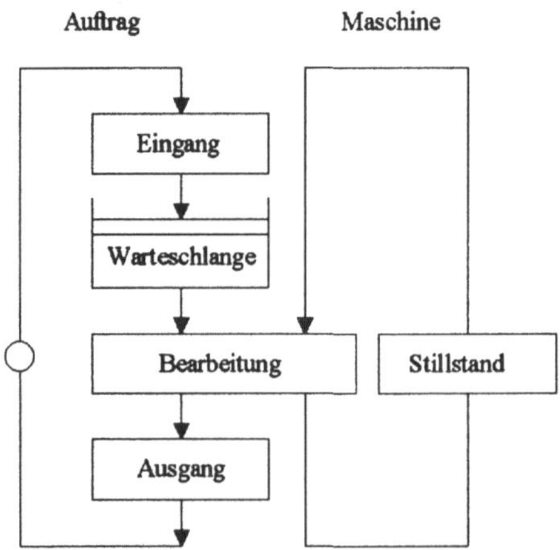

Abb.74.: Unterschiedliche Modelldarstellungen

Beide Modellierungstechniken verlangen eine eindeutige Zuordnung der Systemkomponenten zu den Modellbausteinen, ihren Aktivitäten und Parametern.

Dabei ist die Kenntnis der zu modellierenden Situation erforderlich, sowie auch eine enge Kooperation aller im Projektteam Beteiligten. Zu den weiteren Anforderungen bei der Modellerstellung gehören - allgemeine Planungserfahrung, spezielle Erfahrungen mit dem Simulationswerkzeug und die Abstraktions- und Vereinfachungsfähigkeiten des Modellschöpfers.

Die wichtigsten Schritte bei der Modellbildung eines Produktionssystems sind:

1. Definition und Abbildung der Systemgrenzen und der Schnittstellen mit der Umwelt (Quellen, Senken).

2. Hierarchische Untergliederung des Systems in unterschiedliche Teilsysteme.

3. Beschreibung der Ein- und Ausgangsgrößen des Produktionssystems (z.B. Fertigungsaufträge, ihre Losgrößen und Freigabezeiten, Termine usw.).

4. Definition der Systemelemente (z.B. Maschinen, Lagersystem, Transportsystem)

5. Definition der beweglichen Objekte und ihrer Eigenschaften (Material, Produkte, Informationen ua.).

6. Beschreibung der Beziehungen zwischen den Systemkomponenten (Maschinenentfernungen, Transportstrecken und Kommunikationspunkte, Arbeitspläne, Interaktionen usw.).

7. Definition des Systemablaufes (lokale und globale Fertigungssteuerung).

8. Beschreibung der stochastischen Vorgängen.

9. Definition des experimentellen Rahmens (Parameterbereiche, Input-Variablen, Anfangszustand, Beobachtungsvariablen, Simulationszeit u.a.).

10. Übersetzung des Modells in eines auf einem Rechner ablauffähigen Softwaremodell.

6.4 Simulationsexperimente

Die Simulationsexperimente sollen, in Abhängigkeit von den definierten Zielen des Simulationsprojektes, zuverlässige Resultate und Entscheidungshilfen liefern.

Zu den wichtigsten Aufgaben der Durchführung von Simulationsexperimenten gehören:

1. Modellverifikation und -validierung,

2. Versuchplanung,

3. Simulationsläufe.

Modellverifikation ist eine logische Überprüfung der inneren Logik des Simulationsmodells. In diesem Schritt wird überprüft, ob alle wesentlichen Details im Modell einbezogen sind. Gleichzeitig werden auch logische, semantische und syntaktische Fehler im Modell gesucht. Mehrere Simulationssysteme bieten dabei eine Unterstützung an (z.B. unlogische Verknüpfungen im Modell, fehlerhafte

Modellkomponenten oder - parameter, unerreichbare Transportstrecken usw.). Moderne Simulationswerkzeuge besitzen auch eine Funktion für interaktive Fehlersuche (Debugger), die dem Benutzer die Kontrolle über den Modelllauf und Zugriff zu wichtigen Systemvariablen ermöglicht.

Law und Kelton [74] schlagen folgende Hilfsmittel für die Modellverifikation vor:

- Verifikation "im Kleinen" - es ist einfacher ein Teilmodell als das gesamte Modell zu verifizieren.

- "Structured - Walk - Through " (strukturierter Lauf durch das Modell) - die einzelnen Module des Modells werden in einer Expertengruppe analysiert und diskutiert.

- Trace - Ausgaben (Protokolle die alle Zustandsänderungen erfassen).

- Animation - visuelle Laufbetrachtung dynamischer Ablaufdarstellungen.

- Simulationsläufe unter vereinfachten Bedingungen (deterministisch anstatt stochastisch, einfachere Input-Output Funktionen, Vergleich mit analytischen Verfahren).

- Grafische Präsentation der Ergebnisse (Liniendiagramme, Histogramme).

- Überprüfung der stochastischen Eingangsvariablen (Mittelwert, Varianz u.a.).

Validierung ist die Prüfung der hinreichenden Übereinstimmung von Modell und Originalsystem. Im Gegensatz zur Verifikation umfaßt die Validierung den externen Vergleich, d.h. es wird geprüft, ob die Realität korrekt nachgebildet ist (Gültigkeitsprüfung) und die Ergebnisse dem simulierten System entsprechen. Die Modellvalidierung ist sehr schwierig, vor allem in den Fällen, wo keine vergleichbaren Ist-Daten zur Verfügung stehen (Neuplanung).

Die Übereinstimmung zwischen Original und Modell ist nur innerhalb einer vorgegebenen Toleranz möglich, die von Abstraktionsgrad und Meßfehler abhängig ist. B.Schmidt [126] definiert drei Gründe für die ungenügende Übereinstimmung zwischen einem System und seinem Modell innerhalb der Toleranz:

1. Der Toleranzbereich ist zu klein d.h. das Modell ist zwar richtig aber zu grob und eine ausführlichere Systemanalyse wird erforderlich.

2. Die Systemanalyse ist nicht korrekt d.h. die Modellstruktur oder die Modellparameter sind falsch und die Systemanalyse muß ebenfalls wiederholt werden.

3. Der Modellaufbau ist fehlerhaft, und das Modell muß noch einmal richtig gebildet werden.

Folgende Vorgehensweisen werden bei der Modellvalidierung empfohlen:

- Empirische Tests der Annahmen des Modells (falls empirische Daten vorhanden).

- Überprüfung der Aussagekraft der Simulationsergebnisse (Liefert das Simulationsmodell dieselben, oder ähnliche Ergebnisse wie das reale System?).

- Sensitivitätsanalyse (Einfluß von bestimmten Faktorausprägungen auf die Simulationsergebnisse).

- statistische Verfahren für die Auswertung der Simulationsergebnisse (Kolmogoroff-Smirnov-Test, Regressionsanalyse, Varianzanalyse).

- Überprüfung der Modellresultate durch Experten.

- Vergleich mit den Ergebnissen der analytischen Modelle.

Bei der **Versuchsplanung** müssen folgende Probleme gelöst werden :

- **Bestimmung der Simulationsvarianten.**

- **Bestimmung der Reihenfolge der Durchführung der einzelnen Varianten.**

- **Bestimmung der Dauer jedes Simulationslaufes.**

- **Bestimmung der Anzahl von Simulationsläufen für einzelne Varianten.**

- **Bestimmung der Anfangsbedingungen für einzelne Simulationsvarianten.**

- **Bestimmung der Parameterbereiche für einzelne Varianten.**

Simulation ist keine selbstoptimierende Technik, die automatisch zu einer optimalen Kombination der Systemparameter führt. Die Simulationsdurchführung darf aber kein zufälliges Probieren mit dem Modell und den Modellparametern sein. Bei der Planung der Simulationsexperimente sind folgende Vorgehensweisen möglich:

1. Erstellung eines Versuchplanes anhand der individuellen Erfahrung des Planers. Bei der Variantenbildung geht man in der Regel von einer Istzustands-Variante (Vergleichbasis) aus. Einzelne Simulationsvarianten und ihre Parameter hängen vor allem vom Ziel der Simulationsstudie, von geplanten Maßnahmen und von den Randbedingungen ab. Der Planer definiert selbst einzelne Simulationsvarianten, die variierenden Parameter (Faktoren) und die Reihenfolge der Experimente. Bei der Variantenbildung werden häufig verschiedene Hilfsmittel verwendet (z.B. die Morphologie oder der Entscheidungsbaum).

Es gibt eine Vielzahl von Möglichkeiten, die bei der Erstellung von Simulationsvarianten von Produktionssystemen angewendet werden können; so z.B.:

- das Ändern der Anzahl der Maschinen, Transport- oder Lagerkomponenten,

- die Modifikation des Layouts,

- das Ändern der Steuerungslogik,

- das Ändern von Ankunftszeiten, ihren Verteilungen bzw. den Losgrößen,

- das Ändern der Parameter von Modellkomponenten (Verfügbarkeit einer Maschine, Geschwindigkeit eines Fahrzeuges, Pufferkapazität usw.).

2. Faktorenanalyse kann nicht nur bei dem Vergleich zwischen verschiedenen Faktorenauslegungen der Varianten, auch beim Erstellen alternativer Möglichkeiten behilflich sein. Diese Technik wird häufig mit der Anwendung der speziellen Kenntnisse des Planers kombiniert, und zwar bei der Erstellung von allen möglichen Alternativen (ein Planer kann z.B. definieren, welche alternativen Kombinationen technisch oder wirtschaftlich realisierbar sind).

3. Engpaßorientierte Versuchplanung. Es ist oftmals nicht möglich, einzelne Varianten und ihre Reihenfolge exakt vor der Durchführung der Simulationsexperimente zu definieren. Die einzelnen Alternativen hängen voneinander ab und für verschiedene Alternativen sind oftmals völlig getrennte und

126

unterschiedliche Simulationsmodelle notwendig. Engpaßorientierte Variantenbildung geht von den Modellengpässen aus, die während der Simulation entdeckt wurden. Bei der ersten Variante (z.B. Istzustand) wird ein Engpaß endeckt (z.B. eine Maschine, die den gesamten Systemdurchsatz beschränkt oder die große Durchlaufzeiten bzw. hohe Bestände verursacht). Aus dieser Variante wird eine neue Variante abgeleitet, die an der Beseitigung dieses Engpasses orientiert ist (z.B. Installation eines Puffers vor der Maschine, Erhöhung der Verfügbarkeit usw.). Die Beseitigung der Engpaß-Maschine aktiviert aber einen anderen Engpaß im System, von dem eine neue Variante abgeleitet wird.

4. Taguchi-Technik. Die Experimente, bei denen alle Kombinationen der Parameter untersucht werden (Full Factorial Experiment), sind nur auf maximal vier bis fünf zu untersuchende Parameter mit nur zwei Ausgangsstufen beschränkt, da Versuchsumfang exponentiell mit der Anzahl der Variablen ansteigt (4 Variable = 2^4 und 5 Variable = 2^5 Versuche) [68]. Falls nicht alle möglichen Wechselwirkungen der Parameter notwendig sind, kann man die Orthogonaltafeltechnik nach Taguchi (L8 Tafel) verwenden (Fractional Factorial Experiment). Die Taguchi-Technik kann den Versuchsumfang wesentlich reduzieren (z.B. sieben Faktoren können mit nur acht Versuchen untersucht werden - siehe Praxisbeispiel im Teil 6.6.). Die Taguchi-Methode erlaubt auch eine anschauliche Darstellung der n-dimensionalen Formen der Parameter-Verknüpfungen (Orthogonaltafel, lineare Graphen). Der Versuchsplan ergibt sich durch die Kombination der jeweiligen Faktoren in der Orthogonaltafel (Abb. 75). Bei der Taguchi-Methode geht man von zwei Ausgangsstufen der Faktoren aus. Eine Ausgangsstufe beschreibt z.B. eine existierende Bedingung und die andere Ausgangsstufe nimmt einen Wert an, von dem eine Verbesserung erwartet wird.

Merkmalkombination	Faktor							Ergebnisse
	A	B	C	D	E	F	G	
1	-	-	-	-	-	-	-	E1
2	-	-	-	+	+	+	+	E2
3	-	+	+	-	-	+	+	E3
4	-	+	+	+	+	-	-	E4
5	+	-	+	-	+	-	+	E5
6	+	-	+	+	-	+	-	E6
7	+	+	-	-	+	+	-	E7
8	+	+	-	+	-	-	+	E8

Abb. 75.: Orthogonaltafel

Nach der Durchführung des Versuchplanes werden die einzelnen Merkmalkombinationen verglichen - z.B.:

$$A_1 = \frac{\sum_{i=1}^{4} E_i}{4} \quad \text{und} \quad A_2 = \frac{\sum_{i=5}^{8} E_i}{4}$$

wobei die E_i die Ergebnisse für einzelne Merkmalkombinationen (Versuche) sind.

Im Gegensatz zu den Methoden, bei denen nur ein Faktor variiert und die anderen festgehalten werden, der Durchschnitteffekt von A_1 und A_2 durch die Variationen der Ausgangsstufen der anderen Faktoren erhalten bleibt. Die Ergebnisse sind reproduzierbar und wesentlich genauer als bei der herkömmlichen Versuchsplanungstechnik.

5. Genetische Algorithmen basieren auf den Erkenntnissen der Evolutionsforschung [41] und werden bei der Optimierung der Simulationsexperimente angewandt. Die "Chromosomen" definieren bestimmte Populationen (Varianten) und die Erbinformation ist in den Allelen gespeichert. Die Populationen verändern sich durch Selektion, Rekombination und Mutation der Informationen in den Allelen. Diese Technik ist universal anwendbar und die Versuchplanung als auch die Auswertung der Experimente sind automatisierbar. Anstatt der Überprüfung aller Kombinationen von Parameterwerten, geht man von einer wesentlich kleineren Anzahl aus (Anzahl von Individuen), die eine Anfangspopulation bilden. Aus dieser Anfangspopulation wird mit Hilfe der genetischen Operatoren, eine neue "verbesserte" Population erzeugt.

Das Prinzip des Genetischen Algorithmus ist in Abb.76 dargestellt.

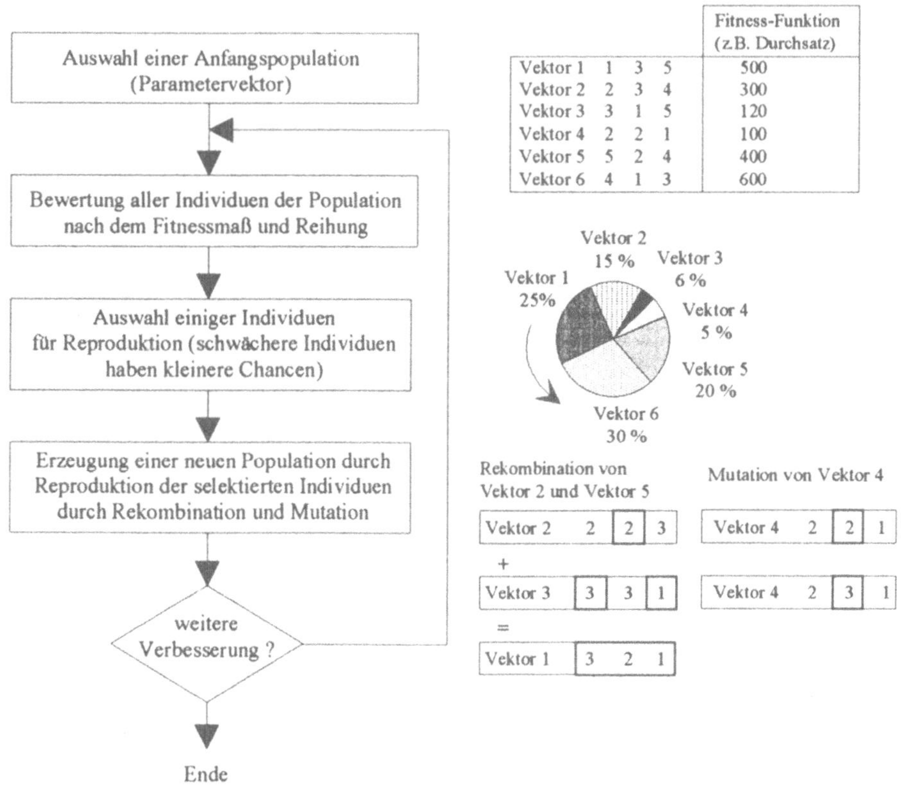

Abb.76.: Prinzip der Genetischen Algorithmen

Die Verbesserungsrate von Genetischen Algorithmen ist exponentiell verteilt d.h.
diese Technik bringt anfangs schnelle Verbesserungen.

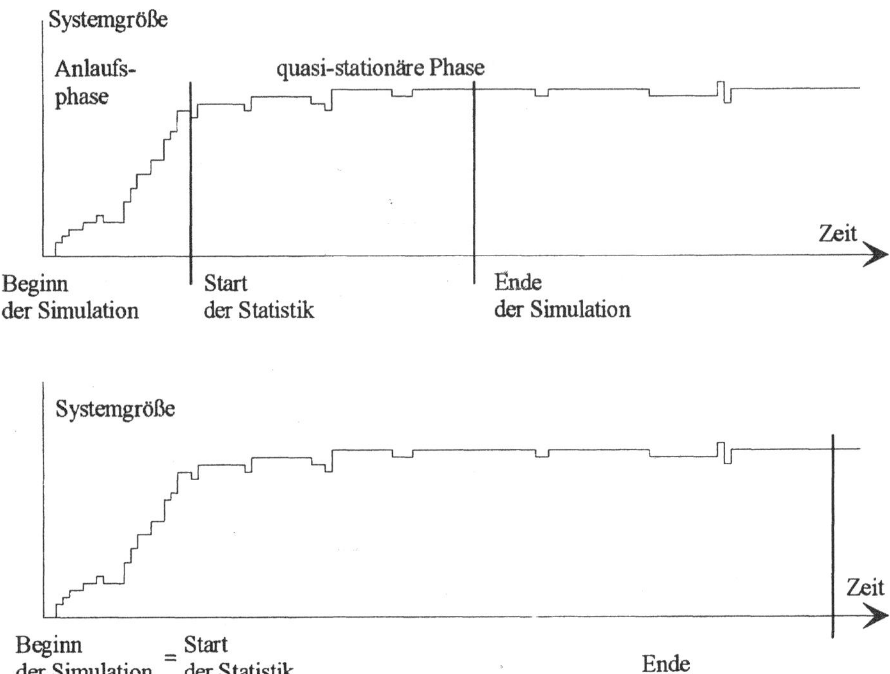

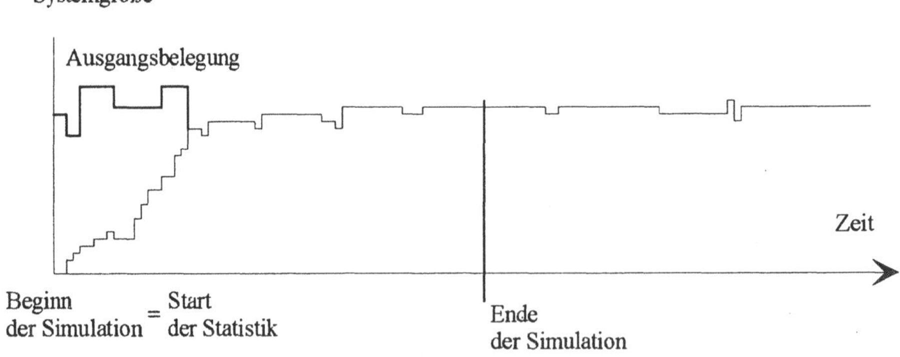

Abb. 77.: Drei Techniken zur Eliminierung der Anlaufphase

Bei der Planung der Simulationsdauer (d.h. die Dauer in der Realität, die durch die Simulation nachvollzogen wird) muß eine Anlaufphase (z.B. Produktionsanlauf in einem leeren Produktionssystem) berücksichtigt sein, um den stationären Betriebszustand sicherzustellen. Stationär heißt ein Zustand, wenn die Erwartungswerte und Verteilungsfunktionen für die ihn bestimmenden Größen nicht von der Zeit abhängig sind bzw. wenn ab einem bestimmten Zeitpunkt statistisch alle gleich sind [61].

Es gibt drei Möglichkeiten für die Eliminierung des negativen Einflusses der Anlaufphase auf die Simulationsergebnisse (Abb. 77):

1. Ausschneiden der Anlaufsphase aus der Statistik. Während der Anlaufsphase ("warm up period") wird auf die Aufnahme der statistischen Systemgrößen verzichtet und nach Beendigung dieser Phase beginnt man mit der Bildung der Statistik. Das Problem dieser Technik ist die richtige Abschätzung der Anlaufsphase.

2. Verlängerung der Simulationsdauer. Die Simulationsdauer wird erweitert, um den Einfluß der untypischen Situationen der Anlaufsphase auf die statistischen Resultate zu beseitigen. Die Verlängerung der Simulationsdauer kann andererseits höhere Zeitansprüche und Simulationskosten verursachen.

3. Ausgangsbelegung - bei der Initialisierung des Simulationsmodells werden für die einzelnen Modellelemente die Ausgangsbelegungen aktiviert (z.B. Maschinenbelegung, Pufferbelegung). Die Prozeßdynamik und das abhängige Systemverhalten zwischen zwei Größen werden auf diese Art und Weise nicht erfaßt. Ein weiteres Problem liegt in der Definition der Ausgangsbelegung bei unbekannten Systemabläufen (Neuplanung).

Diese drei Verfahren sind für die sogenannten **nichtterminierenden Systeme** geeignet. Diese Systeme besitzen kein natürliches Abbruchereignis (z.B. Telephonzentrale, 3-Schichtbetrieb).

Bei **terminierenden Systemen**, die sowohl den Ausgangszustand als auch die Abbruchbedingung definiert haben (Geschäft, Bank) ist es nur möglich, den Lauf zu wiederholen.

Die Versuchsreihen werden in Teilintervalle (Beobachtungsphasen) aufgeteilt, für die jeweils die statistischen Maßzahlen (z.B.Mittelwert, Standardabweichung u.a.) berechnet werden. Die wichtige Fragestellung, die dabei beantwortet werden soll, ist, wie viele Versuche notwendig sind. In der Statistik berechnet man die Anzahl der Experimente aus dem Konfidenzintervall bei gegebenen Zuverlässigkeitskoeffizienten.

Um den Versuchsumfang zu verringern, werden häufig folgende varianzreduzierende Methoden verwendet:

- **Antithetische Variable** [61],

- **Autokorrelation** [61].

Bei der Einstellung der Anfangsbedingungen und der Parameter für einzelne Modellvarianten muß man beachten, daß nicht zu viele Bedingungen und Parameter gleichzeitig variiert werden. Veränderung jeweils nur eines Parameters erlaubt eine eindeutige Identifikation der Ursache/Wirkung-Beziehungen.

P.Acél [1] definiert drei **Teilschritte der Simulationsläufe**, die nicht zu trennen sind:

- **Variation** - Simulation der im Versuchsplan festgelegten Alternativen,

- **Optimierung** - Bewertung von Varianten, Vergleich mit weiteren Varianten und iterative Verbesserung der Lösung,

- **Interpretation** bezüglich der Zielerfüllung und der Machbarkeit in technischer, organisatorischer und ökonomischer Hinsicht.

Diese drei Schritte werden in modernen Simulationssystemen durch folgende Funktionen unterstützt:

- statistische und graphische Auswertung der Simulationsexperimente,

- Ableitung der unterschiedlichen Modellvarianten mit Hilfe eines Vererbungsmechanismus bei objektorientierten Simulationswerkzeugen,

- automatische stapel-orientierte Durchführung einer Versuchsreihe (Batch-Datei),

- Implementierung der Genetischen Algorithmen im Simulationsmodell.

6.5 Ergebnisanalyse und Ergebnisübertragung

Die durch die Simulation gewonnenen Daten werden analysiert und interpretiert, damit sie die gewünschten Planungs- und Entscheidungsgrundlagen bilden können. Die Bewertung der Ergebnisse gehört auch zu den Aufgaben der Simulationsexperimente bei dem Vergleich von Varianten und bei der schrittweisen Verbesserung der Lösung.

Bei der Interpretation der Simulationsergebnisse müssen die Randbedingungen und Vereinfachungen aus der Modellbildungsphase berücksichtigt werden. Die Simulationsergebnisse stellen statistische Größen für ein gegebenes Zeitintervall dar. Aus diesem Gesichtspunkt müssen diese Daten als eine Stichprobe analysiert und interpretiert sein.

Im nächsten Abschnitt werden die Prinzipien der Berechnung von Simulations-statistiken auf einem einfachen Warteschlangensystem (Abb.78) präsentiert.

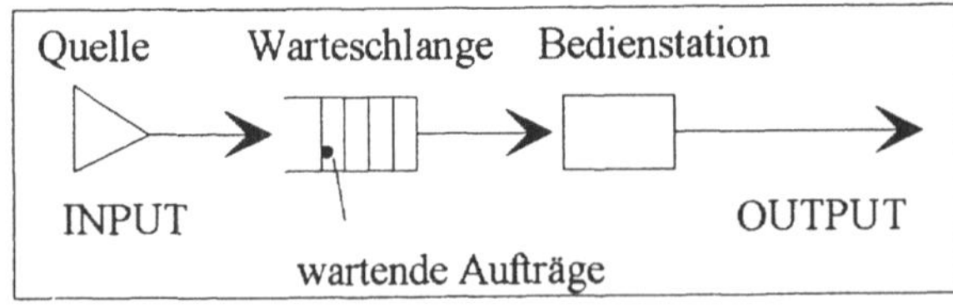

Abb.78.: Ein Warteschlangensystem

Die Ankunftszeiten der Aufträge, die Bedienungszeiten und einzelne Ereignisse sind in Abb. 79 dargestellt.

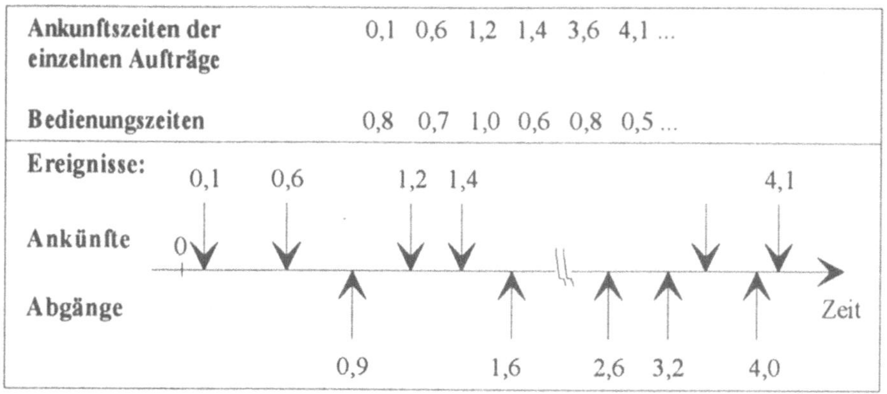

Abb. 79.: Ankunftszeiten, Bearbeitungszeiten und einzelne Ereignisse im System

Abbildung 80 zeigt die sogenannten Zeitintegralen, die für die statistische Berechnung der Simulationsergebnisse benutzt werden (siehe Abb. 81).

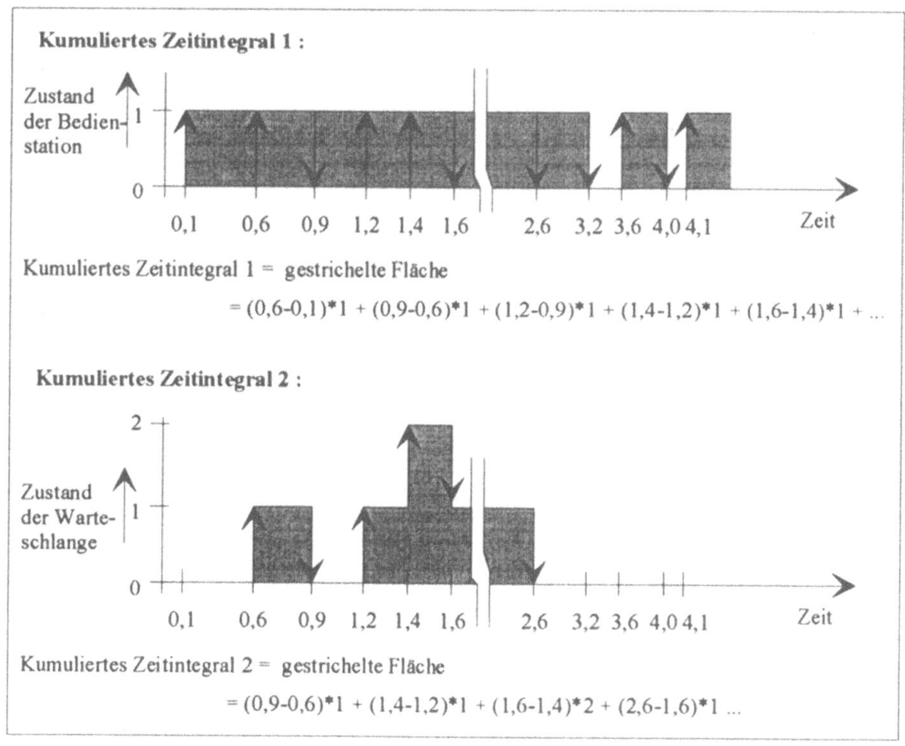

Abb. 80.: Kumulierte Zeitintegrale der Bedienstation und der Warteschlange

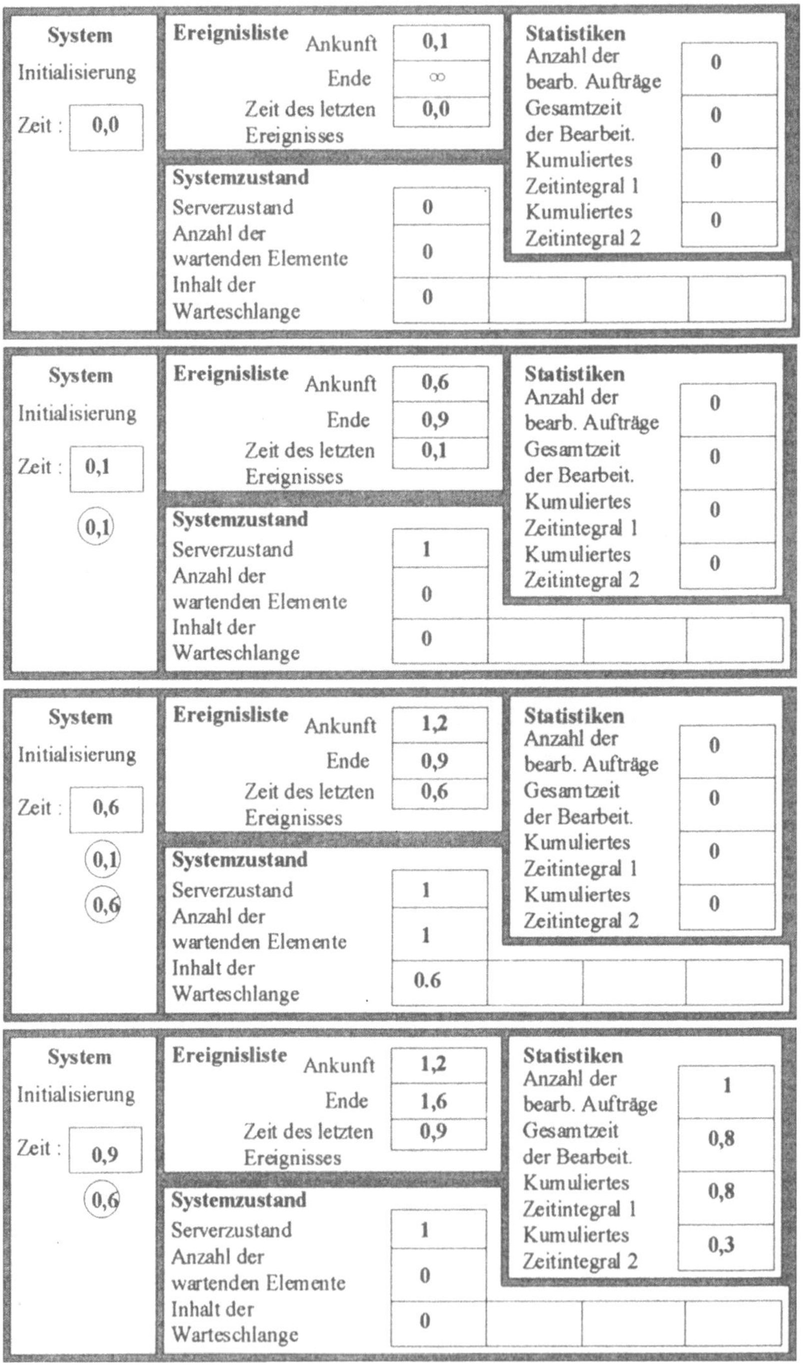

System
Initialisierung
Zeit : 0,0

Ereignisliste
Ankunft 0,1
Ende ∞
Zeit des letzten Ereignisses 0,0

Systemzustand
Serverzustand 0
Anzahl der wartenden Elemente 0
Inhalt der Warteschlange 0

Statistiken
Anzahl der bearb. Aufträge 0
Gesamtzeit der Bearbeit. 0
Kumuliertes Zeitintegral 1 0
Kumuliertes Zeitintegral 2 0

System
Initialisierung
Zeit : 0,1
(0,1)

Ereignisliste
Ankunft 0,6
Ende 0,9
Zeit des letzten Ereignisses 0,1

Systemzustand
Serverzustand 1
Anzahl der wartenden Elemente 0
Inhalt der Warteschlange 0

Statistiken
Anzahl der bearb. Aufträge 0
Gesamtzeit der Bearbeit. 0
Kumuliertes Zeitintegral 1 0
Kumuliertes Zeitintegral 2 0

System
Initialisierung
Zeit : 0,6
(0,1)
(0,6)

Ereignisliste
Ankunft 1,2
Ende 0,9
Zeit des letzten Ereignisses 0,6

Systemzustand
Serverzustand 1
Anzahl der wartenden Elemente 1
Inhalt der Warteschlange 0.6

Statistiken
Anzahl der bearb. Aufträge 0
Gesamtzeit der Bearbeit. 0
Kumuliertes Zeitintegral 1 0
Kumuliertes Zeitintegral 2 0

System
Initialisierung
Zeit : 0,9
(0,6)

Ereignisliste
Ankunft 1,2
Ende 1,6
Zeit des letzten Ereignisses 0,9

Systemzustand
Serverzustand 1
Anzahl der wartenden Elemente 0
Inhalt der Warteschlange 0

Statistiken
Anzahl der bearb. Aufträge 1
Gesamtzeit der Bearbeit. 0,8
Kumuliertes Zeitintegral 1 0,8
Kumuliertes Zeitintegral 2 0,3

Abb.81.: Berechnung der Statistiken

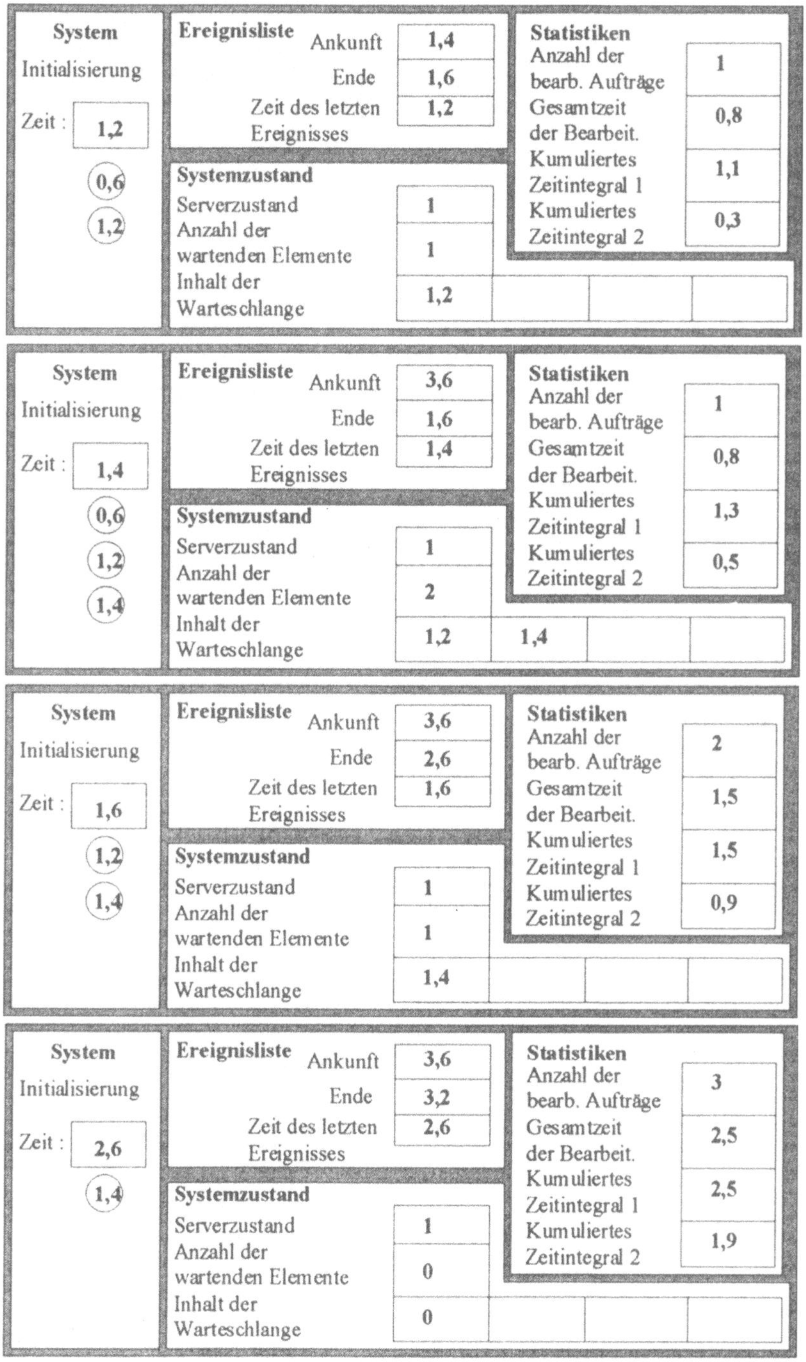

System
Initialisierung
Zeit : 1,2
0,6
1,2

Ereignisliste
Ankunft 1,4
Ende 1,6
Zeit des letzten Ereignisses 1,2

Systemzustand
Serverzustand 1
Anzahl der wartenden Elemente 1
Inhalt der Warteschlange 1,2

Statistiken
Anzahl der bearb. Aufträge 1
Gesamtzeit der Bearbeit. 0,8
Kumuliertes Zeitintegral 1 1,1
Kumuliertes Zeitintegral 2 0,3

System
Initialisierung
Zeit : 1,4
0,6
1,2
1,4

Ereignisliste
Ankunft 3,6
Ende 1,6
Zeit des letzten Ereignisses 1,4

Systemzustand
Serverzustand 1
Anzahl der wartenden Elemente 2
Inhalt der Warteschlange 1,2 1,4

Statistiken
Anzahl der bearb. Aufträge 1
Gesamtzeit der Bearbeit. 0,8
Kumuliertes Zeitintegral 1 1,3
Kumuliertes Zeitintegral 2 0,5

System
Initialisierung
Zeit : 1,6
1,2
1,4

Ereignisliste
Ankunft 3,6
Ende 2,6
Zeit des letzten Ereignisses 1,6

Systemzustand
Serverzustand 1
Anzahl der wartenden Elemente 1
Inhalt der Warteschlange 1,4

Statistiken
Anzahl der bearb. Aufträge 2
Gesamtzeit der Bearbeit. 1,5
Kumuliertes Zeitintegral 1 1,5
Kumuliertes Zeitintegral 2 0,9

System
Initialisierung
Zeit : 2,6
1,4

Ereignisliste
Ankunft 3,6
Ende 3,2
Zeit des letzten Ereignisses 2,6

Systemzustand
Serverzustand 1
Anzahl der wartenden Elemente 0
Inhalt der Warteschlange 0

Statistiken
Anzahl der bearb. Aufträge 3
Gesamtzeit der Bearbeit. 2,5
Kumuliertes Zeitintegral 1 2,5
Kumuliertes Zeitintegral 2 1,9

Abb.81 (Fortsetzung).: Berechnung der Statistiken

134

System Initialisierung — Zeit: 3,2

Ereignisliste	
Ankunft	3,6
Ende	∞
Zeit des letzten Ereignisses	3,2

Systemzustand	
Serverzustand	0
Anzahl der wartenden Elemente	0
Inhalt der Warteschlange	0

Statistiken	
Anzahl der bearb. Aufträge	4
Gesamtzeit der Bearbeit.	3,1
Kumuliertes Zeitintegral 1	3,1
Kumuliertes Zeitintegral 2	1,9

System Initialisierung — Zeit: 3,6 — (3,6)

Ereignisliste	
Ankunft	4,1
Ende	4,0
Zeit des letzten Ereignisses	3,6

Systemzustand	
Serverzustand	1
Anzahl der wartenden Elemente	0
Inhalt der Warteschlange	0

Statistiken	
Anzahl der bearb. Aufträge	4
Gesamtzeit der Bearbeit.	3,1
Kumuliertes Zeitintegral 1	3,1
Kumuliertes Zeitintegral 2	1,9

Abb.81 (Fortsetzung).: Berechnung der Statistiken

Es gibt sehr viele verschiedene Darstellungsformen für die Simulationsergebnisse der einzelnen Modellbausteine. Charakteristische numerische und graphische Formen der Simulationsergebnisse sind in Abb.82 abgebildet.

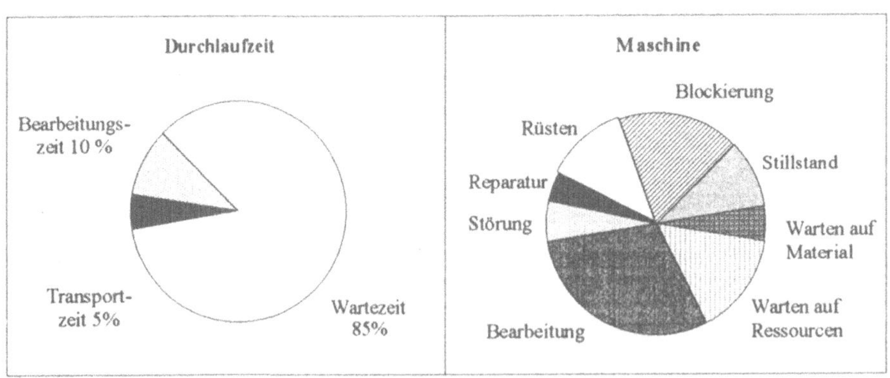

Abb.82.: Darstellungsformen der Simulationsergebnisse

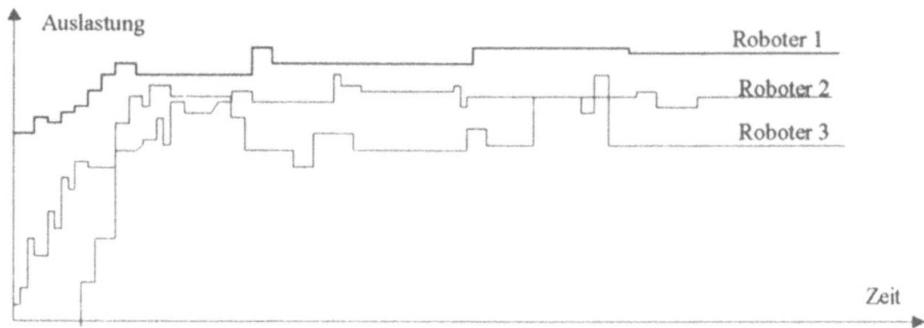

Puffer	Pufferbelegung				Wartezeit			
	Minimum	Maximum	Mittelwert	Standard-abweich.	Minimum	Maximum	Mittelwert	Standard-abweich.
Puffer 1	0	8	0,1	0,5	0,0	6,42	0,26	0,91

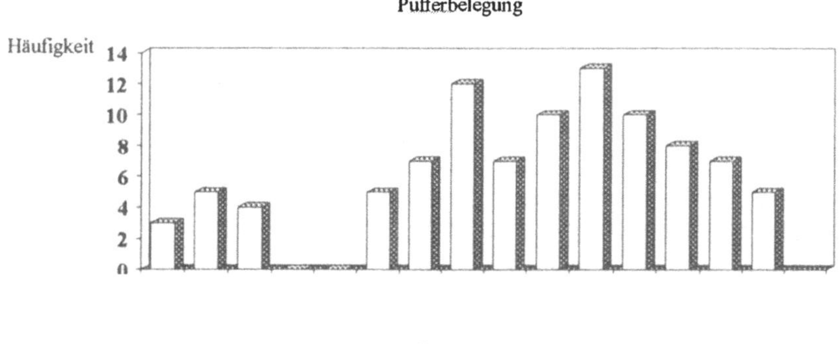

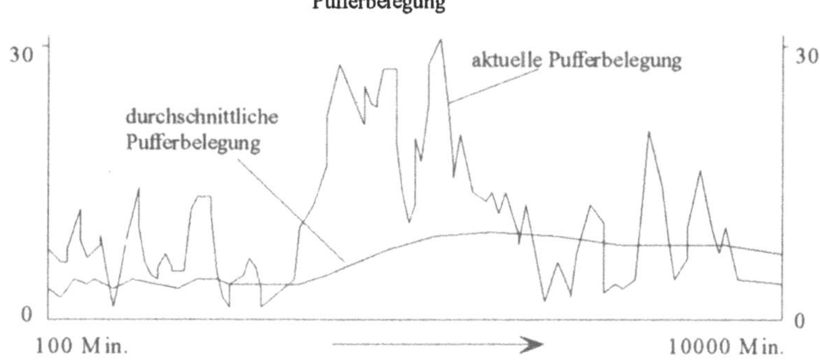

Abb.82 (Fortsetzung): Darstellungsformen der Simulationsergebnisse

Produkt	Anzahl	Durchlaufzeit			
		Minimum	Maximum	Mittelwert	Standard-abweichung
Welle	204	162,25	285,83	212,44	21,91
...					

Fahrzeug	Auslastung %							
	Beladen	Entladen	Leerfahrt	Transportaufgabe	Störung	Stillstand	Blockierung	Reparatur
FZ1	5	4	15	16	6	30	20	4

Abb.82 (Fortsetzung): Darstellungsformen der Simulationsergebnisse

Um Aussagen über das zu untersuchende System machen zu können, müssen Beurteilungskriterien festgelegt werden, an denen die Qualität der Modellvarianten gemessen werden können. Diese Kriterien können oftmals in einem Widerspruch zueinander stehen (z.B. maximale Systemauslastung und minimale Durchlaufzeiten) und manche Beurteilungskriterien nicht quantifizierbar sein müssen (z.B. Erhöhung der Flexibilität). Die Beurteilungskriterien für ein Modell müssen bereits vor der Modellerstellung in der Systemanalyse festgelegt sein und können daher schon die Modellkonzeption beeinflussen.

Für die Bewertung der schwer quantifizierbaren oder widersprüchlichen Kriterien wird die Nutzwertanalyse erfolgreich verwendet.

Im ersten Schritt der Nutzwertanalyse werden die Kriterien gesucht, nach denen die Lösungen untersucht werden können. Jedes Kriterium wird mit jedem anderen Kriterium verglichen. Das im direkten Vergleich wichtigere Kriterium erhält zwei Punkte. Das unwichtigere Kriterium bekommt keinen Punkt. Sind zwei Kriterien gleichwertig, so wird beiden Kriterien jeweils ein Punkt gutgeschrieben. Danach werden alle Punkte kriterienweise addiert und anschließend normiert (Gesamtsumme=100). Ein nächster Schritt ist das Ordnen der Kriterien in einer Reihenfolge. Nach den Simulationsergebnissen werden die Erfüllungsfaktoren bezüglich der Zielsetzungen überprüft. Die Multiplikation des Gewichtungsfaktors mit den Erfüllungspunkten liefert für dieses Kriterium den Teilsystemwert. Die Teilsystemwert-Summe aller Kriterien ergibt für eine Planungsvariante den Gesamtsystemwert (Abb. 83).

Simulationsstudien müssen durch ein Schlußgutachten abgeschlossen werden. Dieses Gutachten stellt eine Brücke zwischen der Planungsphase und der Realisierung dar. Alle Simulationsuntersuchungen, ihre Randbedingungen und Parameter müssen vollständig dokumentiert sein. Dabei muß man aber darauf achten, daß der Auftraggeber die Ergebnisse als Entscheidungsbasis benötigt, d.h. die Ergebnisse sollen in Form der Schlüsse und nicht nur in Form des Lösungsweges dargestellt werden.

Zielkriterien	Gewichtung der Zielkriterien						Summe	Normiert (Gesamtsumme=100)
	1	2	3	4	5	6		
1. Durchlaufzeitreduzierung	--	1	1	2	2	1	7	24
2. Flexibilitätserhöhung	1	--	1	2	2	2	8	28
3. Optimierung des Materialflusses	1	1	--	1	2	1	6	21
4. Kostenreduzierung	0	0	1	--	2	1	4	14
5. Transparenter Informationsfluß	0	0	0	0	--	1	1	4
6. Produktionsleistungserhöhung	1	0	1	0	1	0	3	10
Rang:	2.	1.	3.					

Zielkriterien	G	Variante 1 E x G		Variante 2 E x G		Variante 3 E x G	
1. Durchlaufzeitreduzierung	24	1	24	2	48	3	72
2. Flexibilitätserhöhung	28	2	56	3	84	1	28
3. Optimierung des Materialflusses	21	3	63	1	21	2	42
4. Kostenreduzierung	14	1	14	4	56	4	56
5. Transparenter Informationsfluß	4	4	16	5	20	3	12
6. Produktionsleistungserhöhung	10	5	50	3	30	2	20
			195		256		230

E - Erfüllungsfaktor
G - Gewichtsfaktor

Abb. 83.: Ein Beispiel der Nutzwertanalyse

6.6 Praxisbeispiel

Im folgenden werden die einzelnen Schritte eines Simulationsprojektes anhand eines Praxisbeispiels präsentiert. In einer Firma ABC-AG wurde ein flexibles Fertigungssystem (FFS) installiert. Das Layout ist in Abb. 84 dargestellt.

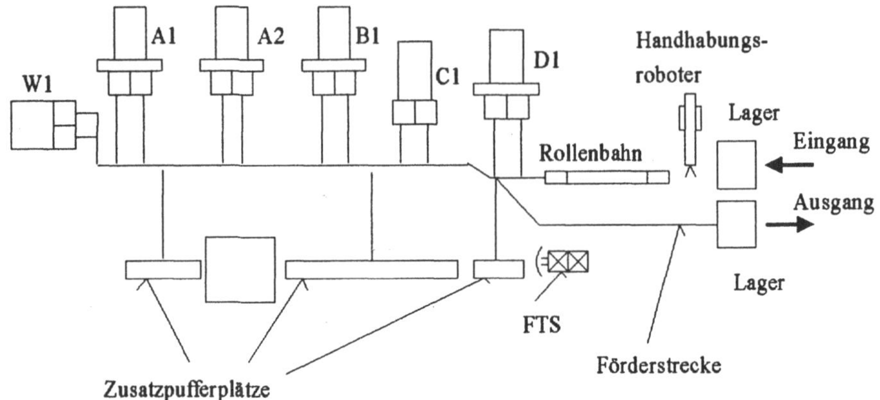

A1, A2 - Planschiebermaschinen
B1, D1 - Fräsmaschinen
C1   - Drehmaschine
W1   - Waschmaschine

Abb. 84.: Flexibles Fertigungssystem der Firma ABC AG

Vom Planungsteam wurde eine ABC-Kostenanalyse des Produktionsprogrammes durchgeführt. Diese Analyse nach Herstellkosten hatte ergeben, daß 70% der jährlichen Herstellkosten durch drei Produktgruppen verursacht wurden. Die Planer haben für diese Gruppen drei Repräsentativwerkstücke bestimmt (siehe Abb.85), die die folgende Bedingungen erfüllen:

- sie liegen jeweils im oberen Abmessungs- und Gewichtsbereich,

- sie repräsentieren einen hohen zeitlichen Produktionsanteil innerhalb der Teilfamilie,

- sie haben eine charakteristische Losgröße.

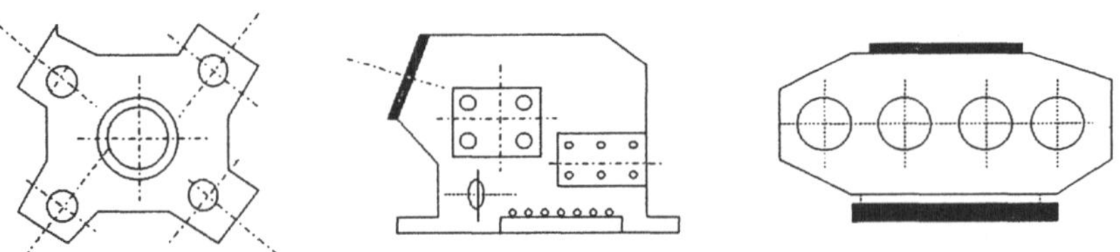

Abb.85: Produktionsspektrum

6.6.1 Problemstellung und Zielformulierung

In der Werkstatt sind folgende Probleme entstanden :
- schlechte Lieferfähigkeit,
- zu lange Lieferfristen,
- lange Durchlaufzeiten und ihre breite Streuung,
- veralteter Maschinenpark,
- unsynchronisierte Fertigung.

Nach den Ergebnissen einer Marktstudie könnte die Firma die zweifache Menge von allen drei Grundprodukten am Markt absetzen. Sie muß also den Durchsatz erhöhen und gleichzeitig die Durchlaufzeiten verkürzen und die Lieferfähigkeit verbessern.

Für die Verbesserung des Fertigungssystems wurden folgende Maßnahmen vorgesehen :

1. Anschaffung zusätzlicher Fahrzeuge (FTS).
2. Erhöhung des Teileausstoßes aus dem Lager.
3. Verbesserung einer Planschiebermaschine.
4. Verbesserung einer Waschmaschine.
5. Verbesserung einer Fräsmaschine.
6. Verbesserung der Drehmaschine.
7. Einführung 3-Schichtbetrieb.

Welche der oben angeführten Maßnahmen sollen bei der Firma ABC durchgeführt werden ?

Die Entscheidung wird mit Hilfe der Simulation und durch eine grobe Wirtschaftlichkeitsrechnung (Kosten/Nutzen-Vergleich) begründet.

Der Maschinenpark umfaßt sechs Arbeitsstationen und einen Handhabungsroboter. Einzelne Aufträge werden mit einem fahrerlosen Transportsystem (FTS) befördert. Zwischen einzelnen Arbeitsplätzen gibt es Spuren, auf denen das FTS nur in einer Richtung fahren kann. Es gibt drei verschiedene Auftragsarten, wobei jede Art ihre eigene Prozeßfolge und Bearbeitungszeit hat.

Bei der Zielformulierung wurden folgende Fragen beantwortet:

- Welche Ziele sollen mit der Simulation erreicht werden ?

Als das Hauptziel der Simulation wurde eine Verbesserung der Effektivität des untersuchten flexiblen Fertigungssystems formuliert. Die Teilziele der Simulationsuntersuchung wurden auf Grund der Ergebnisse der Marktstudie folgendermaßen definiert:

- Durchlaufzeitverkürzung auf ca. 1/3 der gegenwärtigen Werte.
- Verdoppelter Ausstoß gegenüber dem aktuellen Zustand.

Aus den formulierten Zielen werden die relevanten Maßnahmen für die angeforderten Verbesserungen abgeleitet. Die Hierarchie der Simulationsziele ist in Abb. 86 dargestellt.

- Welcher Zeitraum, was für ein Budget und welche Ressourcen stehen für das Simulationsprojekt zur Verfügung ?

Das ganzen Simulationsprojekt ist für zwei Monate geplant, wobei die Simulationskosten die Grenze 80 000.- DM nicht überschreiten dürfen. Die Firma ABC AG hat nur wenig Erfahrung und Know How auf dem Gebiet der Simulationstechnik und verfügt über keine Simulationstools. Aus diesem Grund wurde das ganze Simulationsprojekt mit einer externen Firma unter Anwendung des Simulationssystems SIMPLE++ durchgeführt.

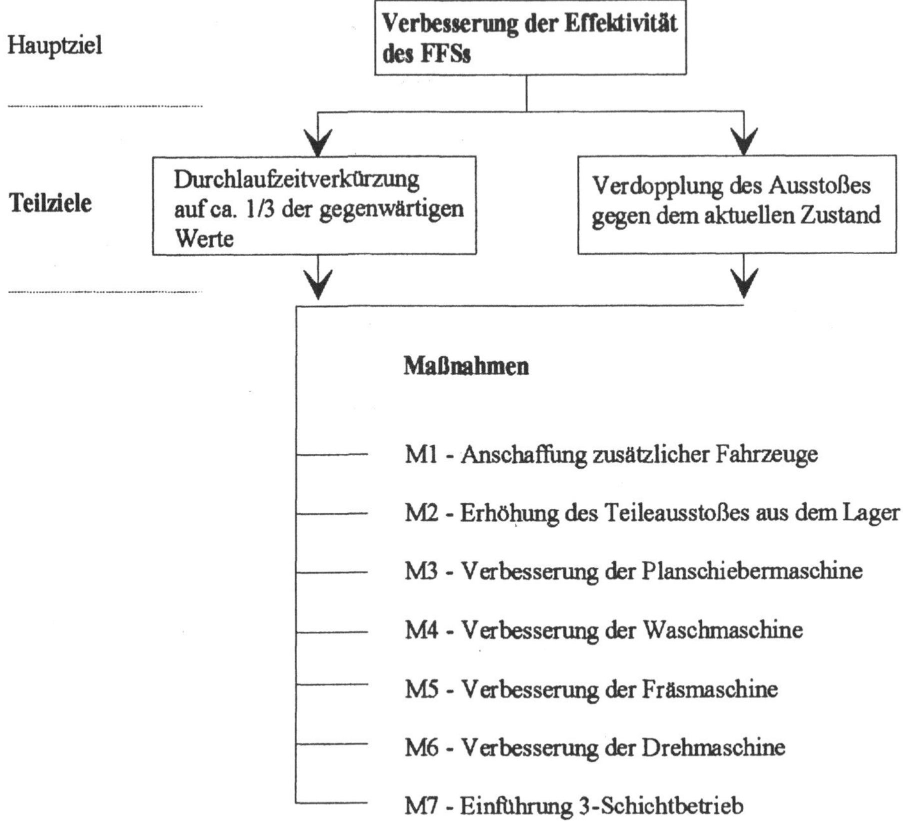

Abb. 86.: Hierarchie der Simulationsziele

- Welche Leistungskennzahlen werden bei dem Vergleich von einzelnen simulierten Varianten verwendet?

Bei der Simulation werden vor allem die Durchlaufzeiten und der Durchsatz im gegebenen Zeitintervall statistisch ausgewertet.

6.6.2 Datenerhebung und -aufbereitung

Im Rahmen der Datenerhebung und -aufbereitung werden die erforderlichen Daten im Produktionsprozeß erfaßt und weiterverarbeitet. Alle Daten werden auf ihre Vollständigkeit und Genauigkeit geprüft.

Das ganze Produktionsprogramm wurde mit Hilfe der ABC-Analyse analysiert. Die einzelnen Repräsentativwerkstücke sind durch ihre individuelle Bearbeitungsfolge und Operationen charakterisiert (Abb.87). Die Fertigungsaufträge mit den Ankunftszeiten sind in Abb. 88 beschrieben.

ARBEITSPLÄNE	Op.	Produkte		
Arbeitsgänge :	Zeit Min.	P1	P2	P3
A1 - Planschiebemaschine 1	40,0	●		
A2 - Planschiebemaschine 2	21,0	●		
B1 - Fräs-3-Achs	42,0		●	●
D1 - Fräs-5-Achs	14,0		●	
W1 - Waschmaschine	15,0	●	●	●
C1 - Drehmaschine	12,0	●	●	●

Abb. 87.: Arbeitspläne

Fertigungsaufträge - Produktionsplan

	Erste Ankunft (Minuten)	Zwischenankunftszeit (Minuten)
Produkt P1	0	50,0
Produkt P2	23,0	69,0
Produkt P3	46,0	69,0

Abb.88.: Fertigungsaufträge

Die Distanzen zwischen den einzelnen Arbeitsplätzen sind von der Layout-Disposition ermittelt und sie werden direkt im Raster des Animationsbildes abgebildet. Die Daten zum fahrerlosen Transportsystem (FTS) sind in Abb.89 dargestellt.

Transportsystem

Roboter-Handhabungszeit	2,5 Min.
Rollenbahngeschwindigkeit	2,8 M/Min.
FTS -Geschwindigkeit	30 M/Min.
FTS-Belade-/Entladezeit	0,5 Min.

Abb. 89.: Transportsystem

Bei der Kostenanalyse der Ist-Situation wurden Ergebnisse wie in Abb. 90 erzielt.

Kostenanalyse

Produkt	variable Kosten	Erlös	Deckungsbeitrag	Teile/Jahr	Deckung
P1	600	2600	2000	3150	6300000
P2	800	3000	2200	2350	5170000
P3	300	1900	1600	2300	3680000

Der Berechnung liegen folgende Annahmen zugrunde :
* Anzahl der Arbeitstage
  pro Jahr: 250 (50 Wochen)
* 2-Schicht-Betrieb
* Deckungsbeitrag = Erlös - Variable Kosten
* Gewinn =
  Deckungsbeitragssumme - Fixkosten

Summe	15150000
Fixkosten	15200000

Gesamt-Bilanz : -50000

Abb. 90.: Kostenanalyse

6.6.3 Modellerstellung

Das Simulationsmodell wurde mit Hilfe des Simulationssystems SIMPLE++ von AESOP Stuttgart (Siehe Teil 7 - Simulationswerkzeuge) in den folgenden Schritten erstellt:

1. Mit Hilfe der Grundbausteine Einzelplatz und Maschine werden die einzelnen Arbeitsplätze abgebildet, ihre Parameter definiert.

2. Mit einem Baustein Quelle aus der SIMPLE++-Bausteinbibliothek wird die Erzeugung der Fertigungsaufträge dargestellt.

3. Aus den Elementen Weg, Fahrzeug, Schnittstelle, Transportsteuerung und Fertigungssteuerung wird das Transportsystem gebildet.

4. Die Funktionen des Roboters werden mit dem Baustein Einzelplatz modelliert.

5. Mit einem Baustein Staustrecke wird die Rollenbahn abgebildet.

6. Die Tabelle der Arbeitspläne und die Modellparameter werden aktualisiert.

7. Die Verbindungen zwischen den Modellelementen werden definiert.

8. Die Methoden für die Aktivierung der einzelnen Maßnahmen werden geschrieben.

9. Die graphischen Symbole der Modellelemente für die Animation werden vorbereitet (Abb. 91).

10. Der Ereignisverwalter wird aktiviert und einzelne Modellfunktionen werden getestet. Mit Hilfe des interaktiven Debugger-Programmes werden die Methoden überprüft.

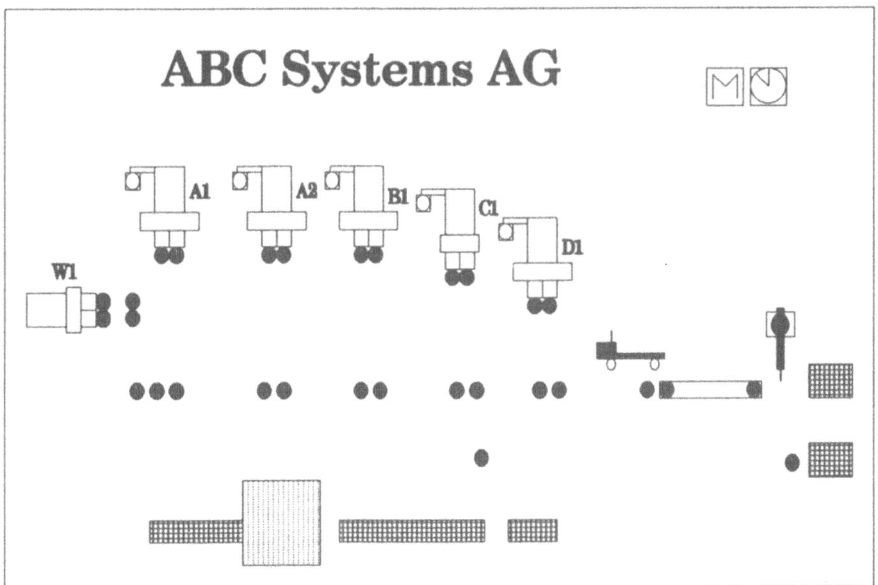

Abb. 91.: Animationslayout des Simulationsmodells

6.6.4 Simulationsexperimente

Für die Verbesserung des Fertigungssystems wurden sieben Maßnahmen vorgeschlagen, d.h. der Taguchi-Versuchsplan (Abb. 92) enthält folgende Faktoren:

A - Anschaffung zusätzlicher Fahrzeuge.

B - Erhöhung des Teileausstoßes am Lagerausgang, durch Anschaffung eines neuen Regalbediengerätes.

C - Verbesserung einer Planschiebermaschine durch neue Werkzeuge und Spannvorrichtungen.

D - Verbesserung der Waschmaschine durch Einbau eines neuen Motors.

E - Verbesserung einer Fräsmaschine durch neue Motoren und Spannvorrichtungen.

F - Verbesserung der Drehmaschine durch neue Motoren und Spannvorrichtungen.

G - Einführung von 3-Schicht-Betrieb.

Versuch Nr.	Faktoren (Maßnahmen)							Ergebnisse
	A	B	C	D	E	F	G	
1	−	−	−	−	−	−	−	E1
2	−	−	−	+	+	+	+	E2
3	−	+	+	−	−	+	+	E3
4	−	+	+	+	+	−	−	E4
5	+	−	+	−	+	−	+	E5
6	+	−	+	+	−	+	−	E6
7	+	+	−	−	+	+	−	E7
8	+	+	−	+	−	−	+	E8

Abb.92.: Taguchi-Versuchsplan

Berechnung der Effekte der einzelnen Faktoren (nach Taguchi-Versuchsplan):

Faktor A- = (E1 + E2 + E3 + E4) / 4

Faktor A+ = (E5 + E6 + E7 + E8) / 4

Daraus resultiert der Effekt von

$$A = | A+ - A-|$$

Auf diese Weise bestimmt man den Effekt von allen anderen Faktoren. Der größte Effekt ist die Haupteinflußgröße. Die optimale Merkmalskombination bestimmt man nach der Größe der Effekte der einzelnen Faktoren.

In Abb. 93 wird ein Maßnahmenkatalog für einzelne Modelländerungen dargestellt.

Nr.	Maßnahme	Änderung im Modell	Kosten (*)
1	Anschaffung zusätzlicher Fahrzeuge	Einsetzen eines weiteren FTS	200000 DM pro Fahrzeug
2	Erhöhung des Teileausstoßes am Lagerausgang, durch Anschaffung eines neuen Regalbediengerätes	Änderung der Zwischenankunftszeiten von 69,0 Min. auf 41,4 Min. von 50,0 Min. auf 30,0 Min.	200000 DM
3	Verbesserung einer Planschieber-maschine (A1) durch neue Werkzeuge und Spannvorrichtungen	Änderung der Operationszeit von 40,0 Min. auf 24,0 Min.	50000 DM
4	Verbesserung der Waschmaschine (W1) durch Einbau eines neuen Motors	Änderung der Operationszeit von 12,0 Min. auf 9,6 Min.	50000 DM
5	Verbesserung einer Fräsmaschine (B1) durch neue Motoren und Spann-vorrichtungen	Änderung der Operationszeit von 42,0 Min. auf 25,2 Min.	50000 DM
6	Verbesserung der Drehmaschine (C1) durch neue Motoren und Spann-vorrichtungen	Änderung der Operationszeit von 15,0 Min. auf 4,5 Min.	250000 DM
7	Einführung des 3-Schichtbetriebs	Änderung der Simulationszeit von 4800 Min. auf 7200 Min.	5000000 DM

Abb. 93.: Maßnahmenkatalog

Die Simulationsergebnisse sind in Abb.94 und die graphische Darstellung der Lösungssuche in Abb. 95 dargestellt.

Versuch Nr.	Durchsatz (Stücke/Woche)				durchschnittliche Durchlaufzeit (Min.)			
	P1	P2	P3	Summe	P1	P2	P3	Summe
1	63	47	46	156	474,4	645,8	528,1	1648,3
2	93	67	69	229	480,8	792,7	618,8	1892,3
3	95	68	69	232	438,4	598,7	520,3	1557,4
4	62	43	46	151	473,0	794,4	544,5	1811,9
5	144	104	104	352	121,2	114,4	104,5	340,1
6	79	57	57	193	283,5	340,9	322,6	947,0
7	120	88	88	296	313,9	252,6	223,8	790,3
8	119	86	85	290	303,9	354,1	338,4	996,4

Abb. 94.: Simulationsergebnisse

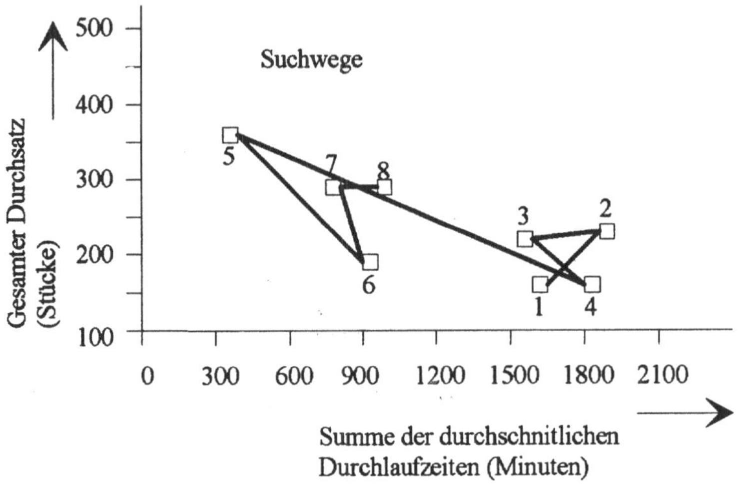

Abb.95.: Suchpfade bei der Lösungsverbesserung

Berechnung der Effekte der einzelnen Faktoren nach Taguchi-Versuchsplan für den Durchsatz beim Produkt P1 (Spalte P1) :

A- = (63 + 93 +   95 +   62) / 4 = 78,25
A+ = (144 + 79 + 120 + 119) / 4 = 115,5
A = |A+ - A-| = |78,25 - 115,5| = 37,25

Die weiteren Effekte:

B- = 94,75	C- = 98,75	D- = 105,5
B+ = 99,0	C+ = 95,0	D+ = 88,25
B = 4,25	C = 3,75	D = 17,25
E- = 89,0	F- = 97,0	G- = 81,0
E+ = 104,75	F+ = 96,75	G+ = 111,75
E = 15,75	F = 0,25	G = 31,75

In diesem Fall (Betrachtung der ersten Spalte für P1 und Maximierung des Durchsatzes für P1) ist folgende Reihenfolge von Faktoren relevant:

A+ G+ D- E+ B+ C- F-

Bei einem weiteren Simulationsexperiment mit dieser Merkmalskombination (Faktoren) werden folgende Ergebnisse gewonnen (Abb.96):

Versuch Nr.	Durchsatz (Stücke)				durchschnittliche Durchlaufzeit (Min.)			
	P1	P2	P3	Summe	P1	P2	P3	Summe
1	180	130	130	440	339,1	268,2	242,6	849,9

Abb. 96.: Simulationsergebnisse für weitere Modellvariante

Gewonnene Ergebnisse zeigen, daß der Durchsatz von P1 erhöht wurde (auch bei P2 und P3). Mit dieser Kombination wurden aber die Werte der durchschnittlichen Durchlaufzeiten verschlechtert.

6.6.5 Ergebnisauswertung und -interpretation

Die durch den Simulationslauf erhaltenen Daten werden durch statistische Methoden und graphische Werkzeuge aufbereitet.
Die Abschlußauswertung von gewonnenen Ergebnissen nach finanziellen Kriterien wird in Abb. 97 dargestellt.

Ergebnistabelle

Produkt	var.Kosten	Erlös	Deckungsbeitrag	Teile/Jahr	Deckung
P1	600	2600	2000	7200	14400000
P2	800	3000	2200	5200	11440000
P3	300	1900	1600	5200	8320000

Maßnahme	Kosten	Kosten / Maßnahme
Anschaffung zusätzlicher Fahrzeuge	200000 DM	200000
Erhöhung des Teileausstoßes aus dem Lager	200000 DM	———
Verbesserung einer Planschiebermaschine	50000 DM	50000
Verbesserung der Waschmaschine	50000 DM	———
Verbesserung einer Fräsmaschine	50000 DM	50000
Verbesserung der Drehmaschine	250000 DM	———
Einführung des 3-Schichtbetriebs	5000000 DM	5000000
Summe der Maßnahmenkosten		5300000
Fixkosten		15200000
Deckungsbeitragssumme		34160000
Gesamt-Bilanz :		13660000

Abb. 97.: Kostenmäßige Auswertung der Simulationsergebnisse

Wie die Auswertung nach den finanziellen Kriterien gezeigt hat, wird die Durchführung von einzelnen Maßnahmen mit den Kosten in der Höhe von 5300000 DM verbunden. Die erzielten Verbesserungen bringen einen Gesamtnutzen in der Höhe von 13660000 DM in einem Jahr.

7

Simulationswerkzeuge

"Die Situation in der Informatik läßt sich wie folgt darstellen:

** Preisgünstige Arbeitsplatzrechner bringen die Simulation auf den Schreibtisch und in die Werkhalle.*

** Die Softwaretechnologie stellt Umgebungen bereit, die es auch dem Unerfahrenen erleichtern, Simulationsmodelle auf dem Rechner aufzubauen und zu betreiben.*

** Die Graphik veranschaulicht das Ablaufgeschehen durch Animation und bietet anspruchsvolle Ergebnispräsentationen.*

** Die Simulationstechnik stellt sehr leistungsfähige Systeme zur Verfügung, die hohe Abbildungstreue mit schnellem und preiswertem Modellaufbau verbinden."*

(Prof.B.Schmidt, Erlangen-Nürnberg, 1987)

In diesem Teil werden die wichtigsten Entwicklungstrends der Simulationswerkzeuge, die Kriterien für die Auswahl eines geeigneten Simulationssystems und ein Überblick der wichtigsten Simulationssysteme behandelt.

7.1 Entwicklung von Simulationssystemen

Die Entwicklung der Simulationswerkzeuge ist historisch durch vier Phasen gekennzeichnet [46]:

1. Die erste Phase ist charakterisiert durch die Entwicklung spezieller Software zur Durchführung von Simulationen. Diese Werkzeuge unterstützten den Anwender vor allem bei der Modellerstellung und Durchführung der Experimente. Es wurden drei verschiedene Simulationskonzepte für diskrete Systeme entwickelt : Ereignis-, aktivitäts-, und prozeßorientierte Simulationssysteme (siehe Teil 2). Diese Weltbilder wurden in unterschiedlichen Programmiersprachen und Simulationsmitteln implementiert. Die ereignisorientierten Simulationssysteme stellen relativ hohe Anforderungen an den Benutzer, der die einzelnen Ereignisse und ihre Anordnung selbst programmieren muß. Andererseits bietet diese Vorgehenweise hohe Flexibilität und Abbildungsgenauigkeit an (z.B. GASP, SIMSCRIPT).

Bei den prozeßorientierten Simulationssystemen (z.B. GPSS, SIMAN) ist die Modellerstellung wesentlich einfacher, wobei die Abbildungsmöglichkeiten und die Anpassungsfähigkeit oftmals stark beschränkt sind. Der Benutzer definiert den individuellen Fluß eines Objektes durch das System.

Der aktivitätsorientierte Ansatz (Simulationssysteme CSL, ECSL, CAPS) verwendet Aktivitäten. Während ein Ereignis einen Zeitpunkt darstellt, wird eine Aktivität durch ein Zeitintervall beschrieben. Ereignisse haben die Dauer 0, während die

Aktivitäten eine positive Dauer aufweisen. Die Aktivitäten können also als zwei direkt zusammenhängende Ereignisse verstanden werden.

2. In der zweiten Entwicklungsphase wurden verschiedene Weltbilder miteinander kombiniert. Damit können typische Systemkonfigurationen relativ einfach durch die Prozeßorientierung abgebildet werden und gleichzeitig wird die Flexibilität der Modellbildung mit der Ereignisorientierung erhöht. Die Repräsentanten dieser Entwicklungsphase erlauben auch eine Kombination zwischen der diskreten und kontinuierlichen Simulation (GASP IV, SIMAN, SLAM).

3. Diese Phase ergänzte die bisherigen Simulationssprachen durch Hilfsmittel für die Modellbildung (z.B. graphische Symbole), Datenmanagement und graphische Darstellung der Simulationsergebnisse.

4. Für die vierte Entwicklungsphase sind Simulationswerkzeuge charakteristisch, die die Simulation als ein Projekt unterstützen (siehe Teil 6). Es handelt sich um integrierte Simulationssysteme, die eine komplexe Unterstützung bei der Datenaufbereitung, Modellbildung, Versuchsplanung, Experimentendurchführung und Ergebnisauswertung anbieten. Andere Gliederungen der Softwaregenerationen für die Simulation nach Prof.B.Schmid [126] und nach Dr.B.D.Becker [11] sind in Abb. 98 dargestellt.

Bei dieser Klassifikation muß man aber berücksichtigen, daß einzelne Simulationssysteme ihre eigene Generation bilden. Zum Beispiel besitzen die neuesten Versionen der Systeme GPSS (GPSS H), SLAM (SLAMSYSTEM), SIMAN (SIMAN V, ARENA), SIMSCRIPT (SIMSCRIPT II.5) u.a. mehrere Eigenschaften der letzten Softwaregeneration (integrierte Programmumgebung, Grafik, Animation, hierarchische Struktur usw.).

Für die gesamte Entwicklung der Simulationssysteme sind zwei Richtungen signifikant (Abb. 99)

- **universale Simulationssprachen** (z.B. GASP, GPSS, SIMSCRIPT, SIMAN), die aus allgemeinen Programmiersprachen entwickelt wurden,

- **anwendungsorientierte Simulationssysteme**, die aufbauend auf Simulations- oder Programmiersprachen für spezielle Anwendungsfelder entwickelt wurden (z.B. SIMFACTORY II.5, NETWORK II.5, XCELL u a.).

Universale Simulationssprachen besitzen eine sehr große Anwendungsbreite, ihre Anwendungen sind aber mit hohen Anforderungen an die Benutzer (Programmierkenntnisse) verbunden. Hierzu seien zwei Beispiele genannt: TESS (The Extended SLAM System - Pritsker & Associates - USA) und SIMAN (SIMulation ANalysis Language - Systems Modeling Corporation - USA).

Anwendungsorientierte Simulationssysteme werden durch hohe Anwendungsnähe und Effektivität gekennzeichnet, ihre Flexibilität und Anwendungsbreite sind jedoch beschränkt.

Die neuesten Entwicklungstrends führen zu Systemen, die beide Vorteile der obengenannten Konzepte haben. Dabei haben sich zwei Lösungen durchgesetzt:

1. Parametrische, anwendungsorientierte Systeme wurden um eine eigene Programmiersprache erweitert (z.B. SIMFACTORY II.5 Rel. 6) oder sie haben eine Schnittstelle zu einer höheren Programmiersprache (z.B. SIMAN V). So kann der

150

Benutzer seine eigenen Steuerungen oder spezifische Modellkomponenten selbst entwickeln und diese mit den Standardbausteinen zu kombinieren.

2. Objektorientierte Simulationssysteme, die vordefinierte Grundbausteine beinhalten und gleichzeitig eine objektorientierte Erstellung der anwenderspezifischen Bausteinen erlauben (siehe Abb.100).

Softwaregenerationen nach Prof.Dr.B.Schmidt, Universität Passau

5. Generation	1990	Modellspezifikation Experimentierumgebung Grafik	CREATE! SIMPLE ++ SIMPLEX II usw.
4. Generation	1980	Anwendungsgebiet- spezifische Simulatoren Animation	SHE WHY SIMFACTORY XCELL usw.
3. Generation	1970	Kombinierte Simulation (zeitdiskret und zeit- kontinuierlich)	GASP IV GPSS-FORTRAN 3 ACSL usw.
2. Generation	1960	Unterstützung in - Ablaufkontrolle - Zufallszahlen - Präsentation	SIMSCRIPT GPSS SIMULA usw.
1. Generation	1950	Keine Unterstützung Modellaufbau mit höheren Programmier- sprachen	FORTRAN ALGOL usw.

Softwaregenerationen nach Dr.B.D.Becker, IPA Stuttgart

1. Generation	2.Generation	3.Generation
sprachliche Modellierung	parametrische Modellierung	objektorientierte hierarchische Modellierung

* allgemein
* aufwendig
* Programmierung
* flexibel
	* spezialisiert
	* effizient
	* Einschränkungen
	  bei Bausteinen
	  und Steuerungen
	* nur einfache Steuerungen
	  aus Katalog
	* Anwendungssteuerungen
	  müssen programmiert werden
		* allgemein
		* flexibel
		* strukturiert
		* realitätsnah und effizient
		* anwenderspezifische
		  Modellierung durch Änderung
		  von Attributen und Einbrin-
		  gung flexibler Steuerungen
		* graphisch objektorientierte
		  Benutzeroberfläche

- GPSS - SLAM - SIMULA usw.	- DOSIMIS-3 - WITNESS	- SIMPLE++ - ARENA

Abb. 98.: Generationen von Simulationssystemen

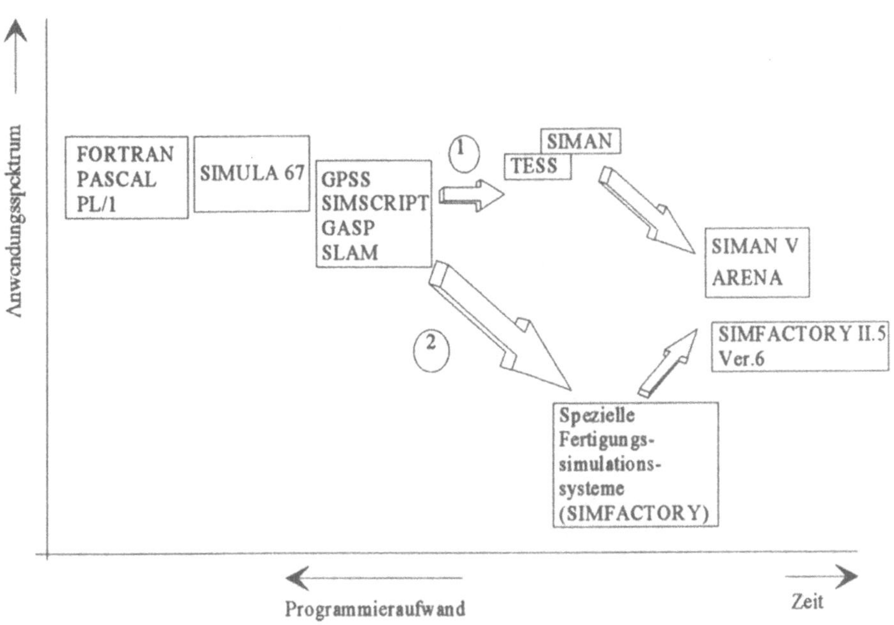

Abb. 99.: Zwei Entwicklungsrichtungen der Simulationssysteme

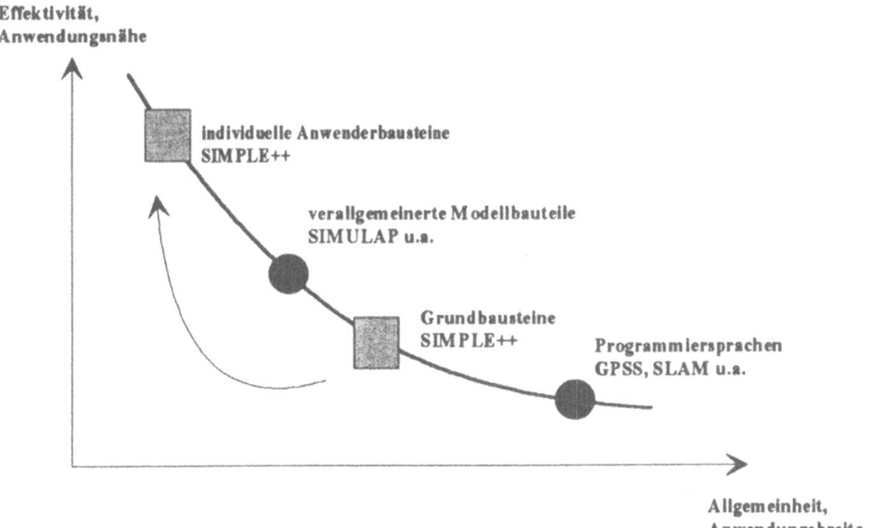

Abb. 100.: Positionierung des Bausteinkonzeptes des objektorientierten Systems
SIMPLE++ [11]

Objektorientierte Systeme sind gekennzeichnet durch eine Übertragung realer Strukturen in Softwarestrukturen. Die physischen Objekte der technischen Systeme werden mit Hilfe anderer Objekte dargestellt. So kann z.B. ein Produktionssystem mit Hilfe beweglicher und nicht beweglicher Objekte beschrieben sein. Objekte sind aktive Datenstrukturen, die aus Zustandsvariablen und verhaltensbestimmenden Methoden bestehen. Die Modellierung besteht dann im wesentlichen darin, die Objekte des abzubildenden Systems zu identifizieren und ihre Eigenschaften (Attribute) und Verhaltensweisen (Methoden) in geeigneter Form zu bestimmen. Ein Modell besteht dann aus einer Menge von Objekten, die gegenseitig kommunizieren und damit gewisse Aktionen veranlassen.

Zu den Hauptprinzipien des objektorientierten Ansatzes gehört die **Modularisierung** d.h. eine Zusammenfassung der Daten und der zugehörigen Zugriffsfunktionen in einem Modul, das mit einer geeigneten Benutzerschnittstelle ausgestattet ist. Die individuellen Objekte werden aus einer Klasse (Gruppe der ähnlichen Objekten), durch **Instanzierung** gebildet. Sie erben ihr Verhalten (Methoden) und die Zustandsvariablen von ihrer Klasse. Die Belegung ihrer Zustandsvariablen ist jedoch individuell. Bei der Instanzierung einer Klasse können nur die Instanz-Attribute verändert werden. Die restlichen Eigenschaften werden als Charakteristik der Klasse betrachtet und sie müssen somit bei allen Instanzen in der Klasse gleich sein.

Eine ähnliche Eigenschaft der objektorientierten Systeme ist die **Vererbung**. Während bei der Instanzierung die Objekte aus einer Klassen gebildet werden, wird bei der Vererbung, ähnlich wie in der Natur, von einem Elternobjekt ein Kindobjekt abgeleitet. Das Kindobjekt stimmt mit seinem Elternobjekt in allen Details überein. Später kann das Kindobjekt **beliebig** verändert werden, zu jedem Zeitpunkt gibt es aber seine Verbindung zum Elternobjekt. Wird z.B. an dem Elternobjekt eine Eigenschaft verändert, so wird diese Änderung an alle von ihm abgeleiteten Kindobjekte sofort weitergegeben (falls dieser Teil beim Kindobjekt nicht geändert wurde).

Durch den Vererbungsmechanismus der objektorientierten Systeme werden Effizienz und Leistungsfähigkeit der Modellierung wesentlich erhöht. Mit der Vererbung können verschiedene individuelle Modellbausteine und Modellvarianten sehr schnell gebildet werden. Gleichzeitig hilft diese Funktion bei der Vermeidung von Redundanzen und Inkonsistenzen und bei der Verringerung der Datenmenge.

Die objektorientierten Simulationssysteme erlauben eine **hierarchische Modellstruktur.** Die Modelle können also aus unterschiedlichen Objekten und anderen Modellen bestehen. Die hierarchische Modellstrukturierung ermöglicht eine sehr anschauliche und transparente Abbildung der Realität, sowie auch eine stufenweise Modelldetaillierung.

Einzelne Objekte in dieser hierarchischen Struktur können mit Hilfe von Nachrichten miteinander kommunizieren. Eine empfangene Nachricht löst beim Empfängerobjekt eine individuelle Reaktion (Methode) aus, z.B. das Versenden einer Nachricht "Fahrzeug beladen" kann eine Methode (Steuerungsprogramm) starten, die weitere Methoden für die Reservierung, Zielsteuerung und Beladen eines Fahrzeuges aktivieren kann.

Die Hauptprinzipien der Objektorientierung sind in Abb. 101 dargestellt.

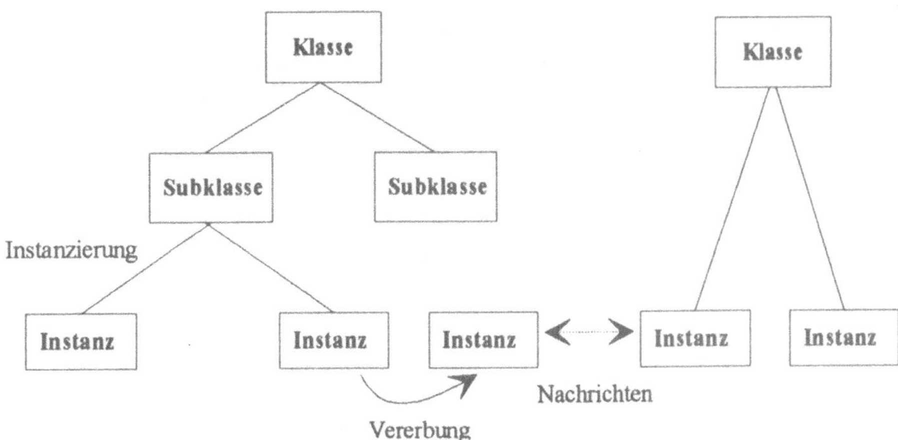

Abb.101.: Hauptprinzipien der Objektorientierung

Es gibt unterschiedliche andere Klassifizierungsmerkmale von Simulationssystemen, die in der Literatur ausführlich beschrieben wurden [88], [126], [133]. Abbildung 102 stellt eine Zusammenfassung der wesentlichen Merkmale [48].

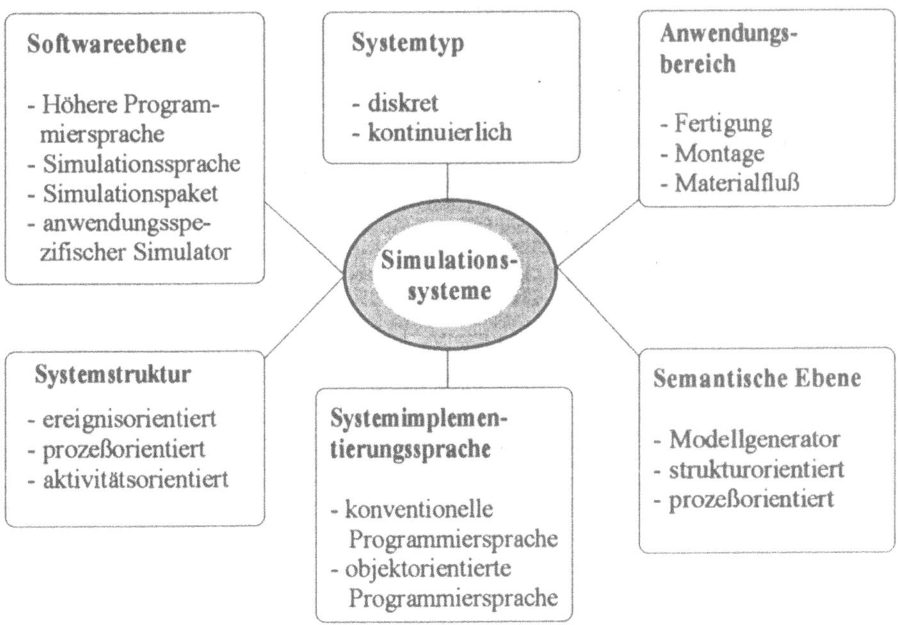

Abb.102.: Klassifikationsschema für Simulationssysteme [48]

154

Ein Planer hat bei der Modellerstellung vier Möglichkeiten:

1. Anwendung einer höheren Programmiersprache (z.B. Fortran, Pascal, C, C++).

2. Anwendung einer Simulationssprache (z.B. SIMSCRIPT II.5, SIMULA).

3. Anwendung eines Simulationspaketes mit Modellklassen (z.B. SLAMSYSTEM, SIMAN).

4. Anwendung eines anwendungspezifischen Simulators mit vordefinierten und parametrisierten Bausteinen (z.B. SIMFACTORY II.5).

Die Vorteile und Nachteile dieser Vorgangsweisen sind in Abb.103 zusammengefaßt.

	Vorteile	Nachteile
höhere Programmiersprache	- keine Anschaffungskosten für Simulationssoftware, - für Programmierer sind alle Modelldetails verständlich, - universelle Anwendbarkeit	- sehr zeitaufwendige Modellerstellung, - problematische Modellverifikation, - oftmals schwierige Modellerweiterung, -modifizierung oder mehrfache Modellverwendung - gute Programmierkenntnisse erforderlich
Simulationssprache	- Verwendung der Programmmodule für Unterstützung der Simulation (z.B. Ereignisverwaltung, Listenverarbeitung, Statistik usw.), - Einsetzbarkeit bei einer großen Klasse von Problemen, - effizient bezüglich Rechenzeit	- große Simulationserfahrungen und teilweise auch Programmierkenntnisse erforderlich, - relativ lange Einarbeitungszeit
Simulationspaket	- komplexe Unterstützung des Simulationsprojektes, - Benutzer konzentriert sich auf die Abbildung der relevanten Systemkomponente, nicht auf die eigene Programmierung, - meistens höhere Effizienz als bei Simulationssprachen	- oftmals relativ hohe Kosten für Einkauf und Betrieb der Simulationssoftware, - Gefahr der falschen Ergebnisse bei unzureichender Erfahrung
anwendungsspezifischer Simulator	- schnelle und komfortable Modellerstellung, - keine speziellen Kenntnisse notwendig - Benutzer arbeitet mit den, für ihn verständlichen, problemspezifischen Bausteinen	- beschänkte Flexibilität und Abbildungsgenauigkeit, - oftmals lange Rechenzeiten

Abb. 103.: Vorteile und Nachteile unterschiedlicher Simulationsmöglichkeiten

Diese Gliederung paßt nicht ganz genau auf die modernsten Simulationssysteme. Viele Simulatoren besitzen z.B. ihre eigene Programmiersprache oder Schnittstellen zu höheren Simulationssprachen. Die ursprünglichen "klassischen" Simulationssprachen sind heute häufig mit einer komfortablen Benutzeroberfläche, einer Baustein- oder Makrobibliothek und einer Programmumgebung integriert. Auf dem Markt werden auch viele Unterstützungsprodukte verkauft, die mit unterschiedlichen Simulationssystemen integrierbar sind (z.B. Unifit II für die statistische Datenanalyse, Proof Animation für die graphische Darstellung der Ergebnisse und die Animation, TESS für Unterstützung des Simulationsprojektes u. a.).

Eine weitere Unterscheidung von Simulationssystemen nach Noche und Wenzel [88] zeigt die Abb. 104.

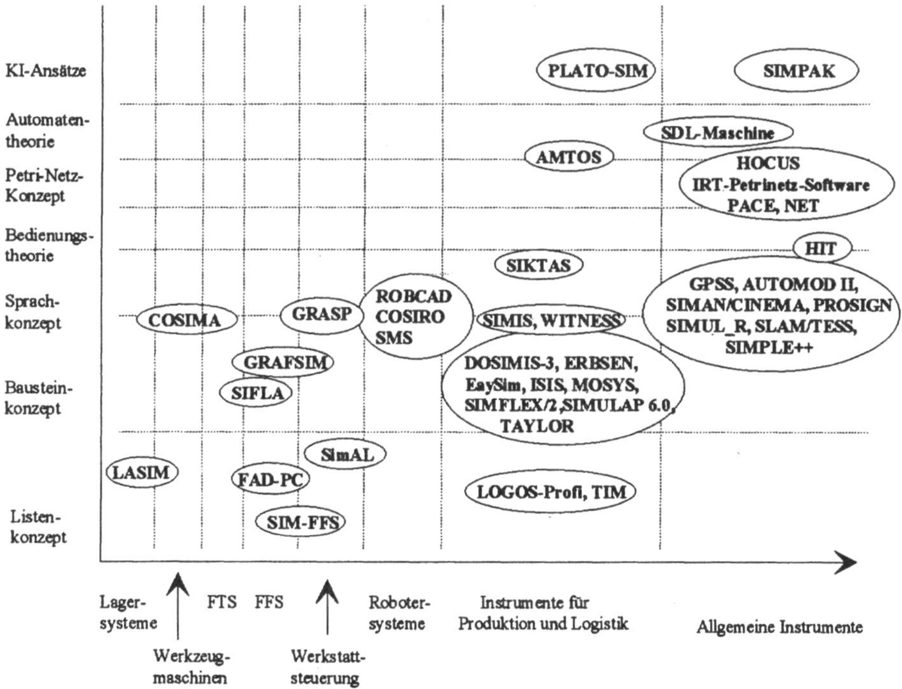

Abb.104.: Taxonomie verbreiteter Simulationsinstrumente nach
Noche und Wenzel [88]

Der Ansatz der Objektorientierung wurde in letzter Zeit auch als wichtiges fundamentales Konzept der Wissensverarbeitung in der Simulation erkannt. Die wissensbasierten Systeme (hier als Synonym Expertensysteme) befassen sich, ebenfalls wie die Simulation, mit den Modellen der realen Probleme auf einem Rechner. Bei der Entscheidungsunterstützung bieten die Expertensysteme mit einem zielgerichteten Inferenzmechanismus einen Blick in die Vergangenheit (Erfahrungen, Wissens) an, wobei die Simulationsmodelle vor allem zukunftsorientiert sind (Modellierung des zuünftigen Systemverhalten). Der vorwärtsgerichtete Mechanismus eines Expertensystems bekommt eine Reihe von Startbedingungen und eine Menge von Regeln und sehen nach, was "entwickelbar" ist, d.h. was könnte alles daraus entstehen. So ist der vorwärtsgerichtete Mechanismus selbst ein Simulationsinstrument. Beide Techniken werden gegenwärtig gemeinsam zur Problemlösung eingesetzt.

O'Keefe [93] unterscheidet vier Möglichkeiten des gemeinsamen Einsatzes von Expertensystemen und der Simulation (siehe Abb. 105).:

1. **Paralleles Arbeiten** von Expertensystem und Simulationsystem (Expertensystem unterstützt die menschlichen Entscheidungen bei der Simulation oder das Expertensystem wird mit Hilfe der Simulation getestet).

2. **Kooperation** von Expertensystem und Simulation (beide Systeme werden nebeneinander genutzt).

3. Intelligentes **Front-End** Expertensystem vor der Simulation (ein Expertensystem kann z.B. helfen, die Modellerstellung für Nicht-Simulationsexperten zu erleichtern und könnte in der Interpretation der Ergebnisse helfen.

4. **Einbettung** vom Expertensystem in die Simulation und umgekehrt (ein wissensbasiertes Programmmodul ist im Simulationssystem implementiert und löst gegebene Aufgaben - z.B. Optimierung des Simulationslaufes, Produktionsablaufsteuerung, Maschinenbelegung usw.).

Die wichtigsten Anforderungen, die moderne Simulationssysteme beinhalten sollen, sind (siehe auch Abb. 106):

1. Unterstützung bei der Datenvorbereitung und -eingabe

- Integrationsfähigkeit mit externen Systemen (z.B. Betriebsdatenerfassung, PPS- Datenbanken, Arbeitsplanung usw.),

- Schnittstellen zu CAD Systemen (z.B. DXF, IGES Schnittstellen zur Übernahme des Layouts und der graphischen Symbole für die Animation aus einem graphischen System),

- statistische Analyse der Eingabedaten (z.B. Chi-Quadrat-Test),

- Unterstützung bei der Überprüfung der Datenvollständigkeit.

2. Unterstützung bei der Modellerstellung

- graphischer Modellentwurf aus Grundbausteinen,

- veränderliche Eigenschaften der Bausteine,

- objektorientierter Entwurf der benutzerdefinierten Bausteine,

- Unterstützung bei der Fehlersuche (syntaktische und logische Fehler),

- Möglichkeit der Programmierung der lokalen oder globalen Steuerungen vom Benutzer,

- hierarchische Struktur.

3. Unterstützung bei der Vorbereitung der Simulationsexperimente

- Berechnung der Simulationszeit (z.B. aus dem Konfidenzintervall),

- Unterstützung bei der Variantenbildung und Parameteränderung,

- Vermeidung des Einflusses der Anlaufphase auf die Simulationsergebnisse.

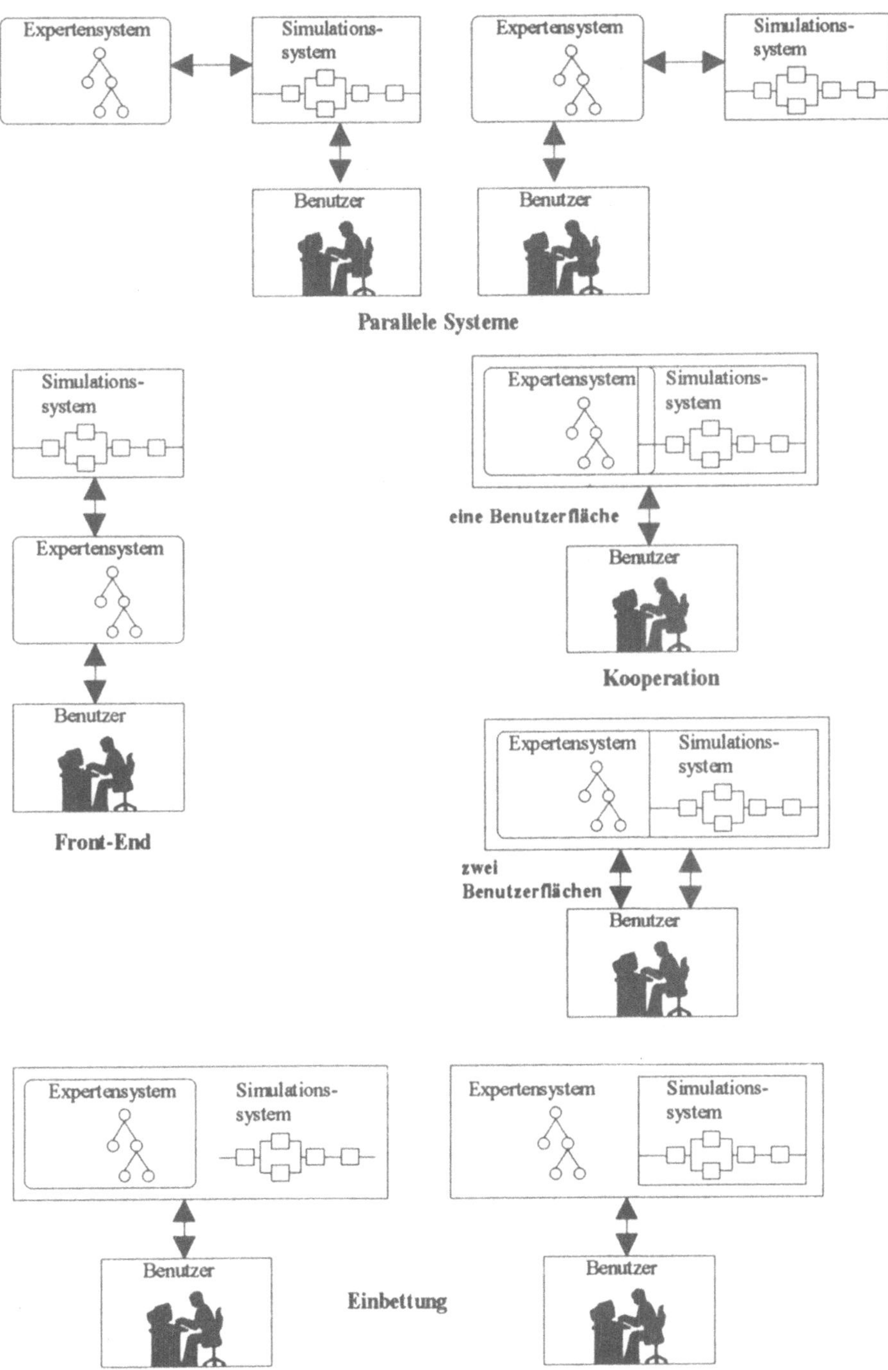

Abb. 105.: Verbindung von Expertensystemen und Simulation [93]

158

4. Unterstützung der Simulationsdurchführung

- Interaktive Kommunikation mit einem Modell während des Simulationslaufes,

- Modelländerungen während des Simulationslaufes,

- Steuerung von Simulationsläufen und "Optimierung" der Simulationsexperimente,

- Online- und Post-Animation (Offline-Animation),

- interaktiver Debugger für Überwachung der Systemvariablen und für Ablaufkontrolle der Steuerungen (Methoden),

- Vorwärts-, Rückwärtssimulation.

5. Auswertung der Simulationsergebnisse

- breite Standardstatistiken,

- statistische Datenanalyse,

- graphische oder numerische benutzerdefinierte Auswertungen,

- Integration zu Tabellenkalkulationen, Graphik, Datenbanken usw.

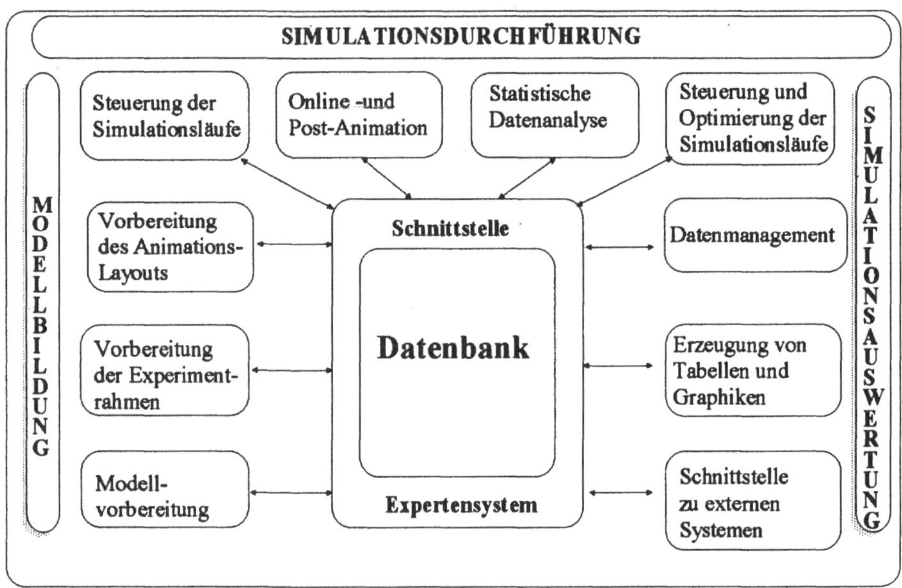

Abb.106. Eigenschaften eines modernen, integrierten Simulationssystems

Bei den heutigen Simulationssystemen hat die Graphik einen wichtigen Stellenwert. Neben der Unterstützung der Modellerstellung und Ergebnisanalyse, bieten die modernen Softwaresysteme unterschiedliche Animationstypen. Unter **Animation** versteht man eine graphische Darstellung der Zustandsänderungen während (Online-Animation) oder nach der Simulation (Offline-Animation) - Abb.107.

Die Hauptgründe für die Anwendung der Animation sind:

- anschauliches Debugging des Simulationslaufes, Fehlererkennung und
  -lokalisierung,

- Unterstützung der Modellvalidierung,

- Visualisierung der Systemengpässe und Unterstützung der
  Verbesserungsvorschläge für die Operationsprozeduren eines Systems,

- Erklärung der Funktionen und der Logik des Simulationsmodells oder
  Präsentation der Simulationsergebnisse.

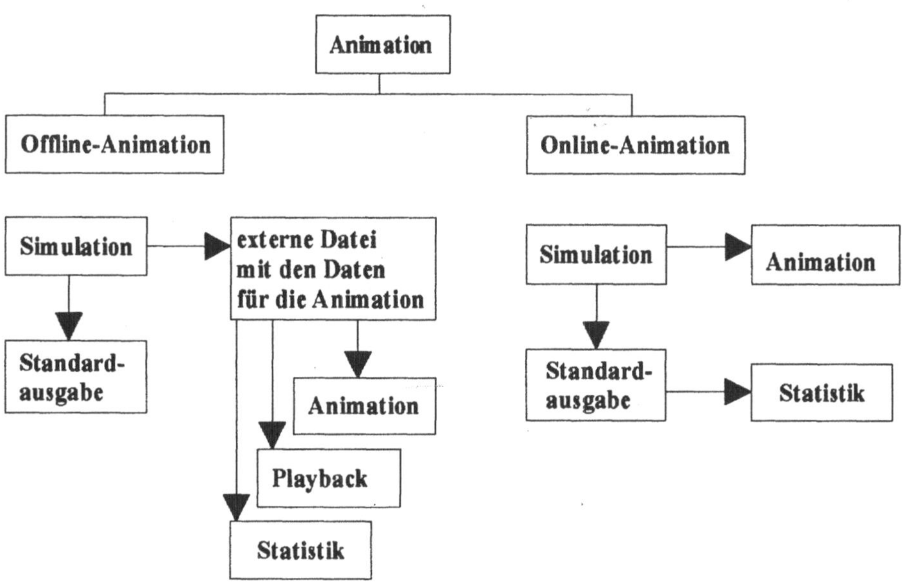

Abb.107.: Zwei Arten der Animation

Bei den Animationssystemen verwendet man die Pixelgraphik (Bit mapped graphic -
z.B. Cinema, CAD Motion) oder eine Zeichengraphik (Character graphic - z.B.
PROMODEL, PC MODEL).

Bei der Vorbereitung der Animation stehen folgende Möglichkeiten zur Verfügung:

- Die graphischen Animationselemente sind in den Modellbausteinen integriert. Die
  Animation wird während der Modellbildung vorbereitet und kann unmittelbar nach
  dem Modellaufbau gestartet werden (z.B. SIMPLE++, SIMFACTORY II.5).

- Der Modellaufbau und die Modellbausteine sind von der Graphik und Animation
  getrennt. Das Modell wird z.B. mit Hilfe der Sprachschichten erstellt und die
  Animation wird in einem graphischen Editor vorbereitet (z.B. SIMAN/CINEMA).
  Diese Systeme besitzen häufig eine Funktion für den Import der graphischen
  Dateien von externen CAD-Systemen (z.B. statischer Hintergrund für die
  Animation).

160

- Für die Animation wird ein externes System verwendet (z.B. CAD Motion, das die
  Graphik von AutoCad oder Autosketch mit Hilfe der DXF-Schnittstelle importiert).

Heutige Animationssysteme verfügen über die folgenden Funktionen:

- Vollständige graphische Unterstützung bei der Vorbereitung der statistischen und
  dynamischen Animationsbausteine (Hintergrund, bewegliche Elemente,
  dynamische Graphen für Darstellung der Systemvariablen, unterschiedliche Farben
  oder Symbole für Darstellung unterschiedlicher Systemzustände - Maschine belegt,
  Maschine blockiert, Maschine gestört usw.),

- mehrere Animationsfenster für die Abbildung der unterschiedlichen
  Modellbereiche,

- stufenweise Veränderung der Animationsgeschwindigkeit und verschiedene
  Ansichtsformen für die Animation (Zoom, Pan usw.),

- Online, Echtzeit-Animation,

- Bibliothek der graphischen Symbole (Standardsymbole, benutzerdefinierte
  Symbole),

- CAD-Schnittstellen (DXF, IGES, u.a.),

- Playback - ermöglicht eine "Aufzeichnung" einer Situation und ihre nachträgliches
  Überspielen und Analyse. Diese Funktion erlaubt es zeitlich vor- und
  zurückzuspringen, ohne einen neuen Simulationslauf zu starten,

- interaktive Animationssteuerung (Ein- und Ausschalten der Animation, Schritt für
  Schritt Steuerung, Snapshots - Festhalten des gegenwärtigen Systemzustandes).

7.2 Auswahl eines Simulationswerkzeuges

Für die Auswahl eines Simulationssystems ist die Situation relativ unübersichtlich.
Auf dem Markt werden Softwaresysteme mit unterschiedlichen Modellierungs-
philosophien und Anwendungsgebieten angeboten. Die Leistungsfähigkeit dieser
Systeme, ihre Anwendungsbreite, Flexibilität und ihre Preise sind sehr
unterschiedlich. Es gibt kein Kriterium, mit dem man eine "objektive" Reihenfolge
der Simulationssysteme erstellen kann. Die Auswahl eines Softwaresystems hängt
vor allem von dem Einsatzgebiet und vom Benutzer ab (Erfahrungen, Häufigkeit der
Simulationsanwendungen, Ressourcen, usw.).

Noche und Wenzel [88] schlagen ein dreistufiges Entscheidungsvorgehen bei der
Auswahl eines geeigneten Simulationssystems vor (siehe Abb. 108):

1. Grobauswahl, Analyse des Marktangebotes (4-6 Systeme).

In der ersten Stufe muß der zukünftige Benutzer seine Anwendungen klar definieren.

Dabei sollten folgende Fragen beantwortet werden:

- Welche Systeme sollen mit der Simulation analysiert werden ?

- Welche Qualifikation haben die potentiellen Simulationsanwender ?

- Wie groß ist der Zeitrahmen und der finanzielle Rahmen für die Simulationsstudie?

2. Engere Auswahl - Demonstrationen, Testbeispiele (2-3 Systeme).

In diesem Schritt werden Demonstrationen der ausgewählten Systeme bzw. ein typisches Testbeispiel analysiert. In dieser Auswahlphase sind folgende Fragestellungen aktuell:

- Welche Modellgröße ist erforderlich ?

- Welches Modellierungskonzept verwendet das Simulationssystem ?

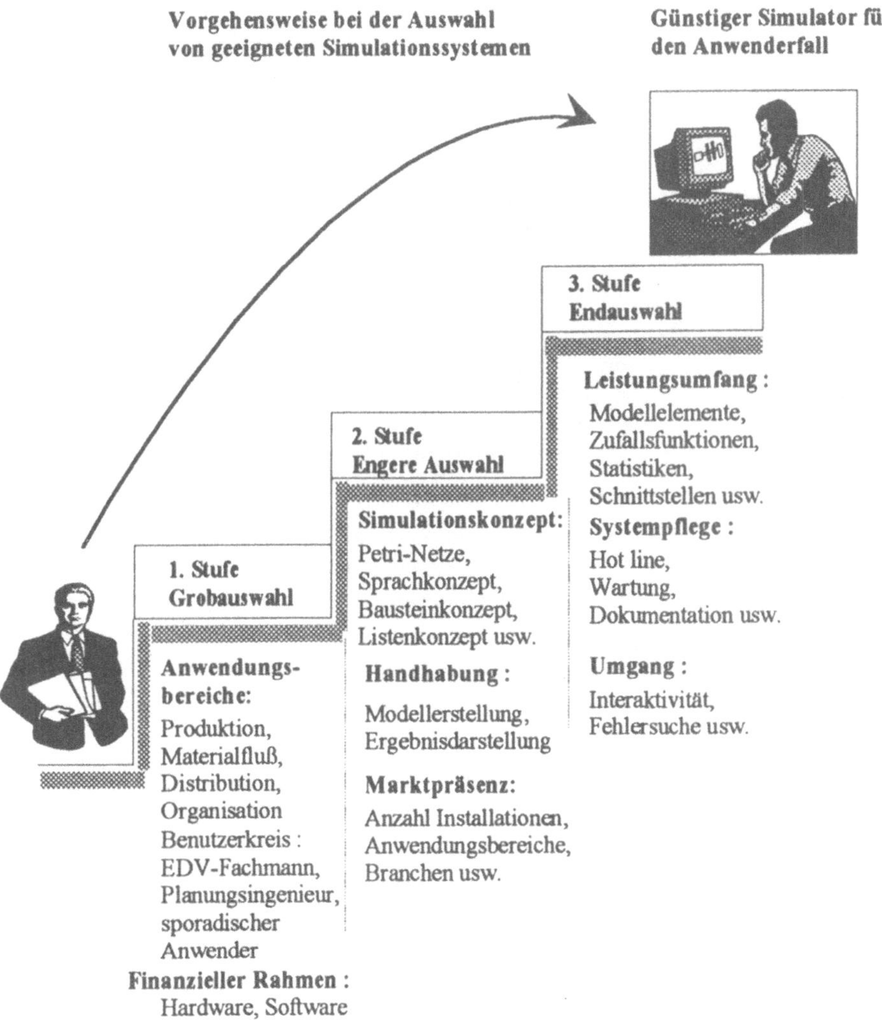

Abb. 108.: Auswahl geeigneter Simulationssysteme

- Wie verläuft die Modelldarstellung und welche Formen der Resultatdarstellung stehen zur Verfügung ?

- Welche Marktpräsenz haben die Simulationssysteme ?

3. Entscheidungsstufe : Endauswahl und Testinstallation.

Für Endauswahl aus 2-3 verbliebenen Systemen sollten folgende Fragen beantwortet werden:

- Welchen Leistungsumfang haben die Simulationssysteme im einzelnen ?

- Welche Unterstützung bieten die Systeme dem Anwender ?

- Wie kann man selber mit dem Instrument umgehen ?

Die wichtigsten Kriterien für die Auswahl der Simulationssoftware:

1. Modellierungskonzept.

Für die Simulation von Produktionssystemen sind diskrete Simulationssysteme geeignet, die unterschiedliche Modellierungskonzepte verwenden können (z.B. Prozeßorientierung, Ereignisorientierung oder ihre Kombination). Weitere wichtige Kriterien für Beurteilung des Modellierungskonzeptes sind z.B.: Softwareebene, Programmiersprache, Modellstrukturierung, Bausteinkonzept, Abbildungs- genauigkeit, Flexibilität, Anschaulichkeit u. a.

2. Anwendungsgebiet.

Mehrere Simulationssysteme sind auf spezielle Anwendungsgebiete orientiert (Fertigung, Montage, Materialfluß, Logistik, Produktionssteuerung, Informations- fluß). Das Einsatzgebiet des Softwaresystems und die Eigenschaften der Systembausteine müssen mit der Problemstellung verglichen werden.

3. Leistungsaspekte der einzelnen Tools des Simulationssystems.

Einzelne Systemmodule und ihre Funktionen werden beurteilt (Modellierungs- elemente und ihre Attribute, Steuerungen, Datenverarbeitung, Statistik und stochastische Verteilungen, Plausibilitätsprüfung, Fehlersuche, Debugging usw.).

4. Benutzeroberfläche.

Bei der Beurteilung der Benutzeroberfläche werden vor allem die Benutzerfreundlichkeit, graphische Unterstützung, Window-Technik, anwender- orientierter Dialog und andere Aspekte berücksichtigt.

5. Anforderungen an den Anwender.

Erforderliche Simulationserfahrungen, spezielle Programmier- und Software- kenntnisse, Einarbeitungszeit.

6. Preis und Betriebskosten.

Die Preise der Simulationssysteme schwanken von 1000,- bis über 100000,- DM. Die Systeme mit Animation und die Systeme für Workstations (z.B. Unix-Plattform) sind vielfach teurer als einfache PC-Systeme. Neben den Einkaufskosten müssen auch die Betriebskosten (vor allem die Personalkosten) berücksichtigt werden. Mehrere Anbieter von Simulationssoftware bieten auch unterschiedliche Vermietungs- bzw. Leasingformen an.

7. Hardware-/Softwareanforderungen.

PC, Workstation, Betriebssystem, spezielle Hardware- oder Softwareanforderungen (z.B. Kapazität der Festplatte, Hauptspeicherkapazität, Bildschirmauflösung, zugrundeliegende Anforderungen an vorhandene Benutzerschnittstellen wie X-Windows oder MOTIF-Unterstützung usw.).

8. Ergebnisse und ihre Darstellung.

Statistiken, Graphik, benutzerdefinierte Ausgaben.

9. Animation.

Pixelgraphik oder Zeichengraphik, integrierte Online-Animation oder Offline-Animation, graphischer Editor, Bausteinbibliothek, 2D/3D-Darstellungen usw.

10. Schnittstellen.

Schnittstellen zu CAD (DXF, IGES), ASCII, Datenbank-Schnittstellen (SQL), Programmier-Schnittstellen (C++).

11. Dienstleistungen, Verbreitungsgrad, Referenzen, Weiterentwicklung.

Dokumentation, Beratung, Wartung, Anzahl der Installationen, System-erweiterungen, Referenzen aus anderen Anwendungen usw. Die Anzahl der Installationen pro System ist in der Größenordnung 10-100 und wird nur bei einigen wenigen "älteren" Systemen (z.B. SLAM, SIMAN) 1000-10000 (dabei sind jedoch viele Universitäts- und Hochschulanwendungen).

Ein Vorschlag einer Bewertungsmatrix für Simulationssysteme nach AESOP [5] ist in Abb. 109 dargestellt. Ein Beispiel einer Checkliste für Auswahl eines Simulationssystems ist in Abb. 110 dargestellt.

	Bewertungskriterien	Bewertung (B) = Checkliste/ Beobachtung	Gewichtung (G) 1-10 (Beispiel)	Gesamtwert (B x G)
SOFTWARE	Funktionalität / Abbildungsgenauigkeit	10		
	Stabilität / Funktionssicherheit	9		
	Flexibilität / Einsatzbreite	7		
	Bedienerfreundlichkeit / Oberfläche	8		
	Integrationsfähigkeit / Schnittstellen	6		
	Modellerstellung / Transparenz / Anschaulichkeit	4		
	Implementierungstechnik / Sprache / / Innovationspotential und -geschwindigkeit	5		
SYSTEM PLATFORM	Leistungsbandbreite der Hardware	7		
	Integration in EDV-Landschaft	5		
	Verwendung von Industriestandards (UNIX, MOTIF, OSI usw.)	4		
SONSTIGES	Referenzen in vergleichbarer Anwendung	6		
	Zusammenarbeit a) Lieferant, b) Hersteller	7		
	Service/ Wartung, Kompetenz, Dienstleistungen	8		
	Testinstallation	5		
	Gesamteindruck	10		
	Besonderheiten	7		

Abb.109.: Bewertungsmatrix für Simulationssysteme nach K.O.-Bewertung [5]

Checkliste für Auswahl eines Simulationssystems

■ Modellierungskonzept:

☐ diskrete Simulation   ☐ kontinuierliche Simulation   ☐ Kombination

☐ Simulationssprache   ☐ Simulationspaket   ☐ anwendungspezifischer Simulator

☐ Objektorientierung   ☐ konventionelle Programmiersprache

☐ prozeßorientierte Simulation   ☐ ereignisorientierte Simulation   ☐ aktivitätsorientierte Simulation

Modellentwurf

☐ Sprache   ☐ Menü   ☐ graphische Bausteine

weitere Modellierungseigenschaften

☐ Modellhierarchie   ☐ Vererbungstechnik   ☐ Modellbeschränkungen

■ Anwendungsgebiet:

☐ Produktion   ☐ Montage   ☐ Materialfluß

☐ Informationsfluß   ☐ Kostenmodellierung   ☐ Steuerung

☐ Personalplanung   ☐ Layoutplanung   ☐ Sonstiges

■ Leistungsaspekte der einzelnen Funktionen:

Bausteine

☐ Bearbeitungselemente   ☐ Materialflußelemente   ☐ Informationsflußelemente

☐ bewegliche Objekte   ☐ Quelle/Senke   ☐ Steuerungen

☐ freie Attribute   ☐ graphische Darstellung   ☐ freie Steuerungen

Bausteinbibliothek

☐ Umfang   ☐ Erweiterbarkeit durch Hersteller   ☐ Erweiterbarkeit durch Anwender

Benutzerunterstützung

☐ Plausibilitätsprüfung   ☐ Fehlersuche   ☐ Debugger

☐ Vorwärts-, Rückwärtssimulation   ☐ Modellvorbelegung   ☐ Ausschaltung der Anlaufphase

Datenverarbeitung

☐ statistische Analyse der Eingabedaten   ☐ schrittweise Analyse (Trace)   ☐ Zugriff auf lokale und globale Variablen

☐ unterschiedliche stochastische Verteilungen   ☐ verschiedene Datentypen   ☐ Sonstiges

Abb. 110.: Checkliste für die Auswahl eines Simulationssystems

<table>
<tr><td colspan="3">Checkliste für Auswahl eines Simulationssystems</td></tr>
<tr><td colspan="3">■ Benutzeroberfläche:</td></tr>
<tr><td>☐ benutzerdefinierte Menüs</td><td>☐ Kommunikations-sprache</td><td>☐ Window-Technik</td></tr>
<tr><td>☐ Online-Hilfen</td><td>☐ graphische Oberfläche</td><td>☐ Konsistenz der Benutzerführung</td></tr>
<tr><td colspan="3">Dateneingabe über</td></tr>
<tr><td>☐ Tastatur</td><td>☐ Editor</td><td>☐ graphische Eingaben</td></tr>
<tr><td>☐ Menüsteuerung</td><td>☐ Datenschnittstellen</td><td>☐ Sonstiges</td></tr>
<tr><td colspan="3">■ Anforderungen an den Anwender:</td></tr>
<tr><td>☐ Programmierung - Simulationssprache</td><td>☐ Programmierung - höhere Programmier-sprache</td><td>☐ Entscheidungstabellen</td></tr>
<tr><td>☐ Objektorientiertes Denken</td><td>☐ Einarbeitungszeit</td><td>☐ Sonstiges</td></tr>
<tr><td colspan="3">■ Preis und Betriebskosten:</td></tr>
<tr><td>☐ Einkaufspreis</td><td>☐ Ermäßigungen</td><td>☐ Multilizenz</td></tr>
<tr><td>☐ Update-Gebühren</td><td>☐ Schulung</td><td>☐ Dokumentation</td></tr>
<tr><td>☐ Demo-Beispiele</td><td>☐ spezielle Baustein-bibliotheken</td><td>☐ Erweiterungen</td></tr>
<tr><td>☐ Wartung</td><td>☐ Hardwarekosten</td><td>☐ Personalkosten</td></tr>
<tr><td colspan="3">■ Hardware- /Softwareanwendungen</td></tr>
<tr><td colspan="3">Hardware</td></tr>
<tr><td>☐ PC</td><td>☐ Hauptspeicher</td><td>☐ Graphik</td></tr>
<tr><td>☐ Workstation</td><td>☐ Festplatte</td><td>☐ Weitere Anforderungen</td></tr>
<tr><td colspan="3">Software</td></tr>
<tr><td>☐ Betriebssystem</td><td>☐ Programmumgebung</td><td>☐ Weitere Anforderungen</td></tr>
<tr><td colspan="3">■ Ergebnisse und ihre Darstellung</td></tr>
<tr><td>☐ statistische Ergebnisse (Art, Umfang, Typ)</td><td>☐ graphische Darstellungs-formen</td><td>☐ benutzerdefinierte Ergebnisse</td></tr>
<tr><td>☐ Statistiken während Simulation/Animation</td><td>☐ Intervallstatistiken</td><td>☐ Ergebnisdateien zur Weiterverarbeitung</td></tr>
<tr><td>☐ Konfidenzintervall</td><td>☐ Zwischenergebnisse</td><td>☐ Sonstiges</td></tr>
</table>

Abb. 110.: (Fortsetzung) Checkliste für die Auswahl eines Simulationssystems

166

<table>
<tr><td colspan="3" align="center">Checkliste für Auswahl eines Simulationssystems</td></tr>
<tr><td colspan="3">■ Animation:</td></tr>
<tr><td>☐ Online-Animation</td><td>☐ Playback</td><td>☐ mehrere Animationsfenster</td></tr>
<tr><td>☐ 2D/3D-Animation</td><td>☐ Snapshots</td><td>☐ Zoom, Scroll</td></tr>
<tr><td>☐ Zeichengraphik</td><td>☐ Pixelgraphik</td><td>☐ Animation ON/OFF</td></tr>
<tr><td>☐ Geschwindigkeits-
steuerung</td><td>☐ dynamische Graphik
für Darstellung der
Systemvariablen</td><td>☐ Sonstiges</td></tr>
<tr><td colspan="3">■ Schnittstellen:</td></tr>
<tr><td>☐ Programmiersprache</td><td>☐ Datenbank</td><td>☐ ASCII</td></tr>
<tr><td>☐ CAD</td><td>☐ Kalkulationssysteme</td><td>☐ Sonstiges</td></tr>
<tr><td colspan="3">■ Dienstleistungen, Verbreitungsgrad, Referenzen:</td></tr>
<tr><td>☐ Dokumentation</td><td>☐ Schulung</td><td>☐ Praxisbeispiele</td></tr>
<tr><td>☐ Hotline-Service</td><td>☐ Wartung</td><td>☐ Beratung</td></tr>
<tr><td>☐ Systemanpassungen
und -erweiterungen</td><td>☐ Benutzergruppen</td><td>☐ Testinstallation</td></tr>
<tr><td>☐ Updates</td><td>☐ Referenzen</td><td>☐ Anzahl der Installationen</td></tr>
</table>

Abb. 110.: (Fortsetzung) Checkliste für die Auswahl eines Simulationssystems

7.3 Marktübersicht der Software für Simulation von Produktionssystemen

Die Simulationssoftware, die für Produktionssysteme auf dem Markt angeboten wird, ist sehr vielfältig.

Weltweit werden mehr als 200 professionelle Simulationssysteme verkauft und ca. 50% davon sind für die Simulation von Produktionssystemen geeignet. Sie werden in verschiedenen Entwicklungsvarianten für unterschiedliche Computerplattformen angeboten. Mehrere Systeme werden mit unterschiedlichen Erweiterungen verkauft und viele Software-Hersteller stellen regelmäßig neue Varianten oder ganz neue Systeme vor. Ausführliche Übersichten über verfügbare Software finden sich beispielsweise in [43], [73], [88], [92].

Für diesen Abschnitt wurde eine Marktübersicht der wichtigsten Simulationssysteme vorbereitet. Weitere Informationen und Anwendungsreferenzen zu den präsentierten Systemen finden sich in den, bei jedem System angeführten Literaturquellen. Die Lieferantenadressen wurden aus dem deutschsprachigen Raum ausgewählt.

Produkt:	ARENA		
Modellierungskonzept:		**Anwendungsgebiet:**	
Sprach-/Bausteinkonzept, Ereignisorientierung, Prozeßorientierung, AST - Application Solution Template-Bausteinvorrat		komplexe Produktionssysteme und andere sehr unterschiedliche Anwendungsgebiete	
Animation: Online-Animation		**Weitere Informationen:** [92],[96],[97]	
Hersteller: T: 001-412-741-3727 Fax.: 001-412-741-5635 Systems Modeling Corp. The Park Building 504 Beaver St Sewickley, Pennsylvania, 15143 USA		**Lieferant:** T.: 0049-351-47791-0 Fax.: 0049-351-47791-99 DUAL-ZENTRUM GmbH Gillestraße 2, Ecke Dohaner Straße D-01219 Dresden	
Hardware: HP 9000, DECstation IBM RS/6000, Sun Sparc, PC 386 oder höher 8 MB RAM, min. 15 MB Festplatte		**Software:** MS DOS, OS/2, Unix	
Preis (Tsd. DM): 44,5 - MS DOS, 53,8 - Unix (Templates - 14,5)			
Andere Charakteristiken: Weiterentwicklung der Systeme SIMAN und CINEMA Komplette SIMAN V und CINEMA V Funktionalität, Netzwerkversion, Schnittstellen zu LOTUS, Excel, AutoCAD			

Produkt:	AutoMod II		
Modellierungskonzept:		**Anwendungsgebiet:**	
- Sprach-/Bausteinkonzept - Ereignisorientierung		Fertigung und Logistik	
Animation: 3D Online-Animation		**Weitere Informationen:** [73], [88], [92]	
Hersteller: T: 001-216-292-2668 Fax.: 001-216-292-2861 AutoSimulations,Inc 655 East Medical Dr. P.O.Box 307 Bountiful,UT 84122, USA		**Lieferant:** T.: 0049-203-797030 Fax.: 0049-203-7970310 Hille GmbH Systemtechnik Friemerstraße 40 D-47241 Duisburg 28	
Hardware: Silicon Graphics, PC 286/486, SUN Sparc		**Software:** unterschiedliche, abhängig von Rechnerplattform	
Preis (Tsd. DM): 25 - 150 (abhängig vor der Konfiguration)			
Andere Charakteristiken: IGES- und ASCII-Schnittstellen, AutoView - Präsentationen, Kinematics - Roboter Animation, Autosched - Fertigungssteuerung, Markteinführung: 1988			

Produkt:	Cell MASTer, MAST Simulation Environment, SIM-FFS	
Modellierungskonzept:		**Anwendungsgebiet:**
Bausteinkonzept		- Werkstattsteuerung (Cell MASTer) - Simulationsumgebung für FFS-Planung (MAST)
Animation: Offline-Animation		**Weitere Informationen:** [76], [88], [92], [100]
Hersteller: T: 001-414-2353356 Fax.: 001-414-2353816 CMS Research Inc., 627 Bayshore Dr., Oskosh, Wisconsin 54901, USA		**Lieferant:** T.: 0049-231-975050-0 Fax.: 0049-231-975050-50 SDZ GmbH Hauert 20 D-44227 Dortmund
Hardware: IBM PC		**Software:** MS DOS, MS Windows, Unix
Preis (Tsd. DM): 4,5 - Cell MASTer, 2,5 -10 - MAST		
Andere Charakteristiken: Generierung der WIPAC-Kurve, Kostenmodellierung, Kapazitätsplanung, Analyse, Auswertung SIM-FFS (Bezeichnung in Deutschland)		

Produkt:	DOSIMIS-3	
Modellierungskonzept:		**Anwendungsgebiet:**
Sprach/Bausteinkonzept		Materialfluß, Logistik, komplexe Produktions-systeme
Animation: Online-Animation		**Weitere Informationen:** [88], [146]
Hersteller: T.: 0049-231-9743130,132 Fax.:0049-231-9742211,234 FhG IML Unternehmenslogistik Joseph-von-Fraunhofer-Str.2.-4. D-44227 Dortmund 50		**Lieferant:** T.: 0049-231-975050-0 Fax.: 0049-231-975050-50 SDZ GmbH Hauert 20 D-44227 Dortmund
Hardware: HP 9000, DEC Station, SUN 3/xxx, SUN Sparc, Alpha Station, IBM PC 486 DX, Sicomp/WS 30, 8 MB RAM, 200 MB Festplatte		**Software:** Unix, X Windows, VMS, Ultrix, DEC Windows, SCO-Unix
Preis (Tsd. DM): 50-100		
Andere Charakteristiken:	umfangreiche Bausteinbibliothek, Entscheidungstabellen für Abbildung der Steuerungen, Petri-Netz Bausteine	

Produkt:	EXTEND		
Modellierungskonzept:		**Anwendungsgebiet:**	
Sprachkonzept, Bausteinkonzept		allgemeine Anwendung	
Animation:	2D-Online Animation	**Weitere Informationen:**	
		[92], [108]	
Hersteller:	T.: 001-408-3650305 Fax.: 001-408-6291251	**Lieferant:**	
Imagine That! Inc. 6830 Via Del Oro, Ste. 230, San Jose, California 95119			
Hardware:	Macintosh	**Software:**	Mac O/S
Preis (Tsd. DM):	1,5		
Andere Charakteristiken:	hierarchisches Modellierungskonzept, spezielle Programmiersprache (MODL)		

Produkt:	FACTOR, FACTOR/AIM (AIM - Analyser for Improving Manufacturing)		
Modellierungskonzept:		**Anwendungsgebiet:**	
Bausteinkonzept		Werkstattsteuerung, Kapazitätsplanung (AIM), Maschinenbelegungsplanung	
Animation:	Online Animation	**Weitere Informationen:**	
		[92], [95], [98]	
Hersteller:	T.: 001-317-8791011 Fax.:001-317-4716525	**Lieferant:**	T.: 0049-231-7546-300 Fax.: 0049-231-7546-754
Pritsker Corp. 8910 Purdue Rd., Ste 500, Indianapolis, Indiana 46268, USA		ExperTeam SimTec GmbH Emil-Figge-Straße 85 D-44227 Dortmund 50	
Hardware:		**Software:**	
IBM RS/6000, AS/400, IBM ES/9000, PS/2, DEC VAX, SUN Sparc		AIX, OS 400, VM, OS/2, VMS, Solaris	
Preis (Tsd. DM):	20-50		
Andere Charakteristiken:	Dynamische Produktionssteuerung - TCM Konzept (Total Capacity Management)		

Produkt:	FASIM-X, FASIM - Fertigungsablaufsimulatior		
Modellierungskonzept:		**Anwendungsgebiet:**	
Listenkonzept		Produktion, Materialfluß, Unterstützung der Fertigungssteuerung	
Animation:	Offline Animation	**Weitere Informationen:**	
		[88]	
Hersteller:	T.: 0049-89-48210	**Lieferant:**	T.: 0049-89-48210
Siemens AG Abt. ZPL 1 IP2, Otto Hahn Ring 6 D-81739 München 83		Siemens AG Abt. ZPL 1 IP2, Otto Hahn Ring 6 D-81739 München 83	
Hardware:		**Software:**	
IBM PC, WS Siemens Nixdorf, WX 200, HP 9000 Serie 7xx		Unix-PC, Unix - X Windows, OFS Motif, SCO-ODT 2.0, (FASIM - auch MS DOS)	
Preis (Tsd. DM):	10-20		
Andere Charakteristiken:			

Produkt:	GRAFSIM		
Modellierungskonzept:		**Anwendungsgebiet:**	
Bausteinkonzept		Flexible Fertigungssysteme	
Animation:	Offline Animation	**Weitere Informationen:**	
		[88], [99]	
Hersteller:	T.: 0049-911-654-0 Fax.: 0049-911-654-3464	**Lieferant:**	T.: 0049-911-654-0 Fax.: 0049-911-654-3464
Siemens AG Bereich Rechner- und Standardanwendungen Postfach 4848, D-90489 Nürnberg 1		Siemens AG Bereich Rechner- und Standardanwendungen Postfach 4848, D-90489 Nürnberg 1	
Hardware:		**Software:**	
IBM PC, Sicomp WS 20-32		MS DOS, Windows, OS/2	
Preis (Tsd. DM):	10 - 20		
Andere Charakteristiken:			

Produkt:	GPSS/H

Modellierungskonzept:		Anwendungsgebiet:	
Sprachkonzept		allgemeine Anwendung	
Animation: Offline Animation		**Weitere Informationen:**	
		[73], [91], [92]	
Hersteller: T.: 001-703-7503910 Fax.:001-703-6429634		**Lieferant:** T.: 0049-241-26041/42 Fax.:0049-241-44983	
Wolverine Software Corp. 4115 Annandale Rd.,Ste 200 Annandale, Virginia 22003-2500, USA		Scientific Computers GmbH Franzstraße 107, Postfach 1865 D-52064 Aachen	
Hardware:		**Software:**	
IBM PC(co-processor), SUN Sparc, DEC Station, VAX Station, HP 9000, Silicon Graphics, IBM Mainframe		MS DOS, Unix, VMS	
Preis (Tsd. DM): Hochschulpreise ab 1,4, Industriepreise ab 7,1			
Andere Charakteristiken: Animationsunterstützung von Proof Animation, Datenanalyse - UniFit II oder Simstat			

Produkt:	GPSS/PC

Modellierungskonzept:		Anwendungsgebiet:	
Sprachkonzept		allgemeine Anwendung	
Animation: Offline Animation		**Weitere Informationen:**	
		[88], [92]	
Hersteller: T.: 001-508-8975662 Fax.:001-508-8977562		**Lieferant:** T.: 001-508-8975662 Fax.:001-508-8977562	
Minuteman Software 132 Great Rd., Ste.200, P.O.Box 171/E, Stow, Massachusetts 01775, USA		Minuteman Software 132 Great Rd., Ste.200, P.O.Box 171/E, Stow, Massachusetts 01775, USA	
Hardware:		**Software:**	
IBM PC, PS/2		MS DOS, OS/2	
Preis (Tsd. DM): 2,5-3 (GPSS PC), 4 (GPSS PC EMS)			
Andere Charakteristiken: Graphik, Animation, Interaktivität			

Produkt:	ISIS, ISIS für Windows		
Modellierungskonzept:		**Anwendungsgebiet:**	
Bausteinkonzept		Produktion, Materialfluß, Logistik	
Animation:	Online Animation	**Weitere Informationen:**	
		[88], [144]	
Hersteller:	T.: 0049-6103-73764 Fax.:0049-6103-71962	**Lieferant:**	T.: 0049-6103-73764 Fax.:0049-6103-71962
Breilmann + Partner GmbH Otto-Hahn-Straße 8 D-63225 Langen		Breilmann + Partner GmbH Otto-Hahn-Straße 8 D-63225 Langen	
Hardware:		**Software:**	
IBM PC, PS/2, DEC Station		MS DOS, MS Windows, OS/2, VMS, Unix	
Preis (Tsd. DM):	10-20		
Andere Charakteristiken:	Schnittstellen - AutoCad, Medusa, Fortran		

Produkt:	MicroSaint		
Modellierungskonzept:		**Anwendungsgebiet:**	
Bausteinkonzept		Produktionssysteme	
Animation:	Online Animation	**Weitere Informationen:**	
		[71], [92]	
Hersteller:	T.: 001-303-4426947 Fax.:001-303-4428274	**Lieferant:**	T.: 0044-903-202819 Fax.:0044-903-820762
Micro Analysis / Design Inc. 4900 Pearl East Circle. Ste.201E Boudler, Colorado 80301, USA		Rapid Data Ltd., Crescent House, Crescent Road, Worthing, West Sussex, BN11 5RW, UK	
Hardware:		**Software:**	
IBM PC, Macintosh, SUN Sparc 2-4 MB RAM		MS DOS, Mac SE, MS Windows, Unix, X-Windows	
Preis (Tsd. DM):	6-8		
Andere Charakteristiken:	MicroSaint Human Performance Module, Markteinführung: 1986		

Produkt:	MOSYS	
Modellierungskonzept:		**Anwendungsgebiet:**
Bausteinkonzept, hierarchische Modellierung		Planung von Produktionssystemen
Animation: Online Animation		**Weitere Informationen:**
		[82], [88], [121]
Hersteller: T.: 0049-30-39006248 Fax.:0049-30-3911037		**Lieferant:** T.: 0049-30-39006248 Fax.:0049-30-3911037
FhG IPK Berlin, Pascalstraße 8-9, D-10587 Berlin		FhG IPK Berlin, Pascalstraße 8-9, D-10587 Berlin
Hardware:		**Software:**
IBM PC, VAX, IBM/370		Unix, VMS
Preis (Tsd. DM): 10 - 70		
Andere Charakteristiken: CAD-Schnittstelle (Online), SQL-Schnittstelle, sehr flexibel durch spezielles Petri-Netz-Konzept und Funktionsbausteine, Markteinführung - 1988		

Produkt:	PACE	
Modellierungskonzept:		**Anwendungsgebiet:**
Petri-Netz-Konzept		allgemeine Anwendung
Animation: 2D-Online Animation		**Weitere Informationen:**
		[131]
Hersteller: T.: 0041-71-263151 Fax.:0041-71-240406		**Lieferant:** T.: 0041-71-263151 Fax.:0041-71-240406
Grossenbacher Elektronik AG Sparte CIM-Systeme, Spinnereistr. 8 CH-9008 St.Gallen, Schweiz		Grossenbacher Elektronik AG Sparte CIM-Systeme, Spinnereistr. 8 CH-9008 St.Gallen, Schweiz
Hardware:		**Software:**
IBM PC, Apple Macintosh II, DEC Station, HP 9000, Sun 3-4, Apollo, RS/6000		MS DOS, MS Windows, Mac System, Domain/OS, Ultrix, HP-UX, AIX, Sun OS
Preis (Tsd. DM): 15 (Simulationsstufe), 25 (Code-Generierungsstufe), 50 (Sourcestufe)		
Andere Charakteristiken: Hierarchische Strukturierung mit erweiterten Petri-Netzen		

Produkt:	PERFACT!		
Modellierungskonzept:		**Anwendungsgebiet:**	
Bausteinkonzept, hierarchische Modellierung		Fabriksimulator, komplexe logistische Systeme, betriebsbegleitende Simulation	
Animation: Online-Animation		**Weitere Informationen:** [120]	
Hersteller: T.: 0049-231-9743130,132 Fax.:0049-231-9742211,234	FhG IML Unternehmenslogistik Joseph-von-Fraunhofer-Str.2.-4. D-44227 Dortmund 50	**Lieferant:** T.: 0049-231-975050-0 Fax.: 0049-231-975050-50	SDZ GmbH Hauert 20 D-44227 Dortmund
Hardware: SUN 3xxx, SUN Sparc, VAX Station, Alpha Station, HP 9000, IBM PC 486 DX 16 MB RAM, 200 MB Festplatte		**Software:** Unix 4.1, X Windows, Unix Solaris 2.x, VMS, OSF Motif, HP UX 9.x, SCO Unix	
Preis (Tsd. DM): 60			
Andere Charakteristiken: SQL-Schnittstelle, Fuzzy Logic Control			

Produkt:	PLATO-SIM		
Modellierungskonzept:		**Anwendungsgebiet:**	
objektorientierter Ansatz, wissensbasierte Entwicklungsumgebung KEE-SimKit		Anlagenplanung, Produktion	
Animation: 2D-Online Animation		**Weitere Informationen:** [48], [83]	
Hersteller: T.: 0049-89-90994-213 Fax.: 0049-89-90994-118	IWB TU München Karl-Hammerschmied-Straße 39 D-85609 Aschheim	**Lieferant:** T.: 0049-89-90994-213 Fax.: 0049-89-90994-118	IWB TU München Karl-Hammerschmied-Straße 39 D-85609 Aschheim
Hardware: Workstation,Mikrorechner		**Software:** Unix, KEE SimKit	
Preis (Tsd. DM): 50-100			
Andere Charakteristiken: LISP-Schnittstelle,			

Produkt:	ProModel PC, ProModel for Windows		
Modellierungskonzept:		**Anwendungsgebiet:**	
Sprachkonzept		Produktionssysteme, Materialflußsysteme	
Animation:	Offline Animation	**Weitere Informationen:**	
		[73], [92]	
Hersteller:	T.: 001-801-2266036 Fax.:001-801-2266046	**Lieferant:**	T.: 0044-203-693485 Fax.:0044-203-410156
PROMODEL Corp. 1875 South State, Ste 2400 Orem, Utah 84058		Production Modeling Corp.of Europe, Barclays Venture Centre, University of Warwick Science Park, Sir William Lyons Road, Coventry, CV4 7EZ, UK	
Hardware:		**Software:**	
IBM PC, SUN Sparc, DEC Station, Mainframe, 6 MB RAM		MS DOS, MS Windows, Unix	
Preis (Tsd. DM):	4		
Andere Charakteristiken:	Animationsunterstützung von Proof Animation		

Produkt:	PROVISA		
Modellierungskonzept:		**Anwendungsgebiet:**	
ereignisorientierte Simulation für Produktions- planung und -steuerung		PPS, Werkstattsteuerung	
Animation:	Online-Animation	**Weitere Informationen:**	
		[102]	
Hersteller:	T.: 001-216-2922668 Fax.: 001-216-2922861	**Lieferant:**	T.: 0049-211-596784 Fax.:0049-211-596480
AT&T Istel Visual Interactive Systems Inc. 25800 Science Park Dr., Ste. 100 Clevland, Ohio 44122, USA		AT&T Istel Visual Interactive Systems GmbH. Hansa-Allee 201 D-40549 Düsseldorf	
Hardware:		**Software:**	
IBM PC 386-486, DEC Station, VAX Station, IBM RS 6000, HP 9000 8 MB RAM, 100 MB Festplatte		OS/2, VMS, AIX, HP UX, DEC Windows, OS Motif	
Preis (Tsd. DM):	60 - 100		
Andere Charakteristiken:	Eigene Datenbank, Einplanungsmodul, wirklichkeitsnahe, dynamische Unterstützung der Produktionsplanung und -steuerung		

176

Produkt:	QUEST		
Modellierungskonzept: Bausteinkonzept, eingebaute Bibliotheken, integrierter CAD Modul, Logiken und eigene Programmiersprache (SCL)		**Anwendungsgebiet:** Produktionssysteme, Materialflußsysteme, Fabriksimulation (Top Down-Entwurf)	
Animation: 3D-Online Animation		**Weitere Informationen:** [92]	
Hersteller: T.: 001-810-377-6900 Fax.: 001-810-377-8125 Deneb Robotics Inc. 3285 Lapeer Road West, P.O.Box 214687, Auburn Hills, Michigan 48321-4687, USA		**Lieferant:** T.: 0049-2131-35007 Fax.: 0049-2131-35000 Deneb Deutschland GmbH Im Traubental 5, D-41468 Neuss	
Hardware: Workstation, 32 MB RAM, enhanced graphics		**Software:** MS DOS, Unix	
Preis (Tsd. DM): 75 - 80 - Unix, 40 - 50 MS DOS			
Andere Charakteristiken: Import von Modellen aus IGRIP, CAD Schnittstellen - IGES, DXF, VDA-FS, Place, Catia u.a., Kostenanalyse, offene Architektur, Baustein zur "Virtuellen Fabrik" (IMS Projekt)			

Produkt:	Siman V / Cinema V		
Modellierungskonzept: Sprach-/Bausteinkonzept, Ereignisorientierung, Prozeßorientierung		**Anwendungsgebiet:** komplexe Produktionssysteme und andere sehr unterschiedliche Anwendungsgebiete	
Animation: Online-Animation		**Weitere Informationen:** [21], [43], [92], [109]	
Hersteller: T: 001- 412-741-3727 Fax.: 001-412-741-5635 Systems Modeling Corp. The Park Building 504 Beaver St Sewickley, Pennsylvania, 15143 USA		**Lieferant:** T.: 0049-351-47791-0 Fax.:0049-351-47791-99 DUAL-ZENTRUM GmbH Gillestraße 2 Ecke Dohaner Straße D-01219 Dresden	
Hardware: IBM PC, IBM RS 6000, DEC Station, HP 9000, SUN Sparc 8 MB RAM, min. 15 MB Festplatte		**Software:** MSDOS, OS/2, Unix	
Preis (Tsd. DM): Siman V- MS DOS, OS/2 - Unix - 16,2 - 23,4, Cinema V - 27,6 - 41,7			
Andere Charakteristiken: DXF Schnittstelle, umfangreiche statistische Unterstützung (Output Processor), Markteinführung: 1983			

Produkt:	SIMFACTORY II.5 (SIMPROCESS)	
Modellierungskonzept:		**Anwendungsgebiet:**
Bausteinkonzept		Planung von Produktionssystemen
Animation: Online Animation (SIMSCRIPT/SIMGRAPHICS- Graphik)		**Weitere Informationen:** [27], [40], [43], [92]
Hersteller: T.: 001-619-457-9681 Fax.: 001-619-457-1184 CACI Products Company 3344 North Torrey Pines Court La Jolla California 92037, USA		**Lieferant:** T.: 0031-43-670780 Fax.:0031-43-670200 MECC Business Center G.Martinolaan 85, NL-6229 GS Maastricht Niederlande
Hardware: IBM PC, PS/2, VAX Station 2000, DECstation, HP 9000, IBM RS 6000, SUN 3,4, SUN Sparc, Apollo 2500-4500		**Software:** MS DOS, OS/2, MS Windows, Unix, VMS
Preis (Tsd. DM): 15 - 23		
Andere Charakteristiken: programmierbare lokale Steuerungen, Import/Export,umfangreiche statistische Unterstützung (Datagraph), Markteinführung 1986 Kostenmodellierung, Weitere CACI-Simulationssysteme - MODSIM II, SIMSCRIPT II.5, LANNET II.5, COMNET II.5, NETWORK II.5		

Produkt:	SIMFLEX/2	
Modellierungskonzept:		**Anwendungsgebiet:**
Bausteinkonzept		Produktion, Materialfluß, Distribution, Werkstattsteuerung
Animation: Online Animation		**Weitere Informationen:** [66], [88]
Hersteller: T.: 0049-561-8042693 Fax.: 0049-561-8042330 GHK Kassel, Fachbereich Produktionssysteme Mönchebergstr. 7, D-34109 Kassel Simflex GmbH Johann-Sigismund-Str.2, D-10711 Berlin 31		**Lieferant:** T.:0049-30-8925096 Simflex GmbH Johann-Sigismund-Str.2, D-10711 Berlin 31
Hardware: IBM PC, Mikrorechner, Workstation		**Software:** MS DOS, Unix, VMS, HP-UX
Preis (Tsd. DM): 50 - 100		
Andere Charakteristiken:		

Produkt:	SIMPLE ++		
Modellierungskonzept:		**Anwendungsgebiet:**	komplexe Produktions-
objektorientiertes System (Standardbausteine, umfangreiche Programmiermöglichkeiten)		systeme, Unternehmenslogistik, PPS und viele andere Anwendungsgebiete (z.B. Transport ua.)	
Animation:	Online Animation	**Weitere Informationen:**	
		[4], [9], [10], [88]	
Hersteller:	T.: 711-163590 Fax.:711-1635999	**Lieferant:**	T.: 711-163590 Fax.:711-1635999
AESOP GmbH Königstraße 82, D-70173 Stuttgart 1		AESOP GmbH Königstraße 82, D-70173 Stuttgart 1	
Hardware:		**Software:**	
HP 9000, SUN Sparc, DEC Station, IBM PC		Unix, X-Windows, SCO-Unix, X-Windows	
Preis (Tsd. DM):	90		
Andere Charakteristiken:	CAD und DBMS Schnittstellen, Bausteinbibliothek, hierarchische Modellierung, sehr hohe Flexibilität und Leistungsfähigkeit, Markteinführung 1987 - Weiterentwicklung von SIMPLE		

Produkt:	SIMPLEX II		
Modellierungskonzept:		**Anwendungsgebiet:**	
Bausteinkonzept		allgemeine Anwendung	
Animation:	Online Animation	**Weitere Informationen:**	
		[88], [128]	
Hersteller:	T.: 0049-851-509341 Fax.:0049-851-509798	**Lieferant:**	T.: 0049-6103-73764 Fax.:0049-6103-71962
Universität Passau, Lehrstuhl für OR und Systemtheorie, Innstraße 33, D-94032 Passau		Breilmann + Partner GmbH Otto-Hahn-Straße 8 D-63225 Langen	
Hardware:		**Software:**	
IBM PC, Workstation		Unix	
Preis (Tsd. DM):	10 - 20		
Andere Charakteristiken:			
Hierarchisches Modellierungskonzept, eigene Modellbeschreibungssprache (SIMPLEX MDL), Modellbanken - OSIRIS (Fertigung, Montage, Lager und Transport), ARASIM, RegioPlan +			

Produkt:	SIMPRO	
Modellierungskonzept:		**Anwendungsgebiet:**
Bausteinkonzept		allgemeine Anwendung
Animation: Online-Animation		**Weitere Informationen:** [87], [120]
Hersteller: T.: 0049-30-21495-0 Fax.: 0049-30-21495-117 INPRO GmbH Nürnbergerstraße 68/69 D-10787 Berlin		**Lieferant:** T.: 0049-231-975050-0 Fax.: 0049-231-975050-50 SDZ GmbH Hauert 20 D-44227 Dortmund
Hardware: HP 9000, SUN Sparc, DEC Alpha, IBM PC 32 MB RAM		**Software:** HP UX, X11 Software, SUN OS, ODF/1, SCO-Unix, Linux
Preis (Tsd. DM): 70 - Standortlizenz, Hochschullizenz, Einzelplatz - 8, Wartung - 1 Jahr - 11-16		
Andere Charakteristiken:		

Produkt:	SLAMSYSTEM	
Modellierungskonzept:		**Anwendungsgebiet:**
Sprachkonzept, Netzwerkorientierte Modellierung		komplexe Produktionssysteme
Animation: Online Animation		**Weitere Informationen:** [92], [101], [112]
Hersteller: T.: 001-317-8791011 Fax.:001-317-4716525 Pritsker Corp. 8910 Purdue Rd., Ste 500, Indianapolis, Indiana 46268, USA		**Lieferant:** T.: 0049-231-7546-300 Fax.: 0049-231-7546-754 ExperTeam SimTec GmbH Emil-Figge-Straße 85 D-44227 Dortmund 50
Hardware: IBM PC, PS/2, DEC Station 8 MB RAM, 40 MB Festplatte		**Software:** MS DOS, MS Windows, OS/2
Preis (Tsd. DM): 20 - 50		
Andere Charakteristiken: CADSchnittstelle, Markteinführung 1988 - Weiterentwicklung von SLAM II und TESS		

Produkt:	TAYLOR II		
Modellierungskonzept:		**Anwendungsgebiet:**	
Bausteinkonzept		Produktions- und Materialflußprozesse	
Animation:	3D-Online Animation	**Weitere Informationen:**	
		[92], [149]	
Hersteller:	T.: 0031-13-366344 Fax.:0031-13-427516	**Lieferant:**	T.: 0049-211-322151 Fax.:0049-211-322897
F&H Logistics and Automation B.V., Tilburg, Niederlande		F&H Simulationssoftware GmbH, Neunbrückstraße 4, 40213 Düsseldorf 1	
Hardware:		**Software:**	
IBM PC		MS DOS, MS Windows	
Preis (Tsd. DM):	10		
Andere Charakteristiken:	vordefinierte Bausteine, spezielle Programmierschnittstelle, Kostenanalyse		

Produkt:	WITNESS		
Modellierungskonzept:		**Anwendungsgebiet:**	
Baustein-/Listenkonzept		Produktionssysteme, Produktionssteuerung	
Animation:	Online-Animation	**Weitere Informationen:**	
		[92], [102]	
Hersteller:	T.: 001-216-2922668 Fax.: 001-216-2922861	**Lieferant:**	T.: 0049-211-596784 Fax.:0049-211-596480
AT&T Istel Visual Interactive Systems Inc. 25800 Science Park Dr., Ste. 100 Clevland, Ohio 44122, USA		AT&T Istel Visual Interactive Systems GmbH. Hansa-Allee 201 D-40549 Düsseldorf	
Hardware:		**Software:**	
IBM PC 486, IBM RS 6000, SUN Sparc, DEC Station, VAX Station 4-8 MB RAM (PC), 16 MB RAM (WS)		Unix, VMS, SUN OS, HP-UX, AIX, OS/2	
Preis (Tsd. DM):	65		
Andere Charakteristiken:	Bausteinbibliothek, externe Programmierungsmöglichkeiten, eingebaute Funktionssprache, Markteinführung 1986 (Weiterentwicklung von SEE WHY).		

Literatur

[1] ACÉL,P.: Systems-Engineering und Simulation. In.: Simulation - Ein Blick in die Zukunft. BWI, IFOR, Zürich, 1992.

[2] ACÉL,P.,GREGOR,M., HRDLICZKA,V.: Simulation in der Produktion. Lehrschrift zur Vorlesung. BWI-ETH Zürich, 1993.

[3] AESOP: Simulation bei der Projektierung des Einsatzes von FTS. Anwendungsbericht bei MBB, Stuttgart, 1991.

[4] AESOP: SIMPLE++ - Schulungsunterlagen. AESOP, Stuttgart, 1993.

[5] ASLAKSEN,E.,BELCHER,R.: Systems Engineering. Prentice Hall, Sydney, 1991.

[6] AGGTELEKY,B.: Fabrikplanung. Band 3, Ausführungsplanung und Projektmanagement. Carl Hanser Verlag, München, 1990.

[7] AZADIVAR,F.,TALAVAGE,J.: Optimization of Stochastic Simulation Models. Mathematics and Computers in Simulation, 22, 1980, 231-241.

[8] BANKS,J.: Verifying and Validating complex simulation models by analogy. Simulation, 55, 1990, 1, 33-36.

[9] BECKER,B.D.: SIMPLE - Objektorientierte Simulation von Produktionsprozesse. Produktionsblatt, FhG IPA, Stuttgart, 1990.

[10] BECKER,B.D.,SCHULTE,J.: Simulation als Prüfstand für Strategien der Fertigungs- steuerung. AESOP, Stuttgart, 1991.

[11] BECKER,B.D.: Der schnellste Weg zur schlanken Produktion. Simulation in der Produktionsplanung und -steuerung. VDI Haus, Stuttgart, 1992.

[12] BÉKES,J.,ANDONOV,I.: Analyse und Synthese der Maschinenbauobjekte und Prozesse. Alfa Bratislava, (Slowakisch), 1986.

[13] BELL,P.C.,O'KEEFE,R.M.: Visual Interactive Simulation - History, recent developments and major issues. Simulation, vol. 49, 1987, 3, 109-116.

[14] BEN-ARIEH,D.: A knowledge - based simulation and control system. In: KUSIAK,A.(Ed.): Artificial Intelligence: Implications for CIM. Artificial intelligence in industry series. IFS Publ. Ltd., Bedford, 461-472, 1988.

[15] BIETHAHN,J.,SCHMIDT,B. (Ed.): Simulation als betriebliche Entscheidungshilfe. Springer Verlag, XI, 1987.

[16] BLUME,J.: Statistische Methoden für Ingenieure und Naturwissenschaftler. Teil I-II. VDI Verlag, Düsseldorf, 1970.

[17] BOLLINGER,J.G.,CROOKALL,J.R.: The role of simulation in design / teaching of manufacturing systems. Annals of the CIRP,Vol.30, 1981, 2, 525-530 .

[18] BRACHT,U.: Integration der Simulation in die rechnergestützte Fabrikplanung. In.: Simulation von Systemen in Logistik, Materialfluß und Produktion. VDI Berichte 989, München, 73-93, 1992.

[19] BRACHT,U.,FRIEDRICH,G.,SCHMIDT,D.: Dynamische Fabrikplanung I-II. ZwF CIM, 1992, 6-7, 298-303, 401-405.

[20] BREITENECKER,F.: Diskrete Simulation - Optimierung mit genetischen Algorithmen. Seminar über Simulation (SIMPLE). TU Wien, 1992.

[21] BREITENECKER,F.: Diskrete Simulation mit SIMAN. TU Wien, 1988.

[22] BROWNE,J.: Simulation and Simulation Models. In: ROLSTADAS,A.(Ed.): Computer-Aided Production Management, Springer-Verlag, 123-134, 1988.

[23] BUZACOTT,J.A.: Modelling Manufacturing Systems. Robotics & Computer Integrated Manufacturing, Vol.2, 1, 25-32, 1985.

[24] BUZACOTT,J.A.,SHANTHIKUMAR,J.G.: Models for Understanding Flexible Manufacturing Systems. AIIE Transactions, Vol.4, 1980, 12, 339-350 .

[25] BUZACOTT,J.A.,SHANTHIKUMAR,J.G.: Stochastic Models of Manufacturing Systems. Prentice Hall, New Jersey, 1993.

[26] BUZACOTT,J.A.,YAO,D.: Flexible manufacturing systems: a review of analytical models. Management Science, Vol.32, 1986, 890-905.

[27] CACI: SIMFACTORY II.5 Rel.5.0 - Reference Manual and User's Guide. CACI Products Company, La Jolla, California, 1992.

[28] CARRIE,A.: Simulation of Manufacturing Systems. John Wiley and Sons, Chichester, New York, Brisbane, Toronto, Singapore, 1988.

[29] CROOKALL,J.R.: Planning and Simulation of FMS. Annals of the CIRP, Vol.34, 1985, 2, 577-584.

[30] DAENZER,F.,HUBER,F (Hrsg.).: Systems Engineering. Verlag Industrielle Organisation, Zürich, 1992.

[31] DÄHLER,J.: PACE - ein interaktives graphisches Werkzeug für Petri-Netze mit Smalltalk-Erweiterung. GPP, Oberhaching bei München. 1992.

[32] DESLANDRES,V.,PIERREVAL,H.: An expert system prototype assisting the statistical validation of simulation models. Simulation, 56, 1991, 2, 79-89.

[33] DGFL/GPA: Simulationstechnik in der Praxis, Dortmund, 1988.

[34] DIETZ,M.: Outline of a successfull simulation project. Industrial Engineering, 11, 1992, 50-53.

[35] DIN 25424 Fehlerbaumanalyse. Beuth, Berlin, 1982.

[36] DUNN,P.L.C.: Risk avoidance by independent simulation. In: Simulation in manufacturing. Proceedings of the 1st international conference IFS Publ., 23-35, 1985.

[37] FELDMANN,K.,SCHMIDT,B.: Simulation in der Fertigungstechnik. Fachberichte Simulation, Springer-Verlag, Berlin, Heidelberg, 1988.

[38] FISZ,M.: Wahrscheinlichkeitsrechnung und mathematische Statistik. VEB Deutscher Verlag der Wissenschaften, Berlin, 1976.

[39] GANGL,P.,SCHULER,K.: Fortschrittliche Produktionslogistik mit Simulationstechnik. Simulation wird Bestandteil von PPS- und Leitstandsystemen. Simulation in der Produktionsplanung und -steuerung. VDI Haus, Stuttgart, 1992.

[40] GOBLE,J.G.: SIMFACTORY II.5 - Course Notes, CACI, La Jolla 1991.

[41] GOLDBERG,D.E.: Genetic Algorithms in Search Optimization. Machine Learning. Addison Wesley Publishing Company, MA, 1989.

[42] GOLDRATT,E.,M.: The Goal. Gower, Maidenhead, 1992.

[43] GREGOR,M, KOŠTURIAK,J.: Simulationstechnik. Vorlesungsmanuskript FH Ulm-Aussenstelle Geislingen, 1992.

[44] GREGOR,M.,KOŠTURIAK,J.,STRÝČEK,P.,REBEŤÁK,J.: Simulation von Systemen. VŠDS Žilina /Manuskript/, 1991 (Slowakisch).

[45] GROßESCHALLAU,W.: Modelle und Verfahren zur Analyse und Berechnung von Materialflußsystemen. Springer Verlag, Berlin Heidelberg, 1984.

[46] GROßESCHALLAU,W.,KUHN,A.: Simulation und Computergraphik in der Materialflußtechnik. f+h-fördern und heben, 35, 1985, 4-6.

[47] HARREL,Ch.R.,BATEMAN,R.E.,GOGG,Th.,J.,MOTT,J.R.A.: System Improvement Using Simulation. JMI Consulting Group and PROMODEL.

[48] HARTBERGER,H.: Wissensbasierte Simulation komplexer Produktionssysteme. Diss. TU München 1990.

[49] HOLLOCKS,B.: A Well-kept Secret? Simulation in Manufacturing Industry Reviewed. Eurosim, Wien, 1992, 5.

[50] HURRION,R.D.: Simulation: Applications in manufacturing. International Trends in Manufacturing Technology Series. IFS (Publications) Ltd., Bedford, 1986.

[51] HUŠEK,R.,LAUBER,J.: Simulationmodelle. Praha, SNTL - ALFA, 1987 (Tschechisch).

[52] HÜSLEIN,A.,PAGE,B.: Knowledge - based Approaches to Modelling and Simulation Support. Systems Analysis Modelling Simulation, 8, 1991, 4/5, 257-272.

[53] KAPOUN,J.: Techniken der Simulation zur Optimierung unternehmerischer Planungs-, Gestaltungs- und Steuerungsaufgaben, insbesondere in Fertigungs- und Logistikbereichen - eine praktische Übersicht. Lausanne, 1988.

[54] KAY,A.C.: Die Zukunft erfinden. Technische Rundschau, 18, 1992, 29-34.

[55] KELLER,L.,HARRELL,Ch.,LEAVY,J.: The three reasons why simulation fails. Industrial Engineering, 4, 1991, 27-31.

[56] KERCKHOFFS,E.J.H.,MEIJER,R.R.: Considerations of Knowledge - based Process Control in the Parallel Simulation Environment. Systems Analysis Modelling Simulation, 8, 1991, 2, 95-113.

[57] KETCHAM,M.G.,SHANNON,R.E.,HOGG,G.L.: Information structures for simulation modeling of manufacturing systems. Simulation, Vol.52, 1989, 2, 59-67.

[58] KLEINROCK,L.: Queuing Systems Vol.I: Theory. New York Chichester Brisbane Toronto, 1975.

[59] KLEINROCK,L.: Queuing Systems Vol.II: Computer Applications. New York Chichester Brisbane Toronto, 1975.

[60] KLOTZ,U.: Die zweite Ära der Informationstechnik. Harvard Manager, 1991, 2, 102-112.

[61] KOMARNICKI, J.: Simulationstechnik. VDI-Verlag, Düsseldorf, 1980.

[62] KOŠTURIAK,J.,GREGOR,M.: Simulation im Unternehmen.Technica, 1993, 18, 14-19.

[63] KOŠTURIAK,J.,GREGOR,M.: Neue Prinzipien in der FFS - Modellierung und -Simulation. MSR Berlin, 1989, 8, 353-356.

[64] KOŠTURIAK,J.,GREGOR,M.: Stochastisch aus dem Chaos - Computerunterstützte Planung und Simulation von FFS. KEM, 1991, 2, 114-115.

[65] KOŠTURIAK,J. ŠTEFÁNIK,J.: Computerunterstützte Planung von Produktionssystemen. IPV, Žilina, 1990 (Slowakisch).

[66] KREUZER,B.,LÜHRS,G.,REINHARDT,A.,SCHNEIDER,S.: Comparison of Simulation Software - SIMFLEX/2. EUROSIM 1992, 6, November.

[67] KREYSZIG,E.: Statistische Methoden und ihre Anwendung. Vandenhoeck & Ruprecht, Göttingen, 1982.

[68] KROTTMAIER,J.: Versuchsplanung. Der Weg zur Qualität des Jahres 2000. Verlag Industrielle Organisation, Zürich, 1990.

184

[69] KUHN,A.: Trends in der Simulation. In.: Simulation - Ein Blick in die Zukunft. BWI, IFOR, Zürich, 1992.

[70] KUHN,A.: Modellgestützte Logistik - Methodik einer permanenten, ganzheitlichen Systemgestaltung. In: Rechnergestützte Fabrikplanung, VDI Verlag, Düsseldorf, 1992.

[71] LAUGHERY,R.: Comparison of Simulation Software - MicroSaint. EUROSIM, 1993, 9, November.

[72] LAW,A.M.: A forum on crucial issues in simulation modeling. Industrial Engineering, 1993, 5, 32-36.

[73] LAW,A.M.,HAIDER,S.W.: Selecting Simulation Software for Manufacturing Applications: Practical Guidelines & Software Survey. Industrial Engineering, Vol.21, 1989, 5, 33-46.

[74] LAW,A.M., KELTON,W.D.: Simulation Modeling and Analysis. McGraw-Hill, New York, 1991.

[75] LAW,A.M.,McCOMAS,M.G.: Pitfalls to avoid in the simulation of manufacturing systems. Industrial Engineering, 1989, 5, 28-31.

[76] LENZ,J.E.: Flexible manufacturing - benefits for the low - inventory factory. Marcel Dekker Inc., New York, Basel, 1988.

[77] LENZ,J.E.:Automatic evaluation of simulation output or 'The answer to why?' Proc. of the 3rd Int. Conf. Simulation in Manufacturing, 4-6 Nov. 1987, Turin. IFS (Publ.), Bedford, 3-9, 1987.

[78] LENZ,J.E.: How Well Can Flexibility Be Measured? Industrial Engineering, Vol.24, 1992, 6, 14 -15, .

[79] LENZ,J.E.: Monitoring Flexibility Provides Feedback in The Capacity Allocation Decision Life Cycle. Industrial Engineering, Vol.24, 1992, 8, 14-16.

[80] LENZ,J.E.,TALAVAGE,J.J.: General Computerized Manufacturing Systems Simulator (GCMS). Report N.7, Purdue University, School of Industrial Engineering, West Lafayette, Indiana, USA, 1977.

[81] LIPPOLD,J.: Wissenbasierte Beratungssysteme in der Steuerung diskreter Fertigungsprozesse. IH Mittweida, 1989.

[82] MERTINS,K., RABE,M.: Rechnergestützte Planung von Fertigungssystemen. Technica, 41, 1992, 13, 16-21 .

[83] MILBERG,J.,HARTBERGER,H.: PLATO-SIM. Wisensbasierte Simulation in der Anlageplanung. VDI-Z, 132, 1990, 5, 51-54.

[84] MILLS,R.I.: Simulation for manufacturing systems - a critical review. Proc. of the 5th Int. Conf. on Flexible Manufacturing Systems, IFS (Publications) Ltd.,Bedford, 1986.

[85] MURALIDHAR,K.,SWENSETH,S.R., WILSON,R.L.: Describing processing time when simulating JIT environments. International Journal of Production Research, Vol.30, 1992, 1-11.

[86] MÜLLER,R at al.: Fertigungsinseln - Strukturierung der Produktion in dezentrale verantwortungsbereiche. Expert Verlag, Ehningen bei Böblingen, 1992.

[87] NOCHE,B.:Simulation in Produktion und Materialfluss. Entscheidungsorientierte Simulationsumgebung. Verlag TÜV Rheinland, Köln, 1990.

[88] NOCHE,B.,WENZEL,S.: Marktspiegel Simulationstechnik in Produktion und Logistik. Verlag TÜV Rheinland, Köln, 1991.

[89] NOLAN,P.J.,LANE,G.M.,FEGAN,J.M.: ISI - An environment for the engineering use of general purpose simulation languages. Simulation, 56, 1991, 1, 41-47.

[90] NORMAN,V.B.: Twenty questions for your simulation consultant. Industrial Engineering, Vol.25, 1993, 5, 39-40.

[91] NUßBAUMER,A.: Vergleich diskreter Simulationssprachen. TU Wien, 1989.

[92] NWOKE,B.U., NELSON,D.R.: An overview of computer simulation in manufacturing. Industrial Engineering, 1993, 7, 43-57.

[93] O'KEEFE,R.: Simulation and expert systems. A taxonomy and some examples. Simulation,Vol.46,1986, 1, 10-16.

[94] O'KEEFE,R.,ROACH,J.W.: Artificial Intelligence Approaches to Simulation. Journal of the Operation Research Society, Vol.38, 1987, 8, 713-722.

[95] ORTMANN,L.,PRITSKER,A.A.B.,SCHMIDT-WEINMAR,G.: Management der Liege-zeiten durch zeitdynamische Simulation. CIM Management, 1991, 6, 3-10.

[96] o.V.: ARENA. EUROSIM Nr.9, November 1993, 23.

[97] o.V.: ARENA - Getting Started Guide, SMC, 1993.

[98] o.V.:FACTOR/AIM - Produktbeschreibung. Pritsker Corp., Indiana, USA.

[99] o.V.:GRAFSIM - Flexible Fertigungssysteme schneller organisieren und besser führen. Siemens, Nürnberg.

[100] o.V.: SIM-FFS: Produktbeschreibung. SDZ GmbH, Dortmund, 1990.

[101] o.V.:SLAMSYSTEM - Produktbeschreibung. Pritsker Corp., Indiana, USA.

[102] o.V.: Innovative Lösungen durch Simulation - WITNESS, PROVISA. AT & T ISTEL,Düsseldorf.

[103] ÖREN,T.I.,ZEIGLER,B.P.: Concepts for Advanced Simulation Methodologies. Simulation, Vol.32, 1979, 3, 69-82.

[104] ÖREN,T.I.: Artificial intelligence and simulation: From cognitive simulation toward cognizant simulation. Simulation, Vol. 48, 1987, 4, 129-130.

[105] ÖREN,T.I.,ZEIGLER,B.P.: Artificial intelligence in modelling and simulation: Direction to explore. Simulation, 48, 1987, 4, 131-134.

[106] PATZAK,G.: Systemtechnik - Planung komplexer innovativer Systeme. Springer-Verlag, Berlin Heidelberg New York, 1992.

[107] PAGE,B. et al.: Simulation und moderene Programmiersprachen. Springer-Verlag, 1988.

[108] PAWLETTA,T.,STRAUCH,B.: Comparison of Simulation Software - Extend. EUROSIM, 1992, Nr.6, November, 32.

[109] PEDGEN,C.,D.: Introduction to SIMAN. System Modeling Co., State College, PA, 1985.

[110] PRITSCHOW,G (Hrsg.): Simulationstechnik in der Fertigung. Carl Hanser Verlag, München, Wien, 1986.

[111] PRITSKER,A.A.B.: Compilation of definitions of simulation. Simulation,33, 1979,2.

[112] PRITSKER,A.A.B.: Introduction to Simulation and SLAM. Halsted Press, 1984.

[113] PRUETT,J.M.,VASUDEV,V.K.: MOSES - Manufacturing Organisation Simulation and Evaluation System. Simulation, Vol.49, 1990, 1, 37-45.

[114] REFA: Planung und Gestaltung Produktionssysteme - Methodenlehre der Betriebs-organisation. Carl Hanser Verlag, München, 1987.

[115] REICHE,H.J.: Zehn Jahre rechnerunterstützte Fabrikplanung in einem Automobil-unternehmen. VDI-Berichte 824, VDI Verlag, Düsseldorf, 151-173, 1990.

[116] REINHARDT,A.: Simulationswerkzeuge im Unternehmen. In.: Simulation von Systemen in Logistik, Materialfluß und Produktion. VDI Berichte 989, München, 1-17, 1992.

[117] ROPHOL,G.: Systemtechnik - Grundlagen und Anwendung. Hanser Verlag, München Wien, 1975.

[118] RUSSEL,E.C.: Building Simulation Models with SIMSCRIPT II.5. CACI Products Company, La Jolla, California, 1989.

[119] SACHS,L.: Angewandte Statistik. Springer-Verlag, Berlin Heidelberg, 1979.

[120] SDZ: SIMPRO, PERFACT! - Produktbeschreibung. Dortmund, 1994.

[121] SELIGER,G.: Simulation - Fabrikplanung - das integrierte Planungssystem MOSYS. In: ASIM Tagungsbericht. gfmt-Verlag, München, 263-381, 1988.

[122] SELIGER,G.,WIENEKE-TOUTAOUI,B.,RABE,M.: Simulationsunterstützung in der Planung und im Betrieb von Flexiblen Fertigungssystemen. 4.Symposium Simulationstechnik, Zürich, 1987.

[123] SHANNON,R.E.: Systems Simulation - the art and science. New Jersey, Prentice Hall, 1975.

[124] SHANNON,R.E., MAYER,R., ADELSBERGER,H.H.: Expert systems and simulation. Simulation, Vol.44, 1985, 6, 275-284, .

[125] SCHIESS,C.: Simulation: How To Set Goals And How To Get Started. Industrial Engineering, Vol.25, 1993, 5.

[126] SCHMIDT,B.: Simulation von Produktionssystemen. Fachtagung - Rechnerintegrierte Produktionssysteme, Erlangen-Nürnberg, 237-277, 1987.

[127] SCHMIDT,B.: Der Simulator GPSS-Fortran Version 3. Springer-Verlag, Berlin Heidelberg, 1984.

[128] SCHMIDT,B.: Das Modellbankkonzept in SIMPLEX II. Simulation in Passau, 1993, Heft 2, 5-7.

[129] SCHMIDT-WEINMAR,G.-ORTMANN,L.: Zeitdynamische Simulation bei PPS-Systemen. CIM Management, 1991, 3, 57-64.

[130] SCHÖNE,A.: Simulation technischer Systeme. Band 3 - Simulation diskreter systeme, Carl Hanser Verlag, München, 1974.

[131] SCHRIBER,T.: Simulation Using GPSS. John Wiley, New York, 1974.

[132] SOLBERG,J.,J.: The Optimal Planning of Computerized Manufacturing Systems. CAN-Q User's guide. Report 9, Purdue University, 1980

[133] SOLIMAN,M.: Rechnerunterstützte Optimierung des Betriebsmittelflüsses in flexibel automatisiertne Fertigungen. Diss., VDI Verlag, Düsseldorf, 1987.

[134] SPUR,G.,HIRN,W.,SELIGER,G.,VIEHWEGER,B.: Simulation zur Auslegungsplanung und Optimierung von Produktionssystemen. ZWF CIM, 1982, 9, 446.

[135] STADLBAUER,H.: Erste Überlegungen für eine Symbolische Simulation. INFA Report, TU Wien, 1991.

[136] STANDRIDGE,CH.R.: Performing simulation projects with The Extended Simulation System (TESS). Simulation, 45, December, 283-291, 1985.

[137] STORM,R.: Wahrscheinlichkeitsrechnung, mathematische Statistik und statistische Kontrolle. VEB Fachbuchverlag, Leipzig, 1965.

[138] STÜBS,A.: Professionelle Simulation mit dem PC. CHIP PLUS 4,3-7, 1988.

[139] SURI,R., HILDEBRANT,R.,B.: Modelling flexible manufacturing systems using mean - value analysis. Journal of manufacturing systems, Vol.3, 1, 27-38, 1984.

[140] SURI,R.,LEUNG,Y.T.: Single Run Optimization of Discrete Event Simulations - An Empirical Study Using the M/M/1 Queue. IIE Transactions, Vol.21, 1989, 1, 35-49.

[141] SURI,R.,TOMSICEK,M.: Rapid Modeling Tools for Manufacturing Simulation and Analysis. Proceedings of the Winter Simulation Conference, San Diego,1-8, 1988.

[142] SUZAKI,K.: Modernes Management im Produktionsbetrieb. Strategien, Taktiken, Fallbeispiele. Carl Hanser Verlag, München Wien, 1989.

[143] TALAVAGE,J.J.,HANNAN,R.: Flexible Manufacturing Systems in Practice: Applications, Design, and Simulation. Marcel Dekker, 1988.

[144] THIM,Ch.: Rechnerunterstützte Optimierung von Materialflußstrukturen in der Elektronikmontage durch Simulation. Carl Hanser Verlag, München Wien, 1992.

[145] TEMPELMEIER,H.,KUHN,H.: Flexible Fertigungssysteme. Springer-Verlag, Berlin Heidelberg New York, 1992.

[146] VDI: Simulation von Logistik-, Materialfluß- und Produktionssystemen. VDI 3633, VDI Düsseldorf, 1992.

[147] VELAYAS,J.M.,LEVARY,R.R.: Validations of simulation models using decision theory. Simulation, Vol.48, 3, 87-92, 1987.

[148] WARNECKE,H.J.: Die Fraktale Fabrik. Springer-Verlag, Berlin Heidelberg New York, 1992.

[149] WERNER,D.: Comparison of Simulation Software - TAYLOR II. EUROSIM, 1993 Nr. 8, 26.

[150] WICHMANN,K.,E.: Trends in the development of simulation software tools for analyzing manufacturing systems. Proc. of the 3rd Int. Conf. Simulation in Manufacturing, 4-6 Nov. 1987, Turin. IFS (Publ.), Bedford, 40-48, 1987.

[151] WIDMAN,L.E.,LOPARO,K.A.: Artificial Intelligence, Simulation and Modeling: A Critical Survey. In: Artificial intelligence, simulation and modeling. John Wiley & Sons, New York, 1989.

[152] WIENDAHL,H.,P.: Belastungsorientierte Fertigungssteuerung - Grundlagen, Realisierung. Carl Hanser Verlag, München Wien, 1987.

[153] WHITE,J.A.: Production Handbook. John Willey Sons., New York, 1987.

[154] YAO,D.D.,BUZACOTT,J.A.: Models of flexible manufacturing systems with limited local buffers. International Journal of Production research, Vol.24, 1986, 1.

[155] YAO,D.D.,BUZACOTT,J.A.: The exponencialization approach to flexible manufacturing systems models with general processing times. European Journal of Operational Research, North-Holland, Vol.24, 1986, 410-416.

[156] YAO,D.D.,BUZACOTT,J.A.: Modeling a class of flexible manufacturing systems with reversible routing. Operation Research, Vol.35, 1987, 1, 87-93.

[157] YOUNG,R.E.,VESTERAGER,J.,WICHMANN,K.E.,HEIDE,J.: Simulation uses in CIM development. International Journal of Computer Integrated Manufacturing, Vol.1, 1988, 1, 50-54.

[158] ZÜLCH,G.,GROBEL,T.: Analyse von Produktionssystemen mit Hilfe der Simulation. VDI-Z,132, 1990, 10, 178-182.

Sachverzeichnis

A

ABC-Analyse, 11
ACSL, 150
ALGOL, 150
antithetische Variable, 129
ARENA, 149, 150, 167
arithmetische Mittel, 26
Autokorrelation, 129
AutoMod II, 167

B

Balkendiagramm, 11
Bedienungsnetzwerke, 53
Binäre Logik, 14
Brainstorming, 11

C

C, 154
C++, 154
CAD Motion, 159
CAN-Q, 90
CAPS, 148
Cell MASTer, 168
Cinema, 159
CSL, 148
CPM, 11
CREATE, 150

D

DISPO, 101
DOSIMIS-3, 150, 168

E

ECSL, 148
Entscheidungsbaum, 14
Entscheidungstabelle, 11, 80
Erwartungswert, 29
evolutionäre Algorithmen, 22
EXTEND, 169

F

FACTOR, 169
FASIM-X, 170
FFS-EVAL, 90
Fortran, 150

Funktionsdiagramm, 11

G

GASP, 148
GASP IV, 149
genetische Algorithmen, 127
GERT, 11
GPSS, 121, 148
GPSS-Fortran, 150
GPSS H, 149, 171
GPSS/PC, 171
GRAFSIM, 170
Grundgesamtheit, 24

H

Handsimulation, 18
Häufigkeit, 24
absolute Häufigkeit, 24
relative Häufigkeit, 24
Häufigkeitsfunktion, 26
Häufigkeitstabelle, 26
Heuristische Methode, 14

CH

Chi-Quadrat-Test, 111

I

Instanzierung, 152
Integrationseffekt, 81
Investitionsrechnung, 11
ISIS, 172

K

Konfidenzschätzung, 45
Kosten/Nutzen-Analyse, 11

L

L8-Tafel, 126

M

Mathematische Statistik, 11
Markov-Ketten, 14
Median, 27